Cahier de FRANÇAIS 1re

Violaine Carry
Certifiée de Lettres modernes
Collège Notre-Dame de Lourdes (Paris)

Cécile de Cazanove
Agrégée de Lettres modernes

Florence Renner
Agrégée de Lettres modernes
Institut Notre-Dame (Meudon)

Anne Revert
Agrégée de Lettres modernes
Lycée français international André Malraux (Rabat)

Nathan

Sur les rabats
- Frise chronologique
- Les genres littéraires
- Les figures de style

Sommaire

Maîtriser les objets d'étude

EXO Quiz

Le roman et le récit du Moyen Âge au XXIe siècle

Le théâtre du XVIIe siècle au XXIe siècle

La poésie du XIXe siècle au XXIe siècle

La littérature d'idées du XVIe siècle au XVIIIe siècle

Maîtriser les outils d'analyse

EXO Quiz

TOUTES LES RESSOURCES : 1 POSSIBILITÉ D'ACCÈS

Site compagnon
cahier-francais.nathan.fr

Les ressources numériques de votre cahier

Quiz

EXO Quiz

Pour vérifier vos connaissances de la langue et des objets d'étude

Vidéos d'analyses d'œuvres d'art

Histoire des arts

Des analyses complètes d'œuvres patrimoniales, qui vous aideront à construire votre culture artistique et à apprendre à analyser une œuvre d'art

Tutoriels BAC

Tuto BAC

Des tutos efficaces pour acquérir une bonne méthodologie pour le Bac

Cartes mentales à remplir

Méthode

Des cartes mentales à télécharger et à compléter, pour réviser les notions importantes du programme et apprendre à apprendre

ISBN : 978 209 172099-9 –

Se préparer à l'écrit du Bac

Tuto BAC

Le commentaire

La dissertation

L'essai

La contraction

2 POSSIBILITÉS D'ACCÈS

Nathan Live
l'application gratuite

Comment accéder aux ressources ?

1. **Téléchargez l'application gratuite Nathan live** disponible dans tous les stores sur votre smartphone ou votre tablette
2. **Scannez** les pages du cahier en plaçant votre appareil au-dessus de la page.
3. **Accédez** directement à la ressource disponible !

Se préparer à l'oral du Bac

Tuto BAC

La lecture linéaire

La question de grammaire

EXO Quiz

L'entretien

Méthodes de travail

Tuto BAC

Améliorer son écrit

Réussir son oral

Entraîner sa mémoire

S'approprier les mots-clés

Histoire des arts

1 Le roman et le récit du Moyen Âge à nos jours

Histoire littéraire

Retenir

→ Le roman a été un genre très critiqué, on lui a reproché son invraisemblance, sa nocivité. Longtemps condamné par l'Église, considéré comme mensonger et futile, il a acquis ses lettres de noblesse au XIXᵉ siècle, pour devenir, de nos jours, le genre littéraire le plus publié et le plus lu.

Période	Courant romanesque	Mots-clés
Moyen Âge	Roman courtois en vers, roman de chevalerie	Aventures, héros, valeurs, merveilleux → Chrétien de Troyes, *Lancelot ou le Chevalier de la charrette*, 1176-1181
XVIᵉ s.	Roman parodique	Imagination, aventures, critique, réflexion, utopie (lieu fictif idéal) → Rabelais, *Gargantua*, 1534 ; Cervantès, *Don Quichotte*, 1605
XVIIᵉ s.	Roman pastoral baroque	Bergers, longueur, péripéties, complexité, invraisemblances → D'Urfé, *L'Astrée*, 1627
	Roman précieux baroque	Longueur, raffinement, sentiment amoureux, Carte de Tendre → Mlle de Scudéry, *Clélie*, 1654-1660
	Nouvelle classique ou roman classique	Brièveté, analyse psychologique, lutte raison/passion → Mme de Lafayette, *La Princesse de Montpensier*, 1662
XVIIIᵉ s.	Roman épistolaire (échange de lettres)	Crédibilité, satire, personnages porte-parole → Montesquieu, *Les Lettres persanes*, 1721
	Roman libertin	Liberté de pensée, de mœurs → Crébillon, *Les Égarements du cœur et de l'esprit*, 1736
	Conte philosophique	Personnages stéréotypés, satire, moralité, idéaux des Lumières → Voltaire, *Candide*, 1759
	Autobiographie	Identité auteur, narrateur, personnage. → Rousseau, *Les Confessions*, 1782
XIXᵉ s.	Roman romantique	Lyrisme, sentiments, fresques historiques → Chateaubriand, *René*, 1802 ; Mme de Staël, *Delphine*, 1802
	Roman réaliste	Observation du réel, description, individu, milieu, classes sociales → Flaubert, *Madame Bovary*, 1857
	Roman fantastique	Doute, irrationnel, peur → Balzac, *La Peau de chagrin*, 1831
	Roman naturaliste	Approche scientifique, méthode expérimentale, hérédité, milieu, déterminisme → Zola, *Germinal*, 1885
XIXᵉ s.	Roman du moi	Vie intérieure → Proust, *À la Recherche du temps perdu*, 1913-1927
XXᵉ s.	Roman historique ou politique	Première ou Seconde Guerre mondiale, conflits, engagement → Céline, *Voyage au bout de la nuit*, 1932
	Roman de l'absurde	Antihéros, absence de destin, suite d'événements, condition humaine → Camus, *L'Étranger*, 1942
	Nouveau roman	Déconstruction des repères du lecteur, errance, description objective, personnage anonyme → Robbe-Grillet, *Les Gommes*, 1953
XXIᵉ s.	Littérature contemporaine	Francophonie → Chraïbi, *La Civilisation, Ma Mère !* 1972 ; Ben Jelloun, *L'Enfant de sable*, 1985
		Récits de vies, questions de société → Ferney, *Les Bourgeois*, 2017

S'approprier

Des procès littéraires célèbres

1 *Sous l'Ancien Régime, les livres devaient être autorisés par un censeur royal. En 1789, la Déclaration des Droits de l'Homme et du Citoyen proclame que tout citoyen peut « parler, écrire, imprimer librement, sauf à répondre de l'abus de cette liberté ». Napoléon rétablit la censure en 1804.*

Extrait 1

Je soutiens que le roman de X envisagé du point de vue philosophique, n'est point moral. Sans doute x meurt empoisonnée […] mais elle meurt après avoir eu deux amants, laissant un mari qui l'aime, qui l'adore. […] L'art sans règle n'est plus l'art ; c'est comme une femme qui quitterait tout vêtement. Imposer à l'art l'unique règle de la décence publique, ce n'est pas l'asservir, mais l'honorer. On ne grandit qu'avec une règle.

Procès de X, réquisitoire de l'avocat M. Ernest Pinard, 1857.

Extrait 2

Il s'est établi depuis quelques années une école monstrueuse de romanciers. […] On cherche le succès pour avoir des auditeurs et on met à sa porte des linges hideux en guise de drapeaux pour attirer les passants. […] Attacher par le dégoût, plaire par l'horrible, c'est un procédé qui malheureusement répond à un instinct humain, mais à l'instinct le plus bas, le moins avouable, le plus universel, le plus bestial. [...] Ma curiosité a glissé ces jours-ci dans une flaque de boue et de sang qui s'appelle *Thérèse Raquin* et dont l'auteur, M. Y, passe pour un jeune homme de talent.

Article de Ferragus dans *Le Figaro*, *La littérature putride*, 23 janvier 1868.

a. **Quelle est la visée de ces deux textes ?**

b. **Identifiez le titre du roman condamné dans l'extrait 1, nommé X, et le nom de l'auteur condamné dans l'extrait 2, nommé Y. De quelles écoles de romanciers sont-ils respectivement les chefs de file ?**

Un genre en constante évolution

2 Comment s'étaient-ils rencontrés ? Par hasard, comme tout le monde. Comment s'appelaient-ils ? Que vous importe. D'où venaient-ils ? Du lieu le plus prochain. Où allaient-ils ? Est-ce que l'on sait où l'on va ?

Incipit de ***Jacques le fataliste*,** de **Denis Diderot**, 1796.

a. **En quoi cet incipit romanesque est-il original ?**

Un roman parodique

3 *Les soldats du roi Picrochole se livrent au pillage d'un château ; le géant Gargantua survient...*

Ceux qui étaient dans le château amusés à la pille, entendant le bruit, coururent aux tours et forteresses, et lui tirèrent plus de neuf mille vingt et cinq coups de falconneaux et arquebuses, visant tous à sa tête. Ils étaient si petits qu'il s'écria : « Ponocrates, mon ami, ces mouches ici m'aveuglent ; bâillez[1]-moi quelque rameau de ces saules pour les chasser », pensant des plombées et pierres d'artillerie que fussent mouches bovines. Ponocrates l'avisa que n'étaient autres mouches que les coups d'artillerie que l'on tirait du château. Alors choqua de son grand arbre contre le château, et à grands coups abattit et tours et forteresses, et ruina tout par terre.

François Rabelais, *Gargantua*, chapitre 36, 1534.

1. Apportez.

a. **Relevez dans ce récit les éléments épiques.**

b. **Dans le tableau ci-contre, les romans de Rabelais sont qualifiés de « parodiques », expliquez pourquoi en prenant appui sur cet extrait.**

Des tentatives de définition du genre

4 En vous aidant du tableau de la page ci-contre, reliez les citations suivantes à leur auteur parmi les suivants : Zola, Balzac, Sartre, Robbe-Grillet, Stendhal.

a. « En dressant l'inventaire des vices et des vertus, en rassemblant les principaux faits des passions, en peignant les caractères, [...] peut-être pouvais-je arriver à écrire l'histoire oubliée par tant d'historiens, celle des mœurs. »

b. « Un roman est un miroir qui se promène sur une grande route. Tantôt il reflète à vos yeux l'azur des cieux, tantôt la fange[1] des bourbiers[2] de la route. Et l'homme qui porte le miroir dans sa hotte sera par vous accusé d'être immoral ! Son miroir montre la fange, et vous accusez le miroir ! Accusez bien plutôt le grand chemin où est le bourbier et plus encore l'inspecteur des routes qui laisse l'eau croupir et le bourbier se former. »

1. Boue. – **2.** Trou.

c. « Le romancier est fait d'un observateur et d'un expérimentateur. »

d. « Chaque romancier, chaque roman doit inventer sa propre forme. Aucune recette ne peut remplacer cette réflexion continuelle. Le livre crée pour lui ses propres règles. Encore le mouvement de l'écriture doit-il souvent conduire à le mettre en péril, en échec peut-être, et à les faire éclater. »

Méthode

2 Les genres narratifs du Moyen Âge à nos jours

Retenir

→ Les récits peuvent être des textes fictifs (romans, nouvelles, contes) ou non fictifs (récits de soi, correspondances).

Le roman

- Au Moyen Âge, le terme « roman » signifie « **langue romane** », langue vulgaire (parlée par le peuple), par opposition à la langue noble et savante (le latin). Le terme désigne ensuite « un récit écrit en langue romane ».
- Le roman est un **récit long** qui se caractérise par une intrigue complexe, des péripéties, des personnages, des descriptions et des dialogues.

La nouvelle

- Une nouvelle signifie « récit imaginaire ». Ce genre est lié à l'anecdote, au fait divers.
- La nouvelle se caractérise par la **brièveté**, une intrigue simple avec peu de personnages, peu de détails, peu de dialogues, des ellipses temporelles et de sommaires.
- La fin est souvent une **chute**.

Le conte

- Le conte a une **origine orale, populaire**.
- Il se caractérise, comme la nouvelle, par une intrigue simple, brève, centrée sur le **merveilleux**, le **légendaire**, le **fantastique** ou porteuse d'une **morale** (on parle alors de **conte philosophique**).

L'autobiographie

- Mot formé avec *auto* (« soi-même »), *bios* (« la vie ») et *graphein* (« écrire »), l'autobiographie est un « récit rétrospectif en prose qu'une personne réelle fait **de sa propre existence** » (Philippe Lejeune, *Le Pacte autobiographique*, 1975).
- Certains récits racontent des faits vécus par l'auteur de manière plus ou moins romancée. On parle alors d'**autofiction**.
- Si le personnage principal est proche de l'auteur mais fictif et que l'intrigue, fictive, est inspirée par la vie de l'auteur, on parle alors de **roman autobiographique**.

S'approprier

Identifier un genre romanesque

1 Les rues et les places sont convenablement disposées, soit pour le transport, soit pour abriter contre le vent. Les édifices sont bâtis confortablement ; ils brillent d'élégance et de propreté, et forment deux rangs continus, suivant toute la longueur des rues, dont la largeur est de vingt pieds.
Derrière et entre les maisons se trouvent de vastes jardins. Chaque maison a une porte sur la rue et une porte sur le jardin. Ces deux portes s'ouvrent aisément[1] d'un léger coup de main, et laissent entrer le premier venu. Les Utopiens appliquent en ceci le principe de la possession commune.

Thomas More, *Utopia*, 1516, trad. V. Stouvenel, 1842.

1. Facilement.

a. **Soulignez les termes positifs.**

b. **Quels éléments rendent la vie des Utopiens agréable ?**

....

....

....

c. **Expliquez le titre du roman et dites à quel genre romanesque il renvoie.**

....

....

d. **À quel mouvement Thomas More appartient-il ? Citez un romancier qui lui était contemporain.**

....

....

2 *Dans cette lettre, le Persan Usbek, en voyage à Paris en 1713, écrit à un ami. Tout le roman est constitué d'un échange de lettres.*

Le roi de France est vieux. […] J'ai étudié son caractère, et j'y ai trouvé des contradictions qu'il m'est impossible de résoudre ; par exemple, il a un ministre qui n'a que dix-huit ans, et une maîtresse qui en a quatre-vingts […]. Quoi qu'il fuie le tumulte des villes, et qu'il se communique peu, il n'est occupé depuis le matin jusqu'au soir qu'à faire parler de lui ; il aime les trophées et les victoires, mais il craint autant de voir un bon général à la tête de ses troupes qu'il aurait sujet de le craindre à la tête d'une armée ennemie.

Montesquieu, *Lettres persanes*, lettre XXXVII, 1721.

a. **Relisez le paratexte et identifiez le mouvement littérature et le genre de littérature romanesque.** ....

....

....

....

b. Quels sont les intérêts de ce type de roman ? ....

....

c. Citez-en deux autres publiés au XVIIIe siècle.

....

3 Dites à quel genre littéraire chacun de ces deux extraits appartient. Justifiez votre réponse.

Extrait 1

La Morte est une œuvre brève de quelques pages. La femme du narrateur est décédée. Après un séjour à Paris, celui-ci rentre chez lui et se remémore les habitudes qu'elle avait.

Je l'avais aimée éperdument ! Pourquoi aime-t-on ? Est-ce bizarre de ne plus voir dans le monde qu'un être, de n'avoir plus dans l'esprit qu'une pensée, dans le cœur qu'un désir, et dans la bouche qu'un nom : un nom qui monte incessamment, qui monte, comme l'eau d'une source, des profondeurs de l'âme, qui monte aux lèvres, et qu'on dit, qu'on redit, qu'on murmure sans cesse, partout, ainsi qu'une prière.

Je ne conterai point notre histoire. L'amour n'en a qu'une, toujours la même. Je l'avais rencontrée et aimée. Voilà tout. Et j'avais vécu pendant un an dans sa tendresse, dans ses bras, dans sa caresse, dans son regard, dans ses robes, dans sa parole, enveloppé, lié, emprisonné dans tout ce qui venait d'elle.

Guy de Maupassant, *La Morte*, 1887.

Genre littéraire : ....

....

Extrait 2

Matins d'hiver, lampe rouge dans la nuit, air immobile et âpre d'avant le lever du jour, jardin deviné dans l'aube obscure, rapetissé, étouffé de neige, sapins accablés qui laissiez, d'heure en heure, glisser en avalanches le fardeau de vos bras noirs, coups d'éventails des passereaux[1] effarés, et leurs jeux inquiets dans une poudre de cristal plus ténue[2], plus pailletée que la brume irisée d'un jet d'eau... O tous les hivers de mon enfance, une journée d'hiver vient de vous rendre à moi ! C'est mon visage d'autrefois que je cherche, dans ce miroir ovale saisi d'une main distraite, et non mon visage de femme, de femme jeune que sa jeunesse va bientôt quitter...

Colette, *Les Vrilles de la vigne*, © Lib. Arthème Fayard, 2004.

1. Oiseaux – **2.** Fine, légère.

Genre littéraire : ....

....

....

Situer un texte narratif dans son contexte

4 La plénitude des femmes mariées. Plus le temps de s'interroger, couper stupidement les cheveux en quatre, le réel c'est ça, un homme, et qui bouffe, pas deux yaourts et un thé, il ne s'agissait plus d'être une braque[1]. Alors, jour après jour, de petits pois cramés en quiche trop salée, sans joie, je me suis efforcée d'être la nourricière, sans me plaindre. « Tu sais, je préfère manger à la maison plutôt qu'au restau U, c'est bien meilleur ! » Sincère, et il croyait me faire un plaisir fou. Moi je me sentais couler.

Annie Ernaux, *La Femme gelée*, © Gallimard, 1981.

1. Folle.

a. À quel siècle situeriez-vous cette œuvre ? Justifiez votre réponse.

....

....

....

Identifier les genres

5 Associez ces œuvres à leur genre narratif.

1. Voltaire, *Candide*, 1759 – **2.** Zola, *Germinal*, 1885 – **3.** Chrétien de Troyes, *Yvain ou le Chevalier au lion*, 1176 – **4.** Mlle de Scudéry, *Le Grand Cyrus*, 1649-1653 – **5.** Laclos, *Les Liaisons dangereuses*, 1782 – **6.** Verne, *De la Terre à la Lune*, 1865 – **7.** Dumas, *Le Comte de Monte-Cristo*, 1844-1846 – **8.** Flaubert, *L'Éducation sentimentale*, 1869

– **Roman de chevalerie :** ...... – **Roman précieux :** ......
– **Conte philosophique :** ..... – **Roman épistolaire :** ......
– **Roman d'aventures :** .... – **Roman d'apprentissage :** ......
– **Roman d'anticipation :** ...... – **Roman naturaliste :** ......

6 Télésile était dans sa dix-septième année : elle avait la taille noble et bien faite, le port agréable et quelque chose dans l'action de si libre, de si naturel et qui sentait si fort sa personne de qualité qu'elle ne laissait pas lieu de douter de sa condition dès qu'on la voyait. Elle avait les cheveux du plus beau noir du monde et le teint d'une blancheur si vive et si surprenante que l'on ne pouvait la voir sans avoir toute l'imagination remplie de neige et de cinabre[1], de lis et de roses, tant il est certain que la nature a mis sur son visage de belles et d'éclatantes couleurs.

1. Minéral de mercure de teinte rouge vif.

Selon vous, à quelle œuvre de la liste proposée dans l'exercice 5 cet extrait appartient-il ? Justifiez votre réponse en vous aidant du tableau de la fiche 1.

Il s'agit d'un extrait du ....

....

....

....

....

3 Caractériser un extrait de roman

Retenir

→ Un extrait de roman à étudier peut être une **description**, une **scène d'action**, un **dialogue**. Il convient donc de savoir analyser leurs **caractéristiques**.

Caractéristiques d'une description

Repérez le **cadre descriptif**, qui contient généralement l'un ou plusieurs des éléments suivants :
- des **verbes** conjugués à l'**imparfait** ou au **présent**,
- des indicateurs de **temps** et de **lieu**,
- des **énumérations**,
- des **expansions du nom** et des adjectifs,
- le champ lexical des **cinq sens**.

Caractéristiques d'une scène d'action

Soyez attentif aux éléments suivants :
- des **verbes** conjugués au **passé simple**,
- des indicateurs de **temps**,
- un **rythme** soutenu des actions, porté par la ponctuation et la longueur des phrases.

Caractéristiques d'un dialogue

- Un dialogue peut intervenir dans une scène d'amour, d'affrontement, de querelle ou dans un débat argumentatif.
- Il contient généralement :
  - une ponctuation **expressive** (points d'interrogation, d'exclamation…)
  - des **connecteurs logiques**
  - Présence d'un **narrateur**.

S'approprier

La description

1 *L'incipit du roman de Perec présente l'appartement idéal d'un jeune couple. Le roman a été rédigé au début de l'ère de la consommation de masse.*

Ce serait une salle de séjour, longue de sept mètres environ, large de trois. À gauche, dans une sorte d'alcôve[1], un gros divan[2] de cuir noir fatigué serait flanqué[3] de deux bibliothèques en merisier[4] pâle où des livres s'entasseraient pêle-mêle. Au-dessus du divan, un portulan[5] occuperait toute la longueur du panneau. Au-delà d'une petite table basse, sous un tapis de prière en soie, accroché au mur par trois clous de cuivre à grosses têtes, et qui ferait pendant à la tenture de cuir, un autre divan […] conduirait à un petit meuble […] garni de trois étagères qui supporteraient des bibelots : des agates[6] et des œufs de pierre, des boîtes à priser, des bonbonnières et des cendriers de jade, une coquille de nacre, une montre de gousset en argent, un verre taillé, une pyramide de cristal.

Georges Perec, *Les Choses*, © Julliard, 1965.

1. Renfoncement – **2.** Canapé – **3.** Bordé des deux côtés – **4.** Bois de cerisier sauvage – **5.** Carte ancienne mentionnant les ports – **6.** Pierre semi-précieuse.

a. Pourquoi la description est-elle menée au conditionnel présent ? ……………………………………………

……………………………………………

b. Surlignez les indicateurs de lieu.

c. Soulignez une énumération et interprétez-la.

……………………………………………

……………………………………………

……………………………………………

……………………………………………

……………………………………………

d. Quelle critique implicite cette description laisse-t-elle entendre ? ……………………………………………

……………………………………………

……………………………………………

……………………………………………

Une scène d'action

2 *Les mousquetaires du roi affrontent les gardes du cardinal de Richelieu commandés par Jussac.*

Mais les deux rapières[1] avaient à peine résonné en se touchant, qu'une escouade[2] des gardes de Son Eminence[3], commandée par M. de Jussac, se montra à l'angle du couvent. […]

– Ils sont cinq, dit Athos à demi-voix et nous ne sommes que trois ; nous serons encore battus, et il nous faudra mourir ici, car je le déclare, je ne reparais pas vaincu devant le capitaine.

Alors Porthos et Aramis se rapprochèrent à l'instant les uns des autres, pendant que Jussac alignait ses soldats. […]

– Messieurs, dit d'Artagnan, vous avez dit que vous n'étiez que trois, mais il me semble à moi, que nous sommes quatre. […]

Il se battait comme un tigre en fureur, tournant dix fois autour de son adversaire. […] D'Artagnan redoubla d'agilité. Jussac, voulant en finir, porta un coup terrible en se fendant à fond ; mais d'Artagnan para[4] prime[5], et tandis que Jussac se relevait, il lui passa son épée au travers du corps. Jussac tomba comme une masse.

Alexandre Dumas, *Les Trois Mousquetaires*, 1844.

1. Épées. – **2.** Une unité, un petit groupe. – **3.** Le cardinal de Richelieu, rival de Louis XIII dont les gardes sont les ennemis des mousquetaires. – **4.** Évita. – **5.** En premier.

a. Relevez le champ lexical du combat. ....

b. Relevez les indicateurs de temps. Pourquoi sont-ils si nombreux ? ....

c. Relevez les verbes conjugués au passé simple. Pourquoi sont-ils si nombreux ? ....

d. En quoi cette scène d'action se révèle-t-elle particulièrement efficace ? ....

3 *Le marquis de Lantenac est à la tête de l'insurrection vendéenne aux côtés des royalistes. Gauvain est le commandant en chef des forces révolutionnaires.*

Au moment où le premier flot des assiégeants entra, toute la retirade[1] se couvrit d'éclairs, et ce fut quelque chose comme la foudre éclatant sous terre. Le tonnerre assaillant répliqua au tonnerre embusqué[2]. Les détonations se ripostèrent ; le cri de Gauvain s'éleva : Fonçons ! Puis le cri de Lantenac : Faites ferme contre l'ennemi ! [...] Puis les cliquetis, sabres contre sabres, et, coup sur coup, d'effroyables décharges tuant tout. La torche accrochée au mur éclairait vaguement toute cette épouvante.

Victor Hugo, *Quatre-vingt-treize*, IV, 9, 1874.

1. Tour. – **2.** Posté, caché.

a. Quel est le temps dominant des verbes conjugués ? De quels verbes s'agit-il ?

....

b. Soulignez les indicateurs de temps.

c. Quelle est la tonalité de ce récit ?

....

d. Qu'est-ce qui contribue à la vivacité du récit ?

....

Une scène d'amour

4 *Georges Duroy est un séducteur sans scrupules, prêt à tout pour réussir à gravir les échelons grâce aux femmes. Celle à qui il s'adresse ici est une femme mariée.*

Georges prit possession du prie-Dieu[1] voisin, et, dès qu'ils furent immobiles, dans l'attitude de l'oraison[2] :

– Merci, merci, dit-il. Je vous adore. Je voudrais vous le dire toujours, vous raconter comment j'ai commencé à vous aimer, comment j'ai été séduit la première fois que je vous ai vue... Me permettrez-vous, un jour, de vider mon cœur, de vous exprimer tout cela ? [...]

– Je suis folle de vous laisser me parler ainsi, folle d'être venue, folle de faire ce que je fais. [...]

Elle attendit. **Il cherchait une réponse, des mots décisifs, passionnés** [...]

– Je n'attends rien, je n'espère rien, je vous aime. Quoi que vous fassiez, je vous le répèterai si souvent avec tant de force et d'ardeur, que vous finirez bien par le comprendre. Je veux faire pénétrer en vous ma tendresse, vous la verser dans l'âme, mot par mot, heure par heure, jour par jour de sorte qu'elle vous imprègne comme une liqueur tombée goutte à goutte.

Guy de Maupassant, *Bel-Ami*, 1885.

1. Siège de prière. – **2.** La prière.

a. En quoi s'agit-il d'une scène d'amour romanesque ?

....

b. Commentez la phrase en gras.

....

c. Comment la narration est-elle menée ? Selon quel point de vue ici ? Quel en est l'intérêt ?

....

d. Relevez les marques de l'intensité dans l'expression de l'amour de Duroy. Comment les interpréter ? Relisez bien le paratexte.

....

e. Qu'est-ce qui trahit le désir véritable de Georges Duroy à la fin du texte ? En quoi peut-on parler d'ironie ?

....

4 Les types de personnages

Retenir

1. Le **personnage-modèle** est idéalisé pour incarner des valeurs chères à l'auteur.
C'est un **héros**, dans ses actes et/ou sa moralité.

2. Le **personnage-miroir** est un reflet réaliste de la société telle que l'auteur la perçoit.
Il n'est ni meilleur ni pire que ceux qui la composent.

Les personnages de roman incarnent des **symboles** qui dépassent la seule intrigue du récit.
Ils portent la **vision du monde** de l'auteur.

3. Le **personnage critique**, notamment parodique ou satirique, permet à l'auteur de condamner le monde. Il peut être en décalage avec la société ou en être un digne représentant.
Dans ce second cas, l'auteur amène le lecteur à se moquer de son personnage.

4. L'**anti-héros** ou le **contre-modèle** ne porte aucune des caractéristiques traditionnelles du héros.
Il peut agir comme un repoussoir vis-à-vis du lecteur qui ne peut alors s'identifier à lui.

S'approprier

Identifier le personnage-modèle

1 *Nous sommes à la fin de ce roman qui a raconté la lutte du docteur Rieux contre le fléau de la peste.*

Le docteur Rieux décida alors de rédiger le récit qui s'achève ici, pour ne pas être de ceux qui se taisent, pour témoigner en faveur de ces pestiférés, pour laisser du moins un souvenir de l'injustice et de la violence qui leur avaient été faites, et pour dire simplement ce qu'on apprend au milieu des fléaux, qu'il y a dans les hommes plus de choses à admirer que de choses à mépriser. Mais il savait cependant que cette chronique ne pouvait pas être celle de la victoire définitive. Elle ne pouvait être que le témoignage de ce qu'il avait fallu accomplir et que, sans doute, devraient accomplir encore, contre la terreur et son arme inlassable, malgré leurs déchirements personnels, tous les hommes qui, ne pouvant être des saints et refusant d'admettre les fléaux, s'efforcent cependant d'être des médecins.

Albert Camus, ***La Peste***, © Gallimard, 1947.

a. Contre quoi le docteur Rieux lutte-t-il ? Encadrez les termes qui le montrent.

....

....

....

b. Surlignez les verbes qui expriment l'héroïsme du personnage.

c. Soulignez les passages qui vous semblent être des messages à destination des lecteurs. Quels temps verbaux sont utilisés dans ces passages ?

....

d. En quoi est-il un personnage-modèle ?

....

....

Reconnaître le personnage-miroir

2 *Vautrin, ancien prisonnier évadé, prêt à tout pour aider les jeunes gens à faire fortune, s'adresse à Rastignac, un jeune ambitieux qui a échoué dans ses tentatives.*

« Ce jour-là vous êtes revenu avec un mot écrit sur votre front, et que j'ai bien su lire : *Parvenir* ! parvenir à tout prix. Bravo ! ai-je dit, voilà un gaillard qui me va. Il vous a fallu de l'argent. Où en prendre ? Vous avez saigné vos sœurs. Tous les frères flouent plus ou moins leurs sœurs. [...] Une rapide fortune est le problème que se proposent de résoudre en ce moment cinquante mille jeunes gens qui se trouvent tous dans votre position. Vous êtes une unité de ce nombre-là. Jugez des efforts que vous avez à faire et de l'acharnement du combat. Il faut vous manger les uns les autres comme des araignées dans un pot, attendu qu'il n'y a pas cinquante mille bonnes places. Savez-vous comment on fait son chemin ici ? Par l'éclat du génie ou par l'adresse de la corruption. Il faut entrer dans cette masse d'hommes comme un boulet de canon, ou s'y glisser comme une peste. L'honnêteté ne sert à rien. »

Honoré de Balzac, ***Le Père Goriot***, 1835.

1. Escroquent.

a. Quel problème se pose à Rastignac ?

....

....

....

....

....

....

....

b. Soulignez les passages qui montrent que Rastignac est semblable à ses contemporains.

c. **Quelles images nous permettent de dire que Vautrin critique la société qu'il évoque ? Surlignez et commentez ces images.**

....

Analyser un personnage critique

3 *Dans cette lettre, le Persan Rica, en voyage à Paris, raconte sa visite de la ville à l'un de ses amis.*

Paris est aussi grand qu'Ispahan[1] : les maisons y sont si hautes, qu'on jugerait qu'elles ne sont habitées que par des astrologues. Tu juges bien qu'une ville bâtie en l'air, qui a six ou sept maisons les unes sur les autres, est extrêmement peuplée ; et que, quand tout le monde est descendu dans la rue, il s'y fait un bel embarras.

Tu ne le croirais pas peut-être, depuis un mois que je suis ici, je n'y ai encore vu marcher personne. Il n'y a pas de gens au monde qui tirent mieux parti de leur machine que les Français ; ils courent, ils volent : les voitures lentes d'Asie, le pas réglé de nos chameaux, les feraient tomber en syncope. Pour moi, qui ne suis point fait à ce train, et qui vais souvent à pied sans changer d'allure, j'enrage quelquefois comme un chrétien : car encore passe qu'on m'éclabousse depuis les pieds jusqu'à la tête ; mais je ne puis pardonner les coups de coude que je reçois régulièrement et périodiquement. Un homme qui vient après moi et qui me passe me fait faire un demi-tour ; et un autre qui me croise de l'autre côté me remet soudain où le premier m'avait pris ; et je n'ai pas fait cent pas, que je suis plus brisé que si j'avais fait dix lieues.

Montesquieu, ***Lettres persanes***, 1721.

1. Ville située en actuel Iran.

a. **Soulignez les indices qui montrent que Rica n'est pas Français.**

b. **Pourquoi Montesquieu a-t-il choisi de faire décrire Paris par un personnage étranger ?**

....

....

....

c. **En quoi peut-on dire que Rica est un personnage qui critique ? Quelle opinion a-t-il de Paris et des Parisiens ? Surlignez les passages qui vous permettent de répondre et commentez les procédés employés.**

....

....

....

....

....

....

d. **Quelle est la tonalité utilisée ?**

....

Cerner le contre-modèle

4 *Un producteur décide de réaliser une série télévisée sur « les grandes blondes » qui ont marqué l'histoire du cinéma. L'une d'entre elles, sous le nom de Gloire Abgrall, est recherchée par des détectives, dont un, Jean-Claude Kastner, est retrouvé mort dans la baie de Saint-Brieuc.*

Le matin de ce même jour, la femme qui avait scellé le destin de Jean-Claude Kastner s'éveillait peu avant neuf heures. Elle avait ouvert un œil sur le plafond grisâtre puis, l'ayant reconnu, s'était levée pour enfiler un informe peignoir vert molletonné. Mais aussitôt après, dans le miroir de la salle de bains, c'est son visage qu'elle reconnaissait moins. Précipiter un homme dans le vide étant de ces choses qui vous feraient oublier de vous démaquiller, c'est un masque rétréci qui lui était apparu dans la glace, pétrifié par la sueur et suffoquant sous le plâtre du fard. Elle avait ravalé son image sans égards, eau froide et savon de Marseille, aussi délicatement qu'on traite une façade au jet sous pression.

Jean Echenoz, ***Les Grandes Blondes***, © Éd. Minuit, 1995.

a. **Par quelle figure de style Gloire Abgrall est-elle désignée au début de l'extrait ? En quoi ce procédé est-il intéressant ?**

....

....

....

....

b. **Comment qualifieriez-vous cette femme ?**

....

....

c. **Comment l'auteur installe-t-il du dégoût pour ce personnage ? Surlignez les éléments qui produisent cet effet. Peut-on s'identifier à elle ?**

....

....

....

d. **Quelle est la tonalité de cet extrait ? Pourquoi ?**

....

5 Vers la question de langue

oral du BAC

Quelle fonction du personnage de roman parmi celles étudiées vous semble la plus intéressante ? Citez d'autres exemples pour illustrer votre propos.

1. **Rédigez la phrase à laquelle le docteur Rieux (exercice 1) puisse répondre : « pour témoigner en faveur de ces pestiférés, pour laisser du moins un souvenir de ... »**

....

....

2. **Quel est le type de phrase que vous venez de rédiger ?**

....

....

5 Analyser un texte romanesque pas à pas

Retenir

Étape 1 : observer et identifier	Étape 2 : analyser	Étape 3 : interpréter
• Observer le **paratexte** : auteur, date d'écriture (➜ fiche 1, p. 4), époque, mouvement, contexte, titre de l'œuvre • Identifier le **genre narratif** (➜ fiche 2, p. 6) • Caractériser l'**extrait** (➜ fiche 3, p. 8)	• **Cerner le(s) thème(s)** : de quoi parle-t-on ? • **Identifier les personnages** : qui agit ? Qui parle ? À qui ? De qui ? Qui est le narrateur ? Quel est le point de vue adopté ? Qui sont les personnages ? • **Repérer le cadre de l'action** : où et quand l'action se situe-t-elle ? • Distinguer **le moment de l'écriture** (incipit, explicit) et celui **de l'action** (situation initiale, élément perturbateur, péripétie, élément de résolution, situation finale).	• Identifier l'**enjeu du texte**, l'intention de l'auteur : faire rire, convaincre, émouvoir... ? Par quels moyens ? • Analyser les **moyens** mis en œuvre pour servir l'enjeu et l'intention. • Saisir les **effets produits** sur le lecteur, interpréter les figures de style.

S'approprier

J'allume la télévision et je comprends de quoi il s'agit, nous l'allumons nous aussi, chacun dans notre cellule, après que les gardiens ont crié, nous l'allumons, assis à nouveau au fond de nos couchettes, les yeux rivés sur le poste car il n'y a que cela pour voir le monde et la même nouvelle court d'une cellule à l'autre, je l'ai entendue, moi aussi, Josephine Linc. Steelson, au retour de ma promenade en bus et cela ne m'a pas surprise car je l'avais sentie avant eux et maintenant ils en parlent tous, comme si c'était la première fois que cela arrivait, oui nous en parlons, d'une cellule à l'autre, comme tout le monde en ville, jusque dans la chambre du motel où la femme de service a laissé le poste allumé, la même nouvelle portée par la voix de différents journalistes, différents experts, celle des hommes politiques, celle des forces de l'ordre, mais tous annonçant l'arrivée d'un ouragan, une chienne celle-là, moi, j'ai dit, Josephine Linc. Steelson, et je m'y connais, négresse que je suis depuis presque cent ans, j'en ai vu passer plusieurs, toutes avec des noms de filles, des noms de traînées, oui, je les reconnais à l'odeur, à ce qu'elles charrient, je sens leur force et je peux vous dire que celle-là sera une affamée, une vicieuse, une méchante, nous regardons le poste[1] et nous envions presque ceux qui redoutent sa venue car pour nous ça ne changera rien, nous resterons au fond de notre prison et cela ne nous concerne pas, le monde des vivants va s'agiter, se calfeutrer, le monde des vivants va vivre au rythme de son approche mais nous, nous ne sentirons même pas la fraîcheur de son souffle je dois me tenir prêt, je comprends la demande du shérif, il veut réquisitionner l'église, il pourra compter sur moi, je ne vais pas fuir cette fois, une nef pour mes paroissiens, c'est magnifique, la communauté pourra compter sur cet abri car les murs de la maison de Dieu sont inébranlables, oui, je me tiens prêt, tandis que la nouvelle se propage dans toute la ville, dans les radios des taxis, sur les lèvres des passants, dans les bureaux, les commerces, les écoles, un ouragan approche et dans la chambre du motel, à Houston, il[2] ne parvient pas à quitter le poste des yeux, quelque chose est en train de naître en lui, il entend parler de cette tempête qui va s'abattre sur la Nouvelle-Orléans, à quatre cents kilomètres de l'endroit où il est, il entend les mêmes mots répétés à l'infini et une certitude naît en lui, il se répète le nom d'une femme, Rose Peckerbye[3].

Laurent Gaudé, ***Ouragan***, © Actes Sud, 2010.

1. De télévision. – **2.** Ce personnage s'appelle Keanu. – **3.** Nom d'un ancien amour.

Étape 1

1 Identifiez le genre narratif et situer l'œuvre dans son époque.

....

2 Expliquez le titre de l'oeuvre et rédigez un court chapeau introducteur.

....

....

Étape 2

3 a. Listez les différents lieux dans lesquels se répand la nouvelle de l'approche de l'ouragan.

....

....

....

....

....

b. Identifiez les personnages désignés par les pronoms surlignés en vert :

– nous :

– je :

– je :

– il :

c. Après avoir lu l'intégralité du texte, dites qui parle à la première personne du singulier au tout début de l'extrait et dit « j'allume la télévision ».

d. Identifiez la situation d'énonciation complexe. Quelles formes de parole rapportée trouve-t-on ? Selon quel point de vue la narration est-elle menée ?

Étape 3

4 **a.** Quelles sont les réactions des différents personnages.

– des prisonniers ?

– du révérend ?

– de Keanu ?

b. Pourquoi cette situation d'urgence est-elle intéressante pour un romancier ?

c. Relevez la personnification employée par Joséphine pour désigner l'ouragan.

d. Quelle est la réaction de Joséphine ? Aidez-vous des éléments surlignés en vert.

e. Identifiez la figure de style surlignée en orange.

f. Comment la circulation de la nouvelle que l'ouragan approche est-elle rendue perceptible par l'écriture ?

g. Quelle citation du texte pourrait en constituer le titre ?

5 Vers le Bac

Vous rédigerez un paragraphe de **commentaire** dans lequel vous montrerez que le destin de ces personnages différents est lié.

6 Vers la question de langue

oral du BAC

a. Combien de phrases comptez-vous dans cet extrait ?

b. Quel est l'effet produit sur le lecteur ? Pourquoi avoir fait ce choix syntaxique ?

6 Lire un texte romanesque

Carnet de lecteur

Présenter un roman de votre choix

1 a. **Sur une page vierge, notez les éléments suivants :**

– **Titre du récit ou du roman choisi :** ....

– **Auteur/ Autrice :** ....

– **Date de publication :** ....

b. **Choisissez une typographie assez large et lisible.**
Vous pouvez, par exemple, vous inspirer des polices type « tag », calligraphie, lettres anciennes…

c. **Illustrez votre page de garde par un dessin ou par une image que vous aurez sélectionnée sur Internet, en notant sa légende.**

Auteur : ....
Titre : ....
Date : ....
Genre : ....

photo ou dessin avec légende

2 **Sur une autre page, situez le contexte.**
Notez dans des cadres de couleur différente les éléments du contexte historique et ceux du contexte littéraire et artistique. Vous pourrez vous inspirer du modèle suivant.

Le contexte, c'est ....

- La situation politique au moment de la rédaction ....
- Les événements historiques majeurs de l'époque ....
- Sur le plan artistique ....
- Sur le plan littéraire ....

3 **Quelle réception l'œuvre a-t-elle reçue :**

a. **de ses contemporains ?**

b. **de votre part ? Quelle est votre impression globale ?**

Organisez vos idées dans un schéma visuel, sur le modèle de celui proposé.

Réception de l'œuvre

- Ce que les contemporains ont pensé de l'œuvre ....
- Ce que j'ai pensé de l'œuvre ....

4 **Quels sont les thèmes principaux ? Associez une citation à chacun d'eux.**

Thème 1 / Citation	Thème 2 / Citation	Thème 3 / Citation
....	....	....

5 a. **Présentez les personnages principaux. Vous pouvez chacun remplir une fiche en suivant le modèle suivant.**

b. **Cherchez une photo correspondant à l'image que vous en faites, cela vous aidera à vous les approprier !**

c. **Notez des citations qui vous ont plu.**

Il a dit : « ....
....
....

Photo de votre choix

Nom : ....
Situation sociale :
....
Qualités :
....
....
....
Défauts :
....
....
....
Rôle dans l'œuvre :
....
....
....

Justifier son avis sur l'œuvre

6 **Sur une nouvelle page, expliquez pourquoi vous avez apprécié ou pas la lecture de cette œuvre.**

a. **Notez d'abord vos attentes avant la lecture, vos premières impressions par rapport au titre, à la couverture, au résumé de 4e de couverture.**

b. **Notez ensuite vos impressions au fil de la lecture.**

c. **Terminez par un avis une fois le livre refermé.**

Mes impressions sur :
....
....
....
....

Après la lecture :
....
....
....
....

Au fil de la lecture :
....
....
....
....

7 **Notez les éléments que vous préférez. Ils seront autant d'arguments précis que vous pourrez citer pour justifier de votre choix.**

Ce que je préfère dans cette œuvre

Mon personnage préféré est :
..............................,
car
....
....
....

Mon passage préféré est :
..............................,
car
....
....
....

Ma réplique préférée est :
..............................,
car
....
....
....

S'approprier un autre roman ou récit

8 **Écriture d'invention**

Rédigez pour un journal littéraire un article dans lequel vous justifierez votre avis sur l'œuvre. Vous expliquerez en particulier en quoi les questions qu'elle soulève sont toujours d'actualité.

9 **Écriture d'invention**

Relisez le texte de l'exercice 2 de la fiche 2, p. 6. Rédigez la réponse de l'ami d'Usbek à la lettre que celui lui a envoyée.

10 **Transposition graphique**

À partir du texte de l'exercice 1 de la fiche 3 (p. 8), dessinez le plan de l'appartement idéal décrit par Perec.

11 **Écriture d'invention**

Mettez en scène la rencontre de Georges Duroy avec la femme qu'il courtise (fiche 3, exercice 4, p. 9).

12 **Écriture d'intervention**

Si vous aviez la possibilité de changer la fin d'un roman que vous avez lu, quel roman choisirez-vous ? Quelle autre fin proposeriez-vous ?

13 **Transposition musicale**

Relisez le texte de l'exercice 2 de la fiche 3, p. 8. Quelle musique choisiriez-vous pour accompagner cet extrait ? Pourquoi ?

14 **Édition enrichie**

a. **Relisez le texte de l'exercice 3 de la fiche 2, p. 6. Réécrivez le texte sous word.**

b. **Insérez des notes de bas de page, un lien vers un article en ligne portant sur ce thème et une idée de lecture cursive dont vous ajouterez la première de couverture.**

7 Le théâtre du XVIIe au XXIe siècle

Histoire des arts

Histoire littéraire

Retenir

1. Le XVIIe siècle : l'âge d'or du théâtre classique

- De **baroque**, le théâtre devient **classique**. L'illusion et le mouvement cèdent la place à des **règles** strictes, établies par l'Académie française dès 1635.
- Excentricité et mélange des genres ne sont plus autorisés, la codification vaut même pour les comédiens : jusque sur scène, Louis XIV impose son pouvoir absolu à **Molière**, **Corneille** ou **Racine**.

2. Le XVIIIe siècle : vers un théâtre révolutionnaire

- De mondain au XVIIe siècle, le théâtre devient **populaire**, avec de **nouveaux genres** (vaudeville ou mélodrame).
- À travers la comédie, genre dominant, le théâtre expose les inégalités sociales. Les thèmes, le jeu d'acteur plus naturel se rapprochent des **préoccupations quotidiennes** du spectateur.
- Émerge également un nouveau genre, le **drame bourgeois (Beaumarchais)**, qui mêle pathétique et fin heureuse.

3. Le XIXe siècle : entre tradition et innovation

- S'affranchissant des contraintes classiques des « **Anciens** », des dramaturges « **modernes** » (Hugo) font naître le **drame romantique**, dont le héros est l'incarnation même du « mal du siècle ».
- Le **théâtre de boulevard**, plus léger, se teinte de critique sociale **(Labiche, Feydeau)**.
- Les effets spectaculaires de la jeune fée Électricité et le jeu de plus en plus personnel des comédiens imposent un nouveau travail de coordination : la « **mise en scène** » est née.

4. Les XXe et XXIe siècles : éclatement des formes et quête de sens

- Le théâtre **contemporain** porte les **traumatismes** des deux guerres mondiales. Par la **réécriture de mythes antiques (Giraudoux)** ou par « **l'absurde** » **(Beckett, Ionesco)**, il reflète l'impuissance des hommes à tirer les leçons du passé et à communiquer entre eux.
- **Repères et frontières éclatent** : il n'y a plus de genres ; metteurs en scène et acteurs invitent explicitement le spectateur à s'interroger sur sa **responsabilité**.
- Aujourd'hui, le théâtre utilise **différents moyens d'expression** (danse, chant, vidéo, cirque…) pour surmonter cette impossibilité à communiquer et faire passer un message politique **(Genet)** ou poétique **(Pommerat)**.

S'approprier

Identifier un genre théâtral

1 Replacez le genre théâtral des pièces suivantes : drame romantique, drame bourgeois, drame contemporain, vaudeville, comédie classique, comédie baroque, tragédie, théâtre engagé, théâtre de l'absurde.

Le Mariage de Figaro, de Beaumarchais : ....

En attendant Godot, de Beckett : ....

L'illusion comique, de Corneille : ....

La Leçon, de Ionesco : ....

Phèdre, de Racine : ....

Les Mains sales, de Sartre : ....

Cinna, de Corneille : ....

George Dandin, de Molière : ....

Un fil à la patte, de Feydeau : ....

Les Burgraves, de Hugo : ....

Le Voyage de Monsieur Perrichon, de Labiche : ....

Incendies, de Mouawad : ....

Roberto Zucco, de Koltès : ....

La Machine infernale, de Cocteau : ....

On ne badine pas avec l'amour, de Musset : ....

Relier un genre à son contexte

2 a. Pourquoi Chapelain fut-il important dans l'histoire du théâtre ? Pour répondre, aidez-vous du lien suivant : http://www.academie-francaise.fr/les-immortels/jean-chapelain

....

....

....

b. [Les bons comiques] ont toujours eu pour but l'unité de l'action principale. Sur le fondement de la vraisemblance si requise les anciens ont compris[1] l'action scénique dans le jour naturel[2] pour sa plus grande étendue. Pour cette même raison, ils ont désiré l'unité du lieu, tout fondé sur ce que l'œil […] ne peut être persuadé que ce qu'il voit en trois heures et sur un même lieu se soit passé en trois mois plus ou moins et en des lieux différents […].

Jean Chapelain, ***Discours de la poésie représentative***, vers 1635.

1. Ont limité. – **2.** En 24 heures.

Comment les unités de lieu et de temps sont-elles justifiées ?

....

....

....

....

3 Complétez ce tableau consacré à des pièces qui ont fait scandale en leur temps.

Pièces	Raisons du scandale
Le Tartuffe (1664) de :	....
Le Cid (1637) de :	....
Hernani (1830) de :	....
Les Paravents (1966) de :	....
Roberto Zucco (1990) de :	....

4 Replacez les événements littéraires suivants aux dates qui leur correspondent : *L'Île des esclaves*, de Marivaux – *Dom Juan*, de Molière – *En attendant Godot*, de Beckett – *On purge bébé*, de Feydeau – *Le Fils naturel*, de Diderot

1665 : ....

1725 : ....

1775 : ....

1900 : ....

1953 : ....

Analyser les fonctions du théâtre

5 Quelle conception du théâtre ces deux metteurs en scène promulguent-ils ?

Extrait 1

Voulant produire des effets de distanciation, le comédien doit renoncer aux artifices qu'on lui a appris pour amener le public à s'identifier à ses personnages. […] Exiger du comédien qu'il se tienne sur le plateau sous une double appartenance, à la fois comme Laughton et Galilée, exiger de Laughton le montreur qu'il ne disparaisse pas derrière Galilée le montré, c'est simplement se refuser à dissimuler plus longtemps le processus réel et profane qui se déroule sur la scène. Car c'est tout de même Laughton que l'on trouve sur le plateau, Laughton qui nous montre comment il se représente Galilée ! […] Il faut que le comédien fasse de l'action même de montrer un acte artistique.

Bertolt Brecht, ***Petit Organon pour le théâtre***, trad. Jean Tailleur, © L'arche, 1948.

Rôle du comédien : ....

....

....

....

Fonction du théâtre : ....

....

....

Extrait 2

Le théâtre demeure ce lieu de résistance […] où inverser le cours, sortir le langage de l'enfer de l'échange, le sortir de l'empire de la communication. Ancrer à nouveau le langage dans le corps, le faire résonner jusqu'au profond de la matière, développer des harmoniques entre lui et les corps animés et inanimés, l'orchestrer à l'espace.

Le rideau se lève : l'acteur entre dans sa passion. On est venu ici pour voir en vrai le sacrifice du langage. Voir l'acteur opérer en vrai le brûlement des mots, voir qu'il existe physiquement une combustion dans la pensée. On voit au théâtre – et peut-être que ça ne peut se voir qu'au théâtre – la pensée brûler les mots. Tout le drame est dans la respiration.

Valère Novarina, « Lire à trois cents yeux », in *Littérature*, n° 138 : *Le théâtre, le retour du texte ?*, © Larousse, 2005.

Rôle du comédien : ....

....

....

Fonction du théâtre : ....

....

....

6 Vers la question de langue oral du BAC

« L'art dramatique doit s'adresser à tout le Peuple. Par ce mot, je n'entends pas seulement la classe populaire, mais toutes les catégories sociales à la fois, savants et artisans, poètes et marchands, dirigeants et gouvernés, enfin toute la vaste famille des puissants et des humbles. »

Firmin Gémier, ***Le Théâtre, Propos recueillis par Paul Gsell***, Grasset, 1925.

1. Surlignez la négation dans la deuxième phrase.

2. En quoi cette négation génère-t-elle un effet d'attente ?

....

....

....

....

Méthode

8 Les genres théâtraux du XVIIe au XXIe siècle

Retenir

1 XVIIe siècle : le classicisme, héritier de l'Antiquité

La tragédie

- Au XVIIe siècle, elle met en scène des personnages **historiques** ou **mythologiques antiques**.
- Soumis à la **fatalité** et confrontés à des **dilemmes**, ils inspirent **terreur** et **pitié**. Ces sentiments purifient les passions des spectateurs : c'est la **catharsis**.

Dénouement malheureux
→ Racine, *Britannicus*

La comédie

- Suivant le « *castigat ridendo mores* » d'Horace, la comédie s'emploie à « **corriger les mœurs par le rire** », par les mésaventures de personnages du commun.
→ Molière, *Le Malade imaginaire*
- Au XVIIIe siècle, Marivaux développera la comédie sentimentale, caractérisée par ses **intrigues amoureuses complexes**. Dénouemen heureux.
→ Marivaux, *Les Fausses Confidences*

La tragi-comédie

- Inventée au XVIIe siècle, elle présente des personnages **nobles** en proie à un **dilemme**.
- Plus proche de la réalité que la tragédie, elle a une fonction d'**exemplarité**.

Dénouement heureux.
→ Corneille, *Le Cid*

2 XVIIIe et XIXe siècles : la révolution du drame

Le drame bourgeois

- Apparu au XVIIIe siècle, il s'ancre dans une **réalité bourgeoise** autour d'une **intrigue familiale ou de mœurs**.
- Son dénouement heureux met en avant le triomphe de **la vertu**.
→ Beaumarchais, *Le Mariage de Figaro*

Le drame romantique

Issu du mouvement romantique, il rejette les règles classiques et mélange les genres, comme le faisait déjà Shakespeare au XVIe siècle. Il présente un **personnage héroïque qui se débat** dans la tourmente de son siècle. Dénouement incertain. → Hugo, *Hernani*

Le vaudeville

Apparu à la fin du XIXe siècle, il présente des personnages du quotidien dans des situations cocasses, truffées de quiproquos. Avec le **mélodrame**, il constitue le « **théâtre de boulevard** ». Fin heureuse. → Feydeau, *Le Dindon*

3 XXe siècle : vers de nouveaux genres théâtraux

Le théâtre de l'absurde

- En réponse aux atrocités des deux guerres mondiales, il met en scène des personnages qui **n'arrivent plus à communiquer** car le **langage est désormais vide de sens.**
- Il traduit une **vision pessimiste** de l'avenir.
→ Ionesco, *La Cantatrice chauve*

Le théâtre d'idées ou engagé

- Il défend un point de vue sur l'actualité, la politique, ou dénonce les dérives de notre temps.
- Il s'autorise à mêler les genres et les pratiques artistiques.
→ Genet, *Les Bonnes*

S'approprier

Définir les différents genres

1 Dites si les affirmations suivantes sont vraies ou fausses.

	Vrai	Faux
a. La tragi-comédie est une parodie de tragédie.	❑	❑
b. La tragédie a pour but de purger les passions des spectateurs.	❑	❑
c. Le drame disparaît au XXe siècle.	❑	❑
d. Le théâtre de l'absurde apparaît suite aux atrocités de la Deuxième Guerre mondiale.	❑	❑
e. Le drame romantique s'inscrit en faux contre les règles du théâtre classique.	❑	❑
f. Le vaudeville est une comédie classique, qui met en scène des personnages bourgeois.	❑	❑
g. Le théâtre contemporain se caractérise par une grande liberté de genres.	❑	❑

Identifier le genre d'une pièce de théâtre

2 *Titus, empereur de Rome, aime Bérénice, reine étrangère, qui le lui rend bien…*

TITUS

[…] Parlez donc. Que faut-il que Bérénice espère ?
Rome lui sera-t-elle indulgente, ou sévère ?
Dois-je croire qu'assise au trône des Césars
Une si belle reine offensât ses regards ?

PAULIN

N'en doutez point, Seigneur. Soit raison, soit caprice,
Rome ne l'attend point pour son impératrice.
[…] Rome, par une loi, qui ne se peut changer,
N'admet avec son sang aucun sang étranger,
Et ne reconnaît point les fruits illégitimes,
Qui naissent d'un hymen[1] contraire à ses maximes.

Jean Racine, ***Bérénice***, II, 2, 1671.

1. Mariage.

a. **Quel type de phrase domine dans la réplique de Titus ? Qu'exprime-t-il ?**

....

b. **Relevez une allégorie. Quel est son intérêt ?**

....

c. **Quelle forme de phrase Paulin utilise-t-il ? Pourquoi ?**

....

d. **Surlignez deux antithèses qui montrent que les décisions de Rome sont imprévisibles et qu'elles échappent à l'entendement des hommes.**

e. **À quoi voit-on qu'il s'agit d'une tragédie ?**

....

3 *Après être devenu le compagnon de débauches de son cousin, le comte Alexandre, tyran de Florence, Lorenzo s'apprête à l'assassiner. Il s'adresse à Philippe, opposant républicain d'Alexandre.*

LORENZO. – Tu me demandes pourquoi je tue Alexandre ? [...] Songes-tu que ce meurtre, c'est tout ce qui me reste de ma vertu ? [...] Oui, cela est certain, **si je pouvais revenir à la vertu, si mon apprentissage du vice pouvait s'évanouir, j'épargnerais peut-être ce conducteur de bœufs.** Mais j'aime le vin, le jeu et les filles ; comprends-tu cela ? Si tu honores en moi quelque chose, toi qui me parles, c'est mon meurtre que tu honores, peut-être justement parce que tu ne le ferais pas. Voilà assez longtemps, vois-tu, que les républicains me couvrent de boue et d'infamie ; [...] j'en ai assez de me voir conspué par des lâches sans nom qui m'accablent d'injures pour se dispenser de m'assommer [...] ; il faut que le monde sache un peu qui je suis et qui il est. [...] Que [les hommes] m'appellent comme ils voudront, Brutus[1] ou Érostrate[2], il ne me plaît pas qu'ils m'oublient.

A. de Musset, ***Lorenzaccio***, III, 3, 1834.

1. Brutus tua le dernier roi de Rome et fonda la République romaine.
2. Incendiaire du temple d'Artémis, considéré comme une des sept merveilles du monde.

a. **Quelle est la valeur de l'imparfait dans la phrase en gras ? Justifiez votre réponse.**

....

b. **Relevez les groupes de mots qui désignent Alexandre, puis les républicains. Quel sentiment trahissent-ils ?**

....

c. **Comment interprétez-vous le passage en vert ?**

....

d. **Déduisez-en le genre de la pièce.**

....

4 RACHEL. – Le mot chien n'aboie pas.
TRINITÉ. – Sauf celui-ci !
RACHEL. – Ahhhhrch !
LA SYBILLE. – Qu'est-ce que tu dis ?
TRINITÉ. – L'aboyeur parle.
LA SYBILLE. – Le mot chien n'aboie pas.
RACHEL. – Mais il mord ! (*Elle saigne.*)
TRINITÉ. – Changez le langage : ne dis plus *ooo* mais *iii*, *ooo* mais *iii*, *ooo* mais *iii*, aaa mais uuu.
RACHEL. – Je crois maintenant que le mot *couteau* pourra me trancher la tête.
LA SYBILLE. – Ô mon dieu ! Fais que le mot chien n'aboie pas ! Sinon je vais me couper la gorge avec le mot couteau !
RACHEL. – Le langage est un outil immonde dont tous les hommes jusque là ne se sont que trop servis : rentrons-le dans sa boîte muette.

Valère Novarina, ***La Scène***, © P.O.L., 2003.

a. **En quoi ce texte ressemble-t-il au théâtre de l'absurde ?**

....

b. **En vous appuyant sur le titre de la pièce, montrez que ce texte n'appartient pas au théâtre de l'absurde. Faites une hypothèse sur l'intention du dramaturge.**

....

Méthode

9 Les formes de parole au théâtre

Retenir

- La **double énonciation** est une spécificité théâtrale : les personnages échangent des paroles qui visent deux destinataires : un autre personnage et le public lui-même (le « 4e mur », cette frontière imaginaire qui veut que le personnage ignore la présence du spectateur, peut alors être brisé).
- Au théâtre, il existe **deux formes de langage**.

1 Le langage non verbal

Réplique	Prise de parole d'un personnage.
Tirade	Longue réplique au cours d'une scène.
Monologue	Réplique d'un personnage seul en scène.
Stichomythie	Série de brèves répliques.
Aparté	Réplique adressée à un personnage, au public ou à soi-même, à l'insu des autres personnages.

2 Le langage non verbal

		Sont…	Pour…
Les didascalies (indications scéniques du dramaturge)	**externes**	en italique, entre ou dans les répliques	le metteur en scène (décors, lumières, bruitages, accessoires).
			les comédiens (posture, mimique, gestuelle, ton…).
			parfois dans le théâtre moderne, le lecteur (texte et représentation sont alors deux faces d'une même œuvre).
	internes	sous-entendues par le texte lui-même	les comédiens (posture, mimique, gestuelle, ton…).

S'approprier

Étudier la mise en scène d'un dialogue

1 *Voici les dernières répliques de la pièce.*

La statue. – Dom Juan, l'endurcissement au péché traîne une mort funeste, et les grâces du Ciel que l'on renvoie, ouvrent un chemin à sa foudre.

Dom Juan. – Ô Ciel, que sens-je ? Un feu invisible me brûle, je n'en puis plus, et tout mon corps devient un brasier ardent, ah !

Le tonnerre tombe avec un grand bruit et de grands éclairs sur Dom Juan, la terre s'ouvre et l'abîme, et il sort de grands feux de l'endroit où il est tombé.

Sganarelle. – Ah ! mes gages ! mes gages ! Voilà par sa mort un chacun satisfait : Ciel offensé, lois violées, filles séduites, familles déshonorées, parents outragés, femmes mises à mal, maris poussés à bout ; tout le monde est content : il n'y a que moi seul de malheureux ! Mes gages ! mes gages ! mes gages !

Molière, *Dom Juan ou le festin de pierre*, V, 6, 1683.

a. Comment la didascalie externe est-elle annoncée ?

b. À votre avis, pourquoi cette pièce peut-elle être qualifiée de « pièce à machines » ?

c. En quoi la dernière réplique contraste-t-elle avec ce qui précède ?

2 *Voici les premières répliques de la pièce.*

Iphicrate, *après avoir soupiré.* – Arlequin ?

Arlequin, *avec une bouteille de vin qu'il a à sa ceinture.* – Mon patron !

Iphicrate. – Que deviendrons-nous dans cette île ?

Arlequin. – Nous deviendrons maigres, étiques, et puis morts de faim ; voilà mon sentiment et notre histoire.

Iphicrate. – Nous sommes seuls échappés du naufrage ; tous nos amis ont péri, et j'envie maintenant leur sort.

Marivaux, *L'Île des esclaves*, scène 1, 1725.

a. Quel type d'indications donnent les didascalies externes ? À qui sont-elles destinées ?

b. **Quelle conséquence ces didascalies ont-elles sur l'interprétation de l'extrait ?**

....

....

....

3 *La scène se passe à la terrasse d'un café ; à une table sont assis le Logicien et le Vieux Monsieur, et à une autre, Jean et Bérenger.*

LE LOGICIEN, *au Vieux Monsieur.* – Voici donc un syllogisme exemplaire. Le chat a quatre pattes. Isidore et Fricot ont chacun quatre pattes. Donc Isidore et Fricot sont chats.

LE VIEUX MONSIEUR, *au Logicien.* – Mon chien aussi a quatre pattes.

LE LOGICIEN, *au Vieux Monsieur.* – Alors, c'est un chat.

BÉRENGER, *à Jean.* – Moi, j'ai à peine la force de vivre. Je n'en ai plus envie peut-être.

LE VIEUX MONSIEUR, *au Logicien après avoir longuement réfléchi.* – Donc, logiquement, mon chien serait un chat.

LE LOGICIEN, *au Vieux Monsieur.* – Logiquement, oui. Mais le contraire est aussi vrai.

Eugène Ionesco, *Rhinocéros*, © Gallimard, 1959.

a. **Pourquoi ce dialogue est-il difficile à suivre ?**

....

....

....

b. **En quoi la forme des paroles accentue-t-elle la confusion ?**

....

....

....

Analyser les effets des formes de parole théâtrales

4 *Après avoir insulté le comédien Montfleury, protégé par le duc de Cancale, Cyrano est interpellé par un fâcheux.*

LE FÂCHEUX

Mais vous allez quitter la ville ?

CYRANO

C'est selon.

LE FÂCHEUX

Mais le duc de Cancale a le bras long !

CYRANO

Moins long.

Que n'est le mien… *(montrant son épée)*

Quand je lui mets cette rallonge !

LE FÂCHEUX

Mais vous ne songez pas à prétendre…

CYRANO

J'y songe.

LE FÂCHEUX

Mais…

CYRANO

Tournez les talons maintenant.

LE FÂCHEUX

Mais…

CYRANO

Tournez !

E. Rostand, *Cyrano de Bergerac*, I, 4, 1897.

a. **Quelle forme de parole identifiez-vous ?**

....

b. **Qui domine l'échange ? Justifiez votre réponse.**

....

....

....

....

....

5 *Son fiancé Bartholo étant trop jaloux, Rosine décide de lui donner une leçon quand il croit voir dans une lettre le billet doux d'un amant. Elle feint de se sentir mal, laissant la lettre en évidence.*

BARTHOLO, *à part.* – Dieux ! La lettre ! Lisons-la sans qu'elle en soit instruite. Il lui tâte le pouls, et prend la lettre qu'il tâche de lire en se tournant un peu.

ROSINE, *toujours renversée.* – Infortunée ! Ah !

BARTHOLO, *lui quitte le bras, et dit à part.* – Quelle rage a-t-on d'apprendre ce qu'on craint toujours de savoir !

ROSINE. – Ah ! Pauvre Rosine !

BARTHOLO. – L'usage des odeurs… produit ces affections spasmodiques.

Il lit par-derrière le fauteuil en lui tâtant le pouls. Rosine se relève un peu, le regarde finement, fait un geste de tête, et se remet sans parler.

BARTHOLO, *à part.* – Ô ciel ! C'est la lettre de son cousin. Maudite inquiétude ! Comment l'apaiser maintenant ? Qu'elle ignore au moins que je l'ai lue. *Il fait semblant de la soutenir, et remet la lettre dans la pochette.*

ROSINE, *soupire.* – Ah !…

BARTHOLO. – Eh bien ! Ce n'est rien, mon enfant : un petit mouvement de vapeurs, voilà tout ; car ton pouls n'a seulement pas varié. Il va prendre un flacon sur la console.

ROSINE, *à part.* – Il a remis la lettre ! Fort bien.

Beaumarchais, *Le Barbier de Séville*, 1775.

a. **Sur quelle forme de parole est construite cette scène ?**

....

b. **Proposez deux destinataires possibles de ces paroles.**

....

c. **Quel effet produit cette forme de parole ? Pourquoi ?**

....

....

....

....

10 L'action théâtrale

Retenir

1 De l'exposition au dénouement

Exposition	Première scène de la pièce, qui plonge le spectateur, dans l'action de la pièce et donne le ton. Parfois prise en charge par un narrateur externe qui explique le contexte, elle peut présenter le nœud de l'intrigue, (notamment dans le théâtre contemporain), ou annoncer le dénouement.
Conflit	Il oppose deux personnages, sur le plan verbal, moral ou physique.
Dilemme	Caractéristique de la tragédie, il confronte le personnage à un choix impossible, duquel il ne peut sortir que perdant.
Nœud	Moment où tous les problèmes se conjuguent, où le conflit ou le dilemme sont à leur comble.
Dénouement	Scène finale, heureuse ou malheureuse, de la pièce.

2 Des actions qui font de l'effet

Coup de théâtre	Retournement soudain de situation, souvent dû à l'apparition ou aux révélations d'un personnage.
Péripétie	Changement de la situation du personnage, incident qui intervient dans le déroulement d'une action, marquant un changement.
Quiproquo	Littéralement « une chose à la place d'une autre » en latin, malentendu entre deux personnages, qui crée un effet comique ou tragique.
Comique	– de situation : situation cocasse due au placement des personnages ou à leurs rapports. – d'intrigue : action complexe, riche en péripéties.
Travestissement	Déguisement d'un personnage, qui endosse ainsi une autre identité. Il provoque des confusions comiques ou tragiques. C'est une variante du quiproquo, très employée dans le théâtre baroque.
Chute du 4e mur	Un personnage s'adresse directement au public.
Actions « obscènes »	Actions qui transgressent la règle classique de bienséance, et choquent volontairement le spectateur (nudité, mort sur scène…).

S'approprier

Reconnaître une forme d'action théâtrale

1 *La reine Athalie a massacré sa famille pour le pouvoir, et renié Dieu pour Baal. Mais son petit-fils, Joas, a survécu, recueilli par le grand prêtre juif Joad. Athalie lui réclame Joas, qu'elle a vu en rêve mais dont elle ignore l'identité.*

JOAD

[…] *Le rideau se tire.*
Paraissez, cher enfant, digne sang de nos rois.
Connais[1]-tu l'héritier du plus saint des monarques,
Reine ? De ton poignard connais[1] du moins ces marques.
Voilà ton roi, ton fils, le fils d'Ochosias.
Peuples, et vous Abner, reconnaissez Joas. […]

ATHALIE, *à Joad*

Perfide ! […]
Ta fourbe à cet enfant, traître, sera funeste.
D'un fantôme odieux, soldats, délivrez-moi.

JOAD

Soldats du Dieu vivant, défendez votre roi.
Ici le fond du théâtre s'ouvre. On voit le dedans du Temple, et les lévites armés sortent de tous côtés sur la scène.

ATHALIE

Où suis-je ? Ô trahison ! Ô reine infortunée !
D'armes et d'ennemis je suis environnée.

Jean Racine, *Athalie*, V, 5, 1691.

1. Reconnais.

a. Relevez deux coups de théâtre.

b. À quoi voit-on que ce sont des coups de théâtre ?

2 *Arnolphe a recueilli et éduqué sa pupille Agnès à l'abri des regards, pour en faire sa femme. Il apprend qu'elle a rencontré un homme malgré son interdiction.*

ARNOLPHE

Ne vous a-t-il point pris, Agnès, quelque autre chose ?
(La voyant interdite :)
Ouf !

AGNÈS

Hé ! Il m'a…

ARNOLPHE

Quoi ?

AGNÈS

Pris…

ARNOLPHE

Euh !

AGNÈS

Le…

ARNOLPHE

Plaît-il ?

AGNÈS

Je n'ose,
Et vous vous fâcherez peut-être contre moi.

ARNOLPHE

Non. […]

AGNÈS

Il m'a pris… Vous serez en colère. […]

ARNOLPHE

Non, non, non, non. Diantre, que de mystère !
Qu'est-ce qu'il vous a pris ?

AGNÈS

Il…

ARNOLPHE, *à part.*

Je souffre en damné.

AGNÈS

Il m'a pris le ruban que vous m'aviez donné.
À vous dire le vrai, je n'ai pu m'en défendre.

Molière, *L'École des femmes*, II, 5, 1662.

a. Quelle forme d'action théâtrale identifiez-vous ?

b. Quel en est le sujet ?

c. Quels procédés renforcent son aspect comique ?

3 *Après s'être débarrassé d'une maîtresse trop envahissante, Bois-d'Enghien se retrouve sur le palier en sous-vêtements, suite à un malheureux coup de vent. Heureusement, Bouzin est caché dans sa salle de bain…*

BOUZIN, *après avoir frappé à la porte du fond du cabinet de toilette, passant timidement la tête.* – Vous ne m'avez pas oublié, Monsieur de Bois-d'Enghien ?… Hein ? personne… Comment, il est parti ? *Voyant la fenêtre ouverte, il la referme.*

BOIS-D'ENGHIEN, *effondré sur la banquette.* – Ah ! mon Dieu !… Et dire qu'il y a une noce dans la maison !

BOUZIN. – Ma foi, je n'ai qu'une chose à faire, je reviendrai. *Il se dirige pour sortir vers la porte sur le palier.*

BOIS-D'ENGHIEN. – Oh ! si je sonnais… Bouzin entendrait peut-être. Il va à droite et sonne sans interruption.

BOUZIN, *qui avait déjà la main sur le bouton de la porte, immédiatement pétrifié.* – Mon Dieu ! ça doit être encore le général… et je suis seul ! *Il se sauve par le fond pour se réfugier dans le salon.*

Georges Feydeau, *Un fil à la patte*, III, 5, 1894.

a. Quelle forme de comique reconnaissez-vous ?

b. À votre avis, que va-t-il se passer dans la scène suivante ?

Analyser une forme d'action théâtrale

4 *Cet extrait se situe à la fin de la pièce. Nora est l'épouse de Torvald Helmer.*

NORA. – Il y a une autre tâche dont je dois d'abord m'acquitter. Il faut que je fasse en sorte de m'éduquer moi-même. Tu n'es pas homme à pouvoir m'aider dans ce domaine. C'est une affaire qui ne regarde que moi. Et c'est pour cela que je te quitte maintenant.

HELMER, *se levant d'un bond.* – Qu'est-ce que tu viens de dire ? […]

NORA. – Demain, je retournerai à la maison… c'est-à-dire dans mon pays d'origine. C'est là que je trouverai le plus facilement un moyen de subvenir à mes besoins.

HELMER. – Oh ! pauvre créature aveugle et inexpérimentée.

NORA. – L'expérience, il me faut l'acquérir, Torvald.

HELMER. – Quitter ton foyer, ton mari et tes enfants ! Et tu ne penses pas à ce que les gens vont dire.

NORA. – Je ne peux pas en tenir compte. Je sais uniquement que c'est nécessaire pour moi.

HELMER. – Oh ! c'est révoltant ! Tu peux donc manquer à tes devoirs les plus sacrés. […] Tu es avant tout épouse et mère.

Henrik Ibsen, *Une maison de poupée*, Acte III, 1879,
trad. M. Auchet, © Le Livre de Poche, 1990.

a. De quelle forme d'action théâtrale s'agit-il ?

b. Surlignez les éléments qui montrent comment Nora rebondit sur les arguments de son mari.

c. Quelle est la cause de ce conflit ?

5 *Rodrigue a tué le père de Chimène, sa fiancée. Il vient lui demander de le tuer, et de venger ainsi son père.*

CHIMÈNE

Va, je ne te hais point.

DON RODRIGUE

Tu le dois.

CHIMÈNE

Je ne puis.

Pierre Corneille, *Le Cid*, III, 4, 1637.

a. Surlignez une litote.

b. De quelle forme d'action théâtrale s'agit-il donc ici ?

11 Analyser un texte théâtral pas à pas

Retenir

Étape 1 : Observer et identifier	Étape 2 : Comprendre	Étape 3 : interpréter
• Observez le **paratexte** : auteur, date, contexte historique, politique, littéraire. • Identifiez le **genre de la pièce** (tragédie, comédie, drame ➜ fiche 8, p. 18) : thèmes, tonalités…	• Identifiez les **relations entre les personnages** : qui sont-ils ? Quels sont leurs intérêts, leurs buts respectifs ? • Saisissez la **fonction dramatique** de la scène : où est-elle placée dans l'œuvre ? En quoi fait-elle progresser, ou non, l'action ? • Analysez l'**intention du dramaturge** : divertir, émouvoir, faire réfléchir, dénoncer, instruire…	• Dégagez les **rapports de force** entre les personnages, en **analysant** les didascalies, la longueur des répliques (➜ fiche 9, p. 20)… • Interprétez la **progression** du texte, en s'appuyant sur le rôle des pronoms, du vocabulaire, du registre de langue (soutenu, courant, familier)… • Analysez les **figures de style** : que mettent-elles en avant ? Quels effets produisent-elles ?

S'approprier

Gennaro est le fils de Dona Lucrezia mais ne le sait pas. Il voue une haine farouche à cette femme qui a déjà assassiné tant d'hommes. Or, lors de la fête de la princesse Negroni, Dona Lucrezia fait empoisonner le vin. Quand elle arrive et voit que Gennaro fait partie du groupe et a bu, elle le conjure de prendre le contrepoison. Celui-ci refuse, sous prétexte de venger ses amis en tuant à son tour Lucrèce.

DONA LUCREZIA. – Jette ton couteau, malheureux ! Jette-le, te dis-je ! Si tu savais… Gennaro ! Sais-tu qui tu es ? Sais-tu qui je suis ? Tu ignores combien je te tiens de près ! Faut-il tout lui dire ? Le même sang coule dans nos veines, Gennaro ! Tu as eu pour père Jean Borgia, duc de Gandia !

GENNARO. – Votre frère ! Ah ! Vous êtes ma tante ! Ah ! Madame !

DONA LUCREZIA, *à part*. – Sa tante !

GENNARO. – Ah ! Je suis votre neveu ! Ah ! C'est ma mère, cette infortunée duchesse de Gandia, que tous les Borgia ont rendue si malheureuse ! Madame Lucrèce, ma mère me parle de vous dans ses lettres. Vous êtes du nombre de ces parents dénaturés dont elle m'entretient avec horreur, et qui ont tué mon père, et qui ont noyé sa destinée, à elle, de larmes et de sang. Ah ! J'ai de plus mon père à venger, ma mère à sauver de vous maintenant ! Ah ! Vous êtes ma tante ! Je suis un Borgia ! Oh ! Cela me rend fou ! Écoutez-moi, dona Lucrezia Borgia, vous avez vécu longtemps, et vous êtes si couverte d'attentats que vous devez en être devenue odieuse et abominable à vous-même. Vous êtes fatiguée de vivre, sans nul doute, n'est-ce pas ? Eh bien, il faut en finir. […] L'espagnol Mudarra a tué son oncle Rodrigue De Lara pour moins que vous n'avez fait. Cet espagnol a été loué de tous pour avoir tué son oncle, entendez-vous, ma tante ? – allons ! En voilà assez de dit là-dessus ! Recommandez votre âme à Dieu, si vous croyez à Dieu et à votre âme.

Victor Hugo, ***Lucrèce Borgia***, III, 3, 1833.

Étape 1

Observer le paratexte

1 Faites une recherche sur le personnage historique de Lucrèce Borgia. Correspond-il au personnage dépeint par Hugo ?

……………………………………………………………………

……………………………………………………………………

……………………………………………………………………

……………………………………………………………………

2 En vous appuyant sur la source du texte et la fiche 8 de votre cahier (p. 18), montrez qu'il s'agit d'un drame romantique.

……………………………………………………………………

……………………………………………………………………

……………………………………………………………………

……………………………………………………………………

……………………………………………………………………

……………………………………………………………………

Étape 2

Cerner les relations entre les personnages

3 Surlignez les termes qui qualifient Dona Lucrezia dans la dernière réplique de Gennaro. Quel sentiment traduisent-ils à son égard ?

……………………………………………………………………

……………………………………………………………………

4 Dans les trois premières répliques, à quoi voit-on que l'enjeu de la scène tourne autour d'un quiproquo dramatique sur la relation entre les deux personnages ?

....

Saisir la fonction dramatique de l'extrait

5 En quoi ce demi-aveu de dona Lucrezia aboutit-il à l'inverse de ce que celle-ci escomptait ?

....

Comprendre l'intention du dramaturge

6 Quelle émotion les nombreuses exclamatives de Gennaro manifestent-elles ? Pourquoi ?

....

7 a. À quoi voit-on que Gennaro essaie alors de justifier sa décision de tuer Lucrèce ?

....

b. Quelle image cela donne-t-il de lui ?

....

Étape 3

Analyser la progression thématique

8 Repérez la charnière thématique dans la tirade de Gennaro. Justifiez.

....

Interpréter les figures de style

9 Quelle figure d'analogie reconnaissez-vous dans la phrase : « Dans les familles comme les nôtres, où le crime est héréditaire et se transmet de père en fils comme le nom » ? Expliquez-la.

....

10 Vers le Bac

À partir des questions, proposez deux ou trois axes de lecture pour répondre à la **problématique** suivante.

Problématique : Peut-on dire de Gennaro qu'il est un héros ?

Axe 1 : ....

Axe 2 : ....

Axe 3 : ....

11 Vers la question de langue — oral du BAC

« Sais-tu qui tu es ? Sais-tu qui je suis ? »

a. Ces questions sont-elles totales ou partielles ?

....

b. Quelles sont la nature et la fonction des propositions soulignées ?

....

12 Lire un texte théâtral

Carnet de lecteur

Présenter une pièce

Rédiger le résumé d'une pièce classique

1 a. **Choisissez une pièce classique.**

....

b. **Résumez la progression dramatique de la pièce (situation initiale, péripéties, dénouement).**

....

....

....

c. **Présentez les personnages principaux.**

....

....

....

d. **Quel conflit les oppose ?**

....

....

....

2 **Sur une autre page, situez le contexte.**

Notez dans des cadres de couleur différente les éléments du contexte historique et ceux du contexte littéraire et artistique. Vous pourrez vous inspirer du modèle suivant.

Le contexte de ....

- La situation politique au moment de la rédaction ....
- Les événements historiques majeurs de l'époque ....
- Sur le plan artistique ....
- Sur le plan littéraire ....

Imaginer la réplique d'un personnage

3 **Rédigez la réplique d'Hippolyte : celle-ci sera une tirade de 8 vers environ (ou l'équivalent en prose) et devra mettre en évidence le trouble du jeune homme face à l'aveu dérangeant de sa belle-mère.**

HIPPOLYTE
Dieux ! Qu'est-ce que j'entends ? Madame, oubliez-vous
Que Thésée est mon père, et qu'il est votre époux ? [...]
PHÈDRE
Ah ! cruel, tu m'as trop entendue.
Je t'en ai dit assez pour te tirer d'erreur.
Hé bien, connais donc Phèdre et toute sa fureur.
J'aime. Ne pense pas qu'au moment que je t'aime,
Innocente à mes yeux je m'approuve moi-même [...].

Jean Racine, *Phèdre*, II, 5, 1677.

HIPPOLYTE

....

....

....

....

....

....

....

Prendre en compte la spécificité du texte théâtral

Rédiger une note d'intention de mise en scène

4 Vous êtes metteur en scène et vous voulez monter la pièce suivante : ....

Pour convaincre la région de vous subventionner, rédigez une note d'intention, qui expliquera :

– pourquoi vous voulez monter cette pièce : ce qui vous touche ou touchera vos contemporains ;
– comment vous comptez vous y prendre et pourquoi cela reflète votre interprétation du texte : scénographie (aménagement de l'espace, décors), lumières, sons, costumes, tonalité/registre de jeu théâtral, acteurs...

S'approprier le texte à travers sa représentation

Rédiger une critique

5 **À la fin d'une représentation ou d'une captation, deux amis discutent : l'un a beaucoup aimé le spectacle et l'autre non. Écrivez leur échange, qui portera sur une mise en scène que vous avez vue, sous forme de dialogue théâtral.**

Comparer deux mises en scène

6 a. **Observez et comparez ces photographies de mises en scène de la scène 5 de l'acte IV du *Tartuffe*, scène où Elmire, femme d'Orgon, tente de lui ouvrir les yeux sur l'hypocrisie de Tartuffe, faux dévot qui veut la séduire. Orgon est caché sous la table.**

Mise en scène de Galin Stoev, Comédie Française en 2014, avec E. Lepoivre (Elmire) et M. Vuillermoz (Tartuffe), © P. Victor/ ArtComPress via Leemage.

Mise en scène d'Oskaras Korsunovas, festival d'Avignon 2017, avec T. Vaskeviciute (Elmire) et G. Savickas (Tartuffe), © B. Horvat/AFP.

Mise en scène de	Stoev	Korsunovas
Décors	....	....
Costumes	....	....
Posture des personnages	....	....

b. **Laquelle préférez-vous ? Pourquoi ?**

....

S'approprier une autre œuvre théâtrale

7 **Écriture d'appropriation** Après avoir lu *Une maison de poupée* d'Ibsen (voir p. 23), rédigez un résumé de l'intrigue écrit à la première personne, du point de vue de Nora.

8 **Écriture d'appropriation** Lisez une des pièces suivantes d'Eugène Ionesco : *La Cantatrice chauve*, *Rhinocéros* (voir exercice 3, p. 21), *La Leçon*. Rédigez sous forme de note d'intention la réponse à la question suivante : en quoi ces pièces appartiennent-elles au théâtre de l'absurde ?

9 **Transposition graphique** Relisez la tirade du nez dans *Cyrano de Bergerac* d'Edmond Rostand (voir exercice 4, p. 21). Restituez ce que vous avez compris de ce passage sous forme de trois vignettes de bande dessinée.

Histoire des arts

13 La poésie du XIXᵉ au XXIᵉ siècle

Histoire littéraire

Retenir

Du XIXᵉ siècle...

1. Le romantisme

- La génération romantique des années 1820 (**Hugo, Lamartine, Vigny, Musset, Desbordes-Valmore...**) est déçue par une bourgeoisie préoccupée par sa seule réussite personnelle. Angoissée, elle exprime ce que Musset appelle « le mal du siècle » dans une **poésie lyrique**.
- Le romantisme est le mouvement de la jeunesse, de l'originalité, de la liberté et de la vérité.
La poésie romantique peut donc également être **engagée**.

2. Le Parnasse

- Les Parnassiens (**Leconte de Lisle, Banville, Gautier...**) refusent les excès du romantisme, l'engagement social ou politique.
Ils cultivent « l'art pour l'art », la perfection formelle.

3. Le symbolisme

- En réaction au réalisme et au naturalisme, **Baudelaire, Verlaine, Rimbaud, Mallarmé, Nerval** refusent la dictature du réel.
- Le poète doit établir le lien entre la **perception d'un objet** et sa **beauté cachée et suggérer une impression** similaire à celle produite par la réalité.

... au XXIᵉ siècle

1. Modernité poétique et surréalisme

- Au début du XXᵉ siècle, la libération formelle et thématique s'accentue avec **Apollinaire, Cendrars**, jusqu'aux surréalistes dans les années 1920 (**Breton, Soupault**) qui exploitent les thématiques du rêve, de l'inconscient.
- La Seconde Guerre mondiale a entraîné une remise en question du rôle du poète, encore plus enclin à participer à la vie politique et sociale : ainsi **Éluard, Desnos, Char** se sont engagés dans la Résistance.

2. La poésie contemporaine

- Dans la seconde moitié du XXᵉ siècle, **Prévert, Ponge** ont posé un regard renouvelé sur la simplicité du quotidien.
La poésie de la négritude (**Senghor**) revendique les valeurs de la culture noire.
- Aujourd'hui, la poésie s'associe désormais souvent à la musique (slam, rap...) ou au numérique, (**Grand Corps Malade, Abd al-Malik**) pour dénoncer les travers de la société.

S'approprier

Se repérer dans l'histoire

1 Complétez la frise suivante, en replaçant :

a. les numéros correspondant à ces événements historiques : 1. 1815 : défaite de Waterloo – **2.** 28, 29, 30 juillet 1830 : Trois Glorieuses – **3.** 2 décembre1851 : coup d'État de Napoléon III – **4.** 1871 : Commune de Paris – **5.** 1914-1918 : Première Guerre mondiale – **6.** 1939-1945 : Deuxième Guerre mondiale.

b. les mouvements littéraires aux bons endroits : poésie contemporaine – romantisme – surréalisme – symbolisme.

1804 -1815	1815 -1830	1830 -1848	1848 -1852	1852 -1870	1870 -1940	1946 -1958	1958
Iᵉʳ Empire	Restauration	Monarchie de Juillet	IIᵉ République	Second Empire	IIIᵉ République	IVᵉ République	Vᵉ République

Événements historiques

....

Mouvements littéraires

2 Associez chacun des auteurs suivants à son mouvement littéraire :

Théophile Gautier – Arthur Rimbaud – André Breton – Alfred de Musset – Marceline Desbordes-Valmore – Victor Hugo – Paul Verlaine – Stéphane Mallarmé – Alphonse de Lamartine.

Romantisme : ....

....

Parnasse : ....

Symbolisme : ....

....

Surréalisme : ....

3 **Associez chacune des thématiques suivantes au mouvement littéraire qui l'exploite : beauté formelle – résistance – paysage-état d'âme– mélancolie– inconscient– impressions suggérées – engagement social.**

Romantisme : ....

....

Parnasse : ....

Symbolisme : ....

Surréalisme : ....

Situer les textes dans l'histoire littéraire

4 **Lisez les poèmes suivants.**

Poème 1

Oui, l'œuvre sort plus belle
D'une forme au travail
Rebelle,
Vers, marbre, onyx, émail. […]

Statuaire, repousse
L'argile que pétrit
Le pouce
Quand flotte ailleurs l'esprit : […]

Sculpte, lime, cisèle ;
Que ton rêve flottant
Se scelle
Dans le bloc résistant !

Poème 2

La liberté d'un peuple oriente tous les peuples
Un innocent aux fers enchaîne tous les hommes
Et qui ne se refuse à son cœur sait sa loi
Il faut vaincre le gouffre et vaincre la vermine

Ces étranges d'ici qui choisirent le feu
Leurs portraits sur les murs sont vivants pour toujours
Un soleil de mémoire éclaire leur beauté
Ils ont tué pour vivre ils ont crié vengeance

Poème 3

On ressent comme une coupure dans la nuit, comme un rêve
On oublie les coups durs de la vie, comme une trêve
C'est un phénomène puissant, je ne te parle pas d'inspiration
Mais d'un souffle plus profond comme une seconde respiration
On voit et on entend l'encre devenir vivante
On goûte et on sent la saveur d'une rime errante
On touche du doigt l'instant qui nous enveloppe de sa puissance
C'est sans cesse la renaissance de l'essence même de nos cinq sens […]

C'est tout sauf une légende, on espère juste toucher l'instant
Les quelques secondes du poète qui échappent à l'espace-temps

Poème 4

Quel que soit le souci que ta jeunesse endure,
Laisse-la s'élargir, cette sainte blessure
Que les séraphins noirs t'ont faite au fond du cœur ;
Rien ne nous rend si grands qu'une grande douleur.
Mais, pour en être atteint, ne crois pas, ô poète,
Que ta voix ici-bas doive rester muette.
Les plus désespérés sont les chants les plus beaux,
Et j'en sais d'immortels qui sont de purs sanglots.

Poème 5

C'est des beaux yeux derrière les voiles
C'est le grand jour tremblant de midi,
C'est par un ciel d'automne attiédi
Le bleu fouillis des claires étoiles !

Car nous voulons la Nuance encore,
Pas la couleur, rien que la nuance !
Oh ! la nuance seule fiance
Le rêve au rêve et la flûte au cor ! […]

De la musique encore et toujours !
Que ton vers soit la chose envolée
Qu'on sent qui fuit d'une âme en allée
Vers d'autres cieux à d'autres amours.

a. En vous aidant de vos lectures, du Retenir et des exercices ci-dessus, associez chaque poème à son recueil et à son auteur : Paul Verlaine, *Jadis et Naguère*, « Art poétique » ; Paul Éluard, *Hommages*, « Légion » ; Alfred de Musset, *La Nuit de mai* ; Théophile Gautier, *Émaux et Camées*, « L'art » ; Grand Corps Malade, album *Midi 20*, « Toucher l'instant ».

Poème 1 : ....

Poème 2 : ....

Poème 3 : ....

....

Poème 4 : ....

Poème 5 : ....

b. Classez ces auteurs dans l'ordre chronologique, et associez-les à un mouvement littéraire. Justifiez votre choix.

	Auteur	Mouvement	Justification
1	....	....	....
2	....	....	....
3	....	....	....
4	....	....	....
5	....	....	....

14 Les formes poétiques du XIXe au XXIe siècle

Retenir

Poème et poésie sont issus d'une union originelle entre la parole, la musique et la danse. L'histoire des formes poétiques en conserve de nombreuses traces.

Les formes fixes

L'ode
Poème lyrique dans lequel le poète chante un sentiment fort.
Il est construit sur plusieurs strophes de schéma identique.
→ **XVIe s. : Ronsard.**
XIXe s. : Hugo.

Le rondeau
Chanson de danse au XIIIe s., composée en octosyllabes (deux quatrains et un quintil), sur deux rimes uniquement.
→ **XIIIe s. : Charles d'Orléans.**
XIXe s. : Musset et Mallarmé.

La ballade
Poème à refrain, construit sur deux rimes.
Le schéma le plus connu : trois dizains et un quintil de décasyllabes, nommé « Envoi ».
→ **XVIe s. : Villon.**
XIXe s. : Hugo, les Parnassiens.

Le sonnet
Poème de 14 vers, composé de **deux quatrains** sur deux rimes identiques et de **deux tercets** dont le schéma des rimes peut varier. La chute au dernier vers, ou pointe, doit résumer la visée du poème ou créer un effet de surprise.
→ **XVIe s. : Ronsard, Du Bellay.**
XIXe s. : Nerval, Baudelaire.
XXe s. : Queneau, Perec.
XXIe s. : Roubaud.

Les formes libres

Le calligramme
Poème dont les vers forment un dessin illustrant le plus souvent le sujet du poème.
→ **XXe s. :** Apollinaire.

Le vers libre
Vers de longueurs variées (hétérométriques), qui se caractérisent par la musicalité, la recherche de variété et de sonorités.
Les vers libres ne riment qu'exceptionnellement.
→ **XXe s. : Apollinaire, Desnos.**

Le poème en prose
Poème qui ne répond à aucune structure ni disposition traditionnelle poétique (vers, rime, strophe…), mais utilise des images (métaphores, comparaisons…), des effets sonores et des associations inhabituels.
→ **XIXe s. : Mallarmé, Rimbaud**
XXe s. : Jacob, Reverdy, Michaux, Char, Ponge, Saint-John Perse.

S'approprier

Identifier une forme fixe

1 *Élisa fut le premier amour de Verlaine. Il se souvient d'un été amoureux, celui de 1862. Trois ans après, il revient dans le petit jardin de ses émotions d'adolescent.*

Ayant poussé la porte étroite qui chancelle,
Je me suis promené dans le petit jardin
Qu'éclairait doucement le soleil du matin,
Pailletant chaque fleur d'une humide étincelle.

Rien n'a changé. J'ai tout revu : l'humble tonnelle
De vigne folle avec les chaises de rotin[1]…
Le jet d'eau fait toujours son murmure argentin
Et le vieux tremble[2] sa plainte sempiternelle.

Les roses comme avant palpitent ; comme avant
Les grands lys orgueilleux se balancent au vent.
Chaque alouette qui va et vient m'est connue.

Même j'ai retrouvé debout la Velléda[3]
Dont le plâtre s'écaille au bout de l'avenue,
– Grêle, parmi l'odeur fade du réséda[4].

Paul Verlaine, ***Poèmes saturniens***, « Mélancholia », « Après trois ans », 1866.

1. Matière semblable à l'osier. – **2.** Le tremble désigne ici l'arbre. Il ne s'agit pas d'un verbe. – **3.** Prophétesse germanique qui résista aux Romains au Ier siècle. – **4.** Plante à fleurs jaunes très parfumées.

a. Quelle forme poétique reconnaissez-vous ? Justifiez votre réponse.

....
....
....
....
....
....
....
....

b. En quoi peut-on dire que cette forme a été modernisée par Verlaine ?

....
....
....
....
....
....

Distinguer vers libres et poème en prose

2 *Les poèmes de cette section du recueil sont tous inspirés par la relation douloureuse que Robert Desnos a entretenue avec Yvonne George, chanteuse et comédienne, femme fascinante et tourmentée à qui le poète voua un amour éperdu.*

Dans la nuit il y a naturellement les sept merveilles du monde et la grandeur et le tragique et le charme.
Les forêts s'y heurtent confusément avec des créatures de légende cachées dans les fourrés.
Il y a toi.
Dans la nuit il y a le pas du promeneur et celui de l'assassin et celui du sergent de la ville[1] et la lumière du réverbère et celle de la lanterne du chiffonnier[2].
Il y a toi.
Dans la nuit passent les trains et les bateaux et le mirage des pays où il fait jour. Les derniers souffles du crépuscule et les premiers frissons de l'aube.
Il y a toi.
Un air de piano, un éclat de voix.

Robert Desnos, *Corps et Biens*, « À la mystérieuse », © Gallimard.

1. Policier – **2.** Personne qui ramasse et revend de vieux tissus.

a. Quelle forme poétique identifiez-vous ?

....

b. En quoi cette forme se prête-t-elle particulièrement bien à ce que le poète évoque ?

....
....
....
....
....
....

3 *Malheureux, révolté contre la religion, la société bourgeoise et judéo-chrétienne, considéré comme fou, Isidore Ducasse dit Comte de Lautréamont meurt à 24 ans, sans avoir eu le temps d'achever son œuvre poétique. Dans cet extrait, le narrateur est au bord de l'océan et assiste, depuis la rive, au naufrage d'un bateau en perdition au cœur d'une tempête.*

Le navire en détresse tire des coups de canon d'alarme ; mais, il sombre avec lenteur… avec majesté. Celui qui n'a pas vu un vaisseau sombrer au milieu de l'ouragan, de l'intermittence des éclairs et de l'obscurité la plus profonde, pendant que ceux qu'il contient sont accablés de ce désespoir que vous avez, celui-là ne connaît pas les accidents de la vie. Enfin, il s'échappe un cri universel de douleur immense d'entre les flancs du vaisseau, tandis que la mer redouble ses attaques redoutables. C'est le cri qu'a fait pousser l'abandon des forces humaines. Chacun s'enveloppe dans le manteau de la résignation et remet son sort entre les mains de Dieu. On s'accule comme un troupeau de moutons. Le navire en détresse tire des coups de canon d'alarme ; mais, il sombre avec lenteur… avec majesté.

Lautréamont, *Les Chants de Maldoror*, Chant deuxième, 1869.

Quelle forme poétique reconnaissez-vous ? Justifiez.

....
....
....
....
....
....

Interpréter le choix d'une forme poétique

4 *Queneau a un temps été lié au surréalisme. Ce poème a été reproduit sans la mise en page choisie par le poète.*

Prends ces mots dans tes mains et sens leurs pieds agiles et sens leur cœur qui bat comme celui d'un chien caresse donc leur poil pour qu'ils restent tranquilles mets-les sur tes genoux pour qu'ils ne disent rien une niche de sons devenus inutiles abrite des rongeurs l'ordre académicien rustiques on les dit mais les mots sont fragiles et leur mort bien souvent de trop s'essouffler vient alors on les dispose en de grands cimetières que les esprits fripons nomment des dictionnaires et les penseurs chagrins des alphadécédets mais à quoi bon pleurer sur des faits si primaires si simples éloquents connus élémentaires prends ces mots dans tes mains et vois comme ils sont faits

Raymond Queneau, *Le Chien à la mandoline*,
« La Chair chaude des mots », © Gallimard, 1958.

a. Quelle est l'intention du poète ?

....
....
....
....
....
....

b. Quelle forme poétique vous semblerait la plus appropriée à ce poème ?

....

c. Ce poème est composé d'alexandrins. Rétablissez sa mise en page et identifiez la forme poétique.

....

d. Quelle contradiction observez-vous alors entre le sens du poème et sa forme ? Pourquoi ce choix, selon vous ?

....
....
....
....
....

5 Vers la question de langue — oral du BAC

Entraînez-vous à la lecture à haute voix du poème de Verlaine (exercice 1).

Méthode

15 La versification, le rythme et les sonorités

Retenir

Les principaux procédés de versification sont les suivants.

1 La métrique

Mètre	Unité rythmique correspondant au nombre de syllabes du vers. Vers de 6 syllabes : **hexasyllabe** – Vers de 8 syllabes : **octosyllabe** – Vers de 10 syllabes : **décasyllabe** – Vers de 12 syllabes : **alexandrin**.
Compte des syllabes	Le **« e » muet** compte s'il est suivi d'une consonne. Heure tranquille Il ne compte pas s'il est suivi d'une voyelle (Tranquill(e) où…) ou s'il est placé à la fin du vers.
Diérèse	Prononciation en **deux syllabes** de deux voyelles qui se suivent. pa-ssi-on.
Synérèse	Prononciation en **une syllabe** de deux voyelles qui se suivent. Duel au lieu de du-el.
Hémistiche	Moitié d'un vers.
Césure	Coupe placée au milieu du vers pour l'alexandrin, l'hexasyllabe et l'octosyllabe.

2 Le rythme

Rejet	Élément bref en fin du vers, et qui déborde : – sur le vers suivant (rejet externe) : Il est pris. – Oh ! quel nom sur ses lèvres muettes **Tressaille ?** Quel regret implacable le mord ? (Rimbaud) – ou en fin d'hémistiche sur l'hémistiche suivant (rejet interne) : La mort qui vient la mort **qui va** la mort vécue (Éluard)
Contre-rejet	Élément bref qu'il faut aller chercher – au vers précédent (contre-rejet externe) : La nuit était lugubre ; on entendait **des coups** De fusil dans la rue où l'on en tuait d'autres (Hugo) – ou dans l'hémistiche précédent (interne) : Face à face **le long** des quais d'ombre et de nuit (Verhaeren)
Enjambement	On parle d'enjambement quand le rejet se prolonge jusqu'à la césure suivante : Mon amour est comme un fiévreux **que seul apaise** **Le poison qui nourrit son mal** et dont il meurt (Apollinaire)

3 Les sonorités

Rimes	Répétition d'un son à la fin des vers. Les rimes peuvent être plates (ou suivies : aabb), croisées (abab), embrassées (abba) ; pauvres (un seul son commun), suffisantes (deux sons communs) ou riches (trois sons communs ou plus).
Allitération	Retour du même son consonne. Pour qui sont ces serpents qui sifflent sur vos têtes ? (Racine)
Assonance	Retour du même son voyelle. Les sanglots longs/ Des violons/ De l'automne (Verlaine)

S'approprier

Analyser la métrique

1 1. « Il se fit dans Paris un silence de neige. » (Aragon)

Nom du vers : ....

2. « La circulation des sèves inouïes » (Rimbaud)

Nom du vers : ....

3. « J'ai rêvé la nuit verte aux neiges éblouies » (Rimbaud)

Nom du vers : ....

4. « Je suis fidèle comme un dogue » (Apollinaire)

Nom du vers : ....

a. Soulignez les « e » muets qui comptent, barrez ceux qui ne comptent pas.

b. Comptez les syllabes et nommez chacun des vers en veillant à respecter le compte des e muets.

c. Un vers contient une diérèse ? Lequel ?

....

2 Murs, ville,
Et port.
Asile
De mort,
Mer grise
Où brise[1]
La brise,
Tout dort.

Dans la plaine
Naît un bruit.
C'est l'haleine

De la nuit.
Elle brame
Comme une âme
Qu'une flamme
Toujours suit !

La voix plus haute
Semble un grelot.
D'un nain qui saute
C'est le galop.
Il fuit, s'élance,
Puis en cadence
Sur un pied danse
Au bout d'un flot.

Victor Hugo, ***Les Orientales*****,** « Les djinns[2] », 1829.

1. Terme de marine qui signifie « où vient se heurter ». – 2. Génies ou démons de la tradition maghrébine.

a. Observez les mètres d'une strophe à l'autre. Que constatez-vous ?

....

....

....

b. Soulignez les notations auditives : que remarquez-vous d'une strophe à l'autre ?

....

....

c. Comment la versification renforce-t-elle l'impression donnée par ces évocations de sons ?

....

....

Analyser le rythme du poème

3 Trois mille six cents fois par heure, la Seconde
Chuchote : Souviens-toi ! – Rapide, avec sa voix
D'insecte, Maintenant dit : Je suis Autrefois,
Et j'ai pompé ta vie avec ma trompe immonde !

Charles Baudelaire, ***Les Fleurs du Mal*****,** « L'Horloge », 1857.

a. Comptez les syllabes et placez les césures.

b. Où se trouve le premier verbe conjugué ? Nommez la figure de style qui crée un décalage entre les vers.

....

c. Relevez un autre rejet externe.

....

d. Relevez deux éléments placés en rejet interne.

....

e. Comment expliquez-vous que ce poème joue ainsi avec le rythme ?

....

....

....

....

Analyser les sonorités

4 *Le poète est à bord d'un train. Il traverse la région industrielle de Charleroi, en Belgique.*

Dans l'herbe noire
Les Kobolds[1] vont.
Le vent profond
Pleure, on veut croire.

Quoi donc se sent ?
L'avoine siffle.
Un buisson gifle
L'œil au passant.

Paul Verlaine, ***Romances sans paroles*****,** « Charleroi », 1872.

1. Génies des mythologiques germaniques, liés aux sous-sols et au travail des métaux.

a. Quels sens du poète sont en éveil ?

....

b. Quels bruits entend le poète ?

....

....

....

c. Soulignez l'allitération qui structure la deuxième strophe. Que mime-t-elle ?

....

....

5 *La poétesse évoque sa dernière rencontre à l'hôpital avec son père malade.*

Te parler papa j'ai pu te paparler un peu un petit peu
paparce que nous n'avions plus tout le temps.
Dehors le monde ses oiseaux blancs comme des avions,
le mur du son.
Tes mains sur le drap blanc jaunissaient jaunissaient.
Ils n'ont sûrement pas le droit de voler aussi bas pas pas
le droit de voler aussi bas tu disais.

Valérie Rouzeau, ***Pas revoir*****,** © La Table Ronde, 2010.

a. Soulignez la syllabe répétée tout au long du poème. Que nous révèle cette répétition ?

....

....

....

....

....

6 **Vers la question de langue** oral du BAC

Relevez les sujets dans la 2e strophe de l'exercice 2.

....

....

....

....

16 Analyser un texte poétique pas à pas

Retenir

Étape 1 : observer et identifier	Étape 2 : comprendre	Étape 3 : interpréter
• Observer le **paratexte** : auteur, date d'écriture, époque, contexte, titres du recueil, de la section, du poème ; • Identifier la **forme poétique** (ode, sonnet, rondeau, ballade…) (➜ fiche 14, p. 30).	• Cerner le(s) **thème(s)** : pour cela, il faut observer les champs lexicaux (amour, nostalgie, jeu, ville…) ; • Saisir l'**intention du poète** : exprimer des émotions, dénoncer, peindre un paysage, une scène, suggérer… ; • Saisir les **effets produits** sur le lecteur : faire rêver, effrayer, faire rire, surprendre, susciter l'admiration…	• Analyser et interpréter la **métrique** (compte des syllabes…), le rythme (rejet, enjambement…) et les sonorités (assonance, allitération…) (➜ fiche 15, p. 32) ; • Observer les **figures de style** (comparaison, métaphore, oxymore, chiasme…) (➜ fiches 24, 25, 26, p. 50 à 55).

S'approprier

René Char, figure de la poésie du XXe siècle, s'engage en 1942 dans les Forces Françaises combattantes, mouvement de la Résistance. Il choisit de ne rien publier sous l'Occupation. Char dédie son recueil à son ami Albert Camus.

La contre-terreur c'est ce vallon que peu à peu le brouillard comble, c'est le fugace[1] bruissement des feuilles comme un essaim[2] de fusées engourdies, c'est cette pesanteur bien répartie, c'est cette circulation ouatée[3] d'animaux et d'insectes tirant mille traits sur l'écorce tendre de la nuit, c'est cette graine de luzerne sur la fossette d'un visage caressé, c'est cet incendie de la lune qui ne sera jamais un incendie, c'est un lendemain minuscule dont les intentions nous sont inconnues, c'est un buste aux couleurs vives qui s'est plié en souriant, c'est l'ombre, à quelques pas, d'un bref compagnon accroupi qui pense que le cuir de sa ceinture va céder… Qu'importent alors l'heure et le lieu où le diable nous a fixé rendez-vous !

René Char, « La contre-terreur », *Feuillets d'Hypnos*[5],
© Gallimard, 1946.

1. Fugitif, qui passa rapidement. – **2.** Regroupement. – **3.** La ouate est l'équivalent du coton. – **4.** Herbe. – **5.** Hypnos était le surnom de René Char pendant la guerre. Dans la mythologie, Hypnos est l'un des oneiroi, dieux du sommeil. Il est considéré comme le gardien de la nuit car il reste éveillé quand tout le monde est endormi.

Étape 1

Observer le paratexte

1 **Dans quel contexte ce poème a-t-il été écrit ?**

2 **Commentez le titre du recueil.**

3 **Faites une recherche sur les connotations du mot « terreur ».**

4 **À quelle terreur Char fait-il allusion ?**

5 **Commentez le titre du poème.**

6 **Pourquoi, selon vous, Char dédie-t-il son poème à Albert Camus ?**

Identifier la forme poétique

7 **Quelle forme poétique René Char a-t-il choisie ?**

8 **De combien de phrases ce poème est-il composé ?**

9 Observez les signes de ponctuation. Quels sont leurs rôles ?

Étape 2

Cerner le thème

10 Quels sont les deux champs lexicaux dominants dans le poème ?

Saisir l'intention du poète

11 Qu'oppose le poète à la « terreur » ?

12 Revenez sur l'interprétation du titre du poème.

Étape 3

Analyser et interpréter la métrique, le rythme et les sonorités

13 Quelle est la figure de style qui rythme le poème ?

14 Quels bruits entend-on dans ce vallon ?

15 Relevez l'allitération qui mime ces bruits.

16 En quoi ces sons sont-ils une « contre-terreur » ?

Observer les figures de style

17 Commentez l'expression « c'est cet incendie de la lune qui ne sera jamais un incendie ».

18 Commentez l'expression « l'écorce tendre de la nuit ».

19 Vers le Bac

À l'aide du paratexte et de vos réponses aux questions 1 à 4, vous rédigerez l'introduction du **commentaire** de ce poème.

20 Vers la question de langue

oral du BAC

Relisez le passage suivant.

> C'est cet incendie de la lune [qui ne sera jamais un incendie], c'est un lendemain minuscule [dont les intentions nous sont inconnues], c'est un buste aux couleurs vives [qui s'est plié en souriant], c'est l'ombre, à quelques pas, d'un bref compagnon accroupi [qui pense que le cuir de sa ceinture va céder].

a. Identifiez la nature des propositions entre crochets.

b. Quelle est la particularité de la dernière ?

17 Lire un texte poétique

Carnet de lecteur

Un recueil de votre choix

1 a. Sur une page vierge, notez les éléments suivants :

– Titre du recueil choisi : ....

– Auteur/ Autrice : ....

– Date de publication : ....

– Genre : ....

b. Choisissez une typographie assez large et lisible. Vous pouvez par exemple vous inspirer des polices type « tag », calligraphie, lettres anciennes…

c. Illustrez votre page de garde par un dessin ou par une image que vous aurez sélectionnée sur Internet, en notant sa légende.

Auteur : ....
Titre : ....
Date : ....
Genre : ....

photo ou dessin avec légende

2 Sur une autre page, situez le contexte.
Notez dans des cadres de couleur différente les éléments du contexte historique et ceux du contexte littéraire et artistique. Vous pourrez vous inspirer du modèle suivant.

Le contexte, c'est ....

- La situation politique au moment de la rédaction ....
- Les événements historiques majeurs de l'époque ....
- Sur le plan artistique ....
- Sur le plan littéraire ....

3 Notez la réception que l'œuvre a reçue :

a. de ses contemporains,

b. de votre part : quelle est votre impression globale ?

Organisez vos idées dans un schéma visuel, sur le modèle de celui proposé.

Réception de l'œuvre

- Ce que les contemporains ont pensé de l'œuvre ....
- Ce que j'ai pensé de l'œuvre ....

4 Relevez les thèmes principaux. Associez une citation à chacun d'eux.

Thème 1 / Citation ....

Thème 2 / Citation ....

Thème 3 / Citation ....

5 **Donnez votre avis sur le style de l'œuvre et plus particulièrement sur le choix des mots, des images, des rythmes et des sonorités. Justifiez en citant un exemple précis.**

Le choix…	Exemple précis
Des mots	…………
Des images	…………
Des rythmes	…………
Des sonorités	…………

Analyser les enjeux de l'œuvre

6 **Notez les enjeux de l'œuvre :**

a. Au moment de sa publication :

…………

…………

b. Actualité de l'œuvre aujourd'hui :

…………

…………

Justifier son avis sur l'œuvre

7 **Notez les éléments que vous préférez. Ils seront autant d'arguments précis que vous pourrez citer pour justifier de votre choix.**

Ce que je préfère dans cette œuvre

Mon poème préféré est : …………, car …………

Mon passage préféré est : …………, car …………

Mon vers préféré est : …………, car …………

S'approprier une autre œuvre de poésie

8 **Écriture d'invention** **Réalisez l'édition numérique enrichie du poème de René Char, « La contre-terreur » (p. 34). Elle comprendra des notes, un lien hypertexte vers un morceau musical susceptible de l'illustrer, des images (fixes ou mobiles), des éléments de contexte historique et culturel.**

Histoire des arts

18 Le XVIe siècle : l'humanisme et la question de l'Homme

Histoire littéraire

Retenir

1. Le XVIe siècle et l'humanisme

- **Humanisme** : mouvement littéraire et intellectuel qui se caractérise par l'intérêt porté à la question de l'Homme.
- Époque marquée par de nombreuses **découvertes** (scientifiques, artistiques ou géographiques) qui amène les intellectuels à s'interroger sur la place de l'Homme dans l'univers.
- Un enthousiasme entamé par les **guerres de Religion**.

→

2. La redécouverte des textes antiques

- Invention de **l'imprimerie** : diffusion de nouvelles éditions des textes grecs et latins en Europe.
- La **pensée antique** : un modèle de sagesse et de formation.
- **Nouvelles conceptions** politiques, morales ou religieuses, auxquelles s'opposent les théologiens catholiques de la Sorbonne.
- Des penseurs très productifs :
  – **traités** philosophiques (**Pic de La Mirandole**),
  – **discours** écrits (**La Boétie**),
  – **éloges** paradoxaux (**Érasme**)…

→

3. Argumentation directe et indirecte

- Des écrits humanistes de type **argumentatif**, visant à mettre le savoir à la portée des lecteurs.
- L'argumentation peut être :
  – **directe** : le genre de l'**essai** s'inspire autant des traités antiques que des lettres philosophiques (**Montaigne**).
  – **indirecte** : des auteurs (**Rabelais, More**) décrivent leur société idéale, tout en critiquant leurs contemporains.
- **Thèmes favoris** : la religion, l'éducation, l'appel à la paix et la recherche d'une société idéale (utopie).

S'approprier

Définir l'humanisme

1 Lisez les définitions suivantes.

Extrait 1

Humanisme. A. – Mouvement intellectuel se développant en Europe à la Renaissance et qui, renouant avec la civilisation gréco-latine, manifeste un vif appétit critique de savoir, visant l'épanouissement de l'homme rendu ainsi plus humain par la culture.
B. – Attitude philosophique qui tient l'homme pour la valeur suprême et revendique pour chaque homme la possibilité d'épanouir librement son humanité, ses facultés proprement humaines. *Par analogie*. Altruisme, amour des hommes.

[cnrtl].

Extrait 2

Humanité, s. f. (*Morale.*) C'est un sentiment de bienveillance pour tous les hommes, qui ne s'enflamme guère que dans une âme grande et sensible. Ce noble et sublime enthousiasme se tourmente des peines des autres et du besoin de les soulager ; il voudrait parcourir l'univers pour abolir l'esclavage, la superstition, le vice, et le malheur.

L'Encyclopédie, texte établi par **D'Alembert et Diderot,** 1751.

a. Quels liens pouvez-vous établir entre le mouvement (l'humanisme) et la notion morale (l'humanité) ?

....

....

....

....

....

b. Comment comprenez-vous l'expression « l'homme [...] rendu plus humain par la culture » (extrait 1, l. 4-5) ?

....

....

....

c. Que signifie l'expression « [tenir] l'homme pour la valeur suprême » (extrait 1, l. 6-7) ? À quelle autre valeur suprême l'homme peut-il s'opposer ?

....

....

....

....

....

2 Qui donc oserait douter qu'au milieu d'une telle effloraison[1] d'humanité et de culture spirituelle, notre siècle ne devienne plus le plus heureux de tous ? Tous, nous espérons voir à bref délai une métamorphose générale des temps, la concorde[2] entre les nations, l'ordre parfait dans les États, l'apaisement religieux que nos aïeux ont si souvent souhaité, en un mot, la félicité d'une vie heureuse et l'afflux de toutes sortes de prospérités.

Barthélemy Latomus, ***Discours inaugural prononcé lors de la fondation par François Ier de son collège royal,*** 1530.

1. Épanouissement. – **2.** Union, entente.

a. Quelles étaient les ambitions des penseurs humanistes ?

....

....

....

b. **Relevez les termes appartenant au champ lexical du bonheur dans ce bref passage et interprétez-les, en montrant comment ils désignent un nouvel état d'esprit.**

....

....

....

....

....

....

....

....

Définir le genre de l'essai

3 Les autres forment l'homme, je le récite[1] : et en représente un particulier, bien mal formé : si j'avais à [le] façonner de nouveau, je le ferais vraiment bien autre qu'il n'est. [...] Je ne peins pas l'être, je peins le passage : non un passage d'âge [à un] autre, [...] mais de jour en jour, de minute en minute.

Michel de Montaigne, ***Les Essais***, III, 2 « Du repentir », 1580-1595 (syntaxe modernisée pour la présente édition).

1. Je le raconte, je l'expose tel qu'il est.

a. **Quel homme « particulier » Montaigne prend-il pour modèle dans ses *Essais* ?**

....

....

....

....

b. **Quelle finalité donne-t-il au travail de rédaction qu'il se propose de faire ?**

....

....

....

....

....

....

Analyser l'éducation humaniste dans l'essai

4 Nous savons dire : « Cicéron[1] dit ainsi : "Voilà les mœurs de Platon[2]" ; "ce sont les mots mêmes d'Aristote[2]". » Mais nous, que disons-nous nous-mêmes ? Que jugeons-nous ? Que faisons-nous ? Autant en dirait bien un perroquet. [...] Nous prenons en garde les opinions et le savoir d'autrui, et puis c'est tout. Il les faut faire nôtres. [...] Nous nous laissons si fort aller sur les bras d'autrui, que nous anéantissons nos forces. Me veux-je armer contre la crainte de la mort ? C'est aux dépens de Sénèque. Veux-je tirer de la consolation pour moi ou pour un autre ? Je l'emprunte de Cicéron. Je l'eusse prise en moi-même, si on m'y eût exercé. Je n'aime point cette suffisance relative et mendiée ; quand bien nous pourrions être savants du savoir d'autrui, au moins sages ne pouvons-nous être que de notre propre sagesse. Je hais le sage qui n'est pas sage pour soi-même.

Michel de Montaigne, ***Les Essais***, L. I, chap. XXV « Du pédantisme », 1580-1595 (trad. Musart, 1847).

1. Homme d'État et grand orateur romain (106 av. J.-C.-43).
2. Philosophes grecs (IVe s. av. J.-C.).

a. **Quelle définition de la sagesse Montaigne propose-t-il ?**

....

....

....

b. **En quoi la sagesse et l'éducation paraissent-elles opposées ici ?**

....

....

....

Analyser l'éducation humaniste dans le genre du roman

5 [P]arce que selon le sage Salomon, la sagesse n'entre point [dans une] âme malveillante, et [que] science sans conscience n'est que ruine de l'âme, il te convient servir, aimer et craindre Dieu [...]. Aie suspects les abus du monde, ne [soumets pas] ton cœur à vanité ; car cette vie est transitoire mais la parole de Dieu demeure éternellement. Sois serviable à tous tes prochains, et les aime comme toi-même. Révère tes précepteurs, fuis les compagnies des gens auxquels tu ne veux point ressembler.

François Rabelais, ***Pantagruel***, chap. 8, 1532 (syntaxe modernisée pour la présente édition).

a. **Quels conseils Gargantua donne-t-il à son fils Pantagruel pour qu'il devienne un homme meilleur ?**

....

....

....

....

....

....

6 Vers la question de langue

oral du BAC

Relisez le passage suivant, extrait de l'exercice 4.

Je hais le sage qui n'est pas sage pour soi-même.

a. **Encadrez et analysez la proposition subordonnée.**

....

....

b. **Quelles sont la nature et la fonction de « qui » ?**

....

19 Le XVIIe siècle : la morale classique et les formes argumentatives brèves

Méthode

Histoire littéraire

Retenir

Le siècle de la mesure

- Le classicisme est un mouvement culturel du XVIIe siècle qui met à l'honneur les principes de **mesure**, **de clarté** et d'**ordre**.
- Il développe le modèle de l'**honnête homme**, modéré dans ses passions comme dans sa pensée et souhaitant vivre en harmonie avec la société.

Les moralistes

- On appelle « **moralistes** » les écrivains du XVIIe siècle qui observent et décrivent sans concession les « mœurs » de leurs contemporains.
- Leur objectif premier est moins de « faire la morale » que de **dévoiler les vices et les défauts** des hommes en société.

Plaire et instruire

- Pour ce faire, ils valorisent toutes les formes d'écriture brève, où la **concision des propos** renforce la **visée argumentative** : les apologues (récits brefs, porteurs d'une morale : contes, fables) et les genres de l'argumentation directe (portraits, maximes…).
- Tous ces genres ont en commun **de plaire et instruire** à la fois.

S'approprier

Définir l'idéal classique de l'honnête homme

1 Extrait 1

Maxime 41 : « N'exagérer jamais. » C'est faire en homme sage de ne parler jamais en superlatifs[1], car cette manière de parler blesse toujours, ou la vérité, ou la prudence. […] C'est pourquoi l'homme prudent va bride en main[2], et aime mieux pécher par le trop peu que par le trop. L'excellence est rare, et, par conséquent, il faut mesurer son estime. L'exagération est une sorte de mensonge.

1. En exagérant les choses. – **2.** En se modérant.

Extrait 2

Maxime 52 : « Ne s'emporter jamais. » C'est un grand point que d'être toujours maître de soi-même. C'est être homme par excellence […]. Les passions sont les humeurs élémentaires de l'esprit : dès que ces humeurs excèdent[1], l'esprit devient malade ; et si le mal va jusqu'à la bouche[2], la réputation est fort en danger. Il faut donc se maîtriser si bien que l'on ne puisse être accusé d'emportement […] ; qu'au contraire on se fasse admirer comme invincible.

Baltasar Gracián, ***125 maximes de l'homme de cour***, 1647, traduit de l'espagnol par Amelot de la Houssaie.

1. Sont en excès. – **2.** Si l'on parle sans retenue.

a. Surlignez les termes qui évoquent la modération, et encadrez ceux qui renvoient aux exagérations et aux passions.

b. Soulignez les périphrases et les adjectifs qui permettent de désigner l'idéal de l'honnête homme selon Gracian et expliquez quelles sont les qualités attendues.

....

....

c. Quelles sont les conséquences lorsqu'on laisse parler ses passions ?

....

....

Dévoiler les vices et les défauts des hommes

2 J'entends Théodecte de l'antichambre[1] ; il grossit sa voix à mesure qu'il s'approche. Le voilà entré : il rit, il crie, il éclate ; on bouche ses oreilles, c'est un tonnerre. Il n'est pas moins redoutable par les choses qu'il dit que par le ton dont il parle. Il ne s'apaise et ne revient de ce grand fracas que pour bredouiller des vanités et des sottises.

Jean de La Bruyère, ***Les Caractères***, 1688, « De la société et de la conversation ».

1. Petite pièce située avant la pièce de réception, dans laquelle les visiteurs attendaient d'être reçus.

a. En quoi ce portrait de Théodecte s'oppose-t-il aux principes énoncés pour devenir un honnête homme selon Baltasar Gracián (exercice 1) ?

....

....

....

....

....

....

....

b. Par quels procédés d'écriture l'auteur parvient-il à rendre ce portrait amusant ?

....

....

....

....

....

....

....

....

....

3

Une Montagne en mal d'enfant
Jetait une clameur si haute,
Que chacun, au bruit accourant,
Crut qu'elle accoucherait, sans faute,
D'une cité plus grosse que Paris ;
Elle accoucha d'une souris. […]
C'est promettre beaucoup : mais qu'en sort-il souvent ?
Du vent.

Jean de La Fontaine, ***Les Fables***, 1668, « La montagne qui accouche », Livre V, fable 10.

a. Sur quelle métaphore la fable repose-t-elle ?

....

....

....

....

b. Quel vice principal est ici dénoncé par le fabuliste ?

....

....

4 **1.** Ce que nous prenons pour des vertus n'est souvent qu'un assemblage de diverses actions et de divers intérêts, que la fortune ou notre industrie[1] savent arranger ; et ce n'est pas toujours par valeur et par chasteté que les hommes sont vaillants, et que les femmes sont chastes. […]

39. L'intérêt parle toutes sortes de langues, et joue toutes sortes de personnages, même celui de désintéressé. […]

42. Nous n'avons pas assez de force pour suivre toute notre raison.

43. L'homme croit souvent se conduire[2] lorsqu'il est conduit ; et pendant que par son esprit il tend à un but, son cœur l'entraîne insensiblement à un autre.

François de La Rochefoucauld, ***Maximes***, 1664.

1. Ingéniosité. – **2.** Suivre sa volonté propre.

a. Quels sont les vices dénoncés par le moraliste ?

....

....

....

....

....

....

....

....

b. Quelles caractéristiques d'écriture vous permettent de reconnaître le genre des maximes ?

....

....

....

....

....

5 Tous ces gens si délicats, ou pour mieux dire si difficiles, qui ne trouvent pas même de divertissement selon leur humeur, et qui blâment tout ce qui plaît aux autres, font pour l'ordinaire des présomptueux qui prétendent de leur seule autorité se mettre au-dessus de tout, en blâmant ce que les autres louent.

Madeleine de Scudéry, ***La Morale du monde ou Conversations morales***, « De la médisance », 1686.

a. Quel trait de caractère est ici dénoncé ?

....

....

....

b. Dans quels domaines ce trait de caractère peut-il encore s'exprimer de nos jours ?

....

....

Plaire et instruire

6 Les fables ne sont pas ce qu'elles semblent être :
Le plus simple animal nous y tient lieu de maître.
Une morale nue apporte de l'ennui :
Le conte fait passer le précepte avec lui.
En ces sortes de feinte il faut instruire et plaire,
Et conter pour conter me semble peu d'affaire.

Jean de La Fontaine, ***Fables***, « Le Pâtre et le Lion », Livre VI, fable 1, 1668.

En quoi les fables illustrent-elles la recherche de plaire au lecteur tout en l'instruisant ?

....

....

....

....

7 Vers le Bac

Rédigez une introduction qui vous permettrait de présenter à l'oral l'étude des maximes de La Rochefoucauld proposées dans l'exercice 4.

8 Vers la question de langue

oral du BAC

Relisez le passage suivant, extrait de l'exercice 2.

Il ne s'apaise et ne revient de ce grand fracas que pour bredouiller des vanités et des sottises.

a. Analysez les modalités de la négation.

....

b. Quelle est la particularité de ce type de négation ?

....

....

20 Le XVIIIe siècle : les Lumières

Histoire littéraire

Retenir

Le siècle de la raison

- Le mouvement des **Lumières** se développe en Europe autour de philosophes et d'écrivains qui prônent l'usage de la **raison** et valorisent l'accès à la **connaissance** et l'**esprit critique**.
- Farouches opposants à tous types d'oppression (religieuses ou monarchiques), les philosophes des Lumières dénoncent les fanatismes et revendiquent la **liberté et l'égalité**, la **justice**, la **tolérance** et le **droit au bonheur** sur terre.
- Leurs combats mènent à la Révolution française de 1789.

Les philosophes des Lumières

- Les principaux représentants de la philosophie des Lumières en France sont **Montesquieu, Voltaire, Diderot** et **D'Alembert, Beaumarchais, Condorcet** ou encore **Rousseau**.
- Héritiers de l'humanisme du XVIe siècle, ces philosophes se caractérisent par leur esprit souvent facétieux, qui pratique l'**ironie** avec virtuosité.

Argumentation directe et indirecte

- Les philosophes des Lumières s'emparent de tous les genres littéraires, pour toucher le public le plus large. *L'Encyclopédie*, vaste entreprise éditoriale présente, en 17 volumes de texte et 11 de planches, l'ensemble des connaissances de l'époque.
- L'**argumentation directe** : l'auteur expose ses idées en son nom, sans passer par des personnages de fiction : essai (**Montesquieu, Condorcet, Rousseau**), discours (**E. du Châtelet**), dictionnaire (**Voltaire**), pamphlet, maxime, et encyclopédie.
- L'**argumentation indirecte** : l'auteur expose ses idées à travers la fiction : roman épistolaire (**Montesquieu, Laclos**), utopie (**Mercier**), conte philosophique (**Voltaire**), dialogue fictif (**Diderot**), théâtre (**Voltaire, Marivaux, Beaumarchais**)…

S'approprier

L'appel à la tolérance

1 **Extrait 1**

Usbek à Mirza, à Ispahan. S'il faut raisonner sans prévention[1], je ne sais pas, Mirza, s'il n'est pas bon que dans un État il y ait plusieurs religions. […] D'ailleurs, comme toutes les religions contiennent des préceptes[2] utiles à la société, il est bon qu'elles soient observées avec zèle. Or qu'y a-t-il de plus capable d'animer ce zèle que leur multiplicité ? […]. J'avoue que les histoires sont remplies des guerres de religion. Mais, qu'on y prenne bien garde : ce n'est point la multiplicité des religions qui a produit ces guerres, c'est l'esprit d'intolérance, qui animait celle qui se croyait la dominante.

Montesquieu, ***Lettres persanes***, 1721, lettre 85.

1. Sans précaution. – 2. Enseignements.

Extrait 2

Ce n'est donc plus aux hommes que je m'adresse ; c'est à toi, Dieu de tous les êtres, de tous les mondes et de tous les temps […]. Tu ne nous as point donné un cœur pour nous haïr, et des mains pour nous égorger ; fais que nous nous aidions mutuellement à supporter le fardeau d'une vie pénible et passagère ; que les petites différences entre les vêtements qui couvrent nos débiles[1] corps, entre tous nos langages insuffisants, entre tous nos usages ridicules, entre toutes nos lois imparfaites, entre toutes nos opinions insensées, entre toutes nos conditions si disproportionnées à nos yeux, et si égales devant toi ; que toutes ces petites nuances qui distinguent les atomes appelés hommes ne soient pas des signaux de haine et de persécution […].

Voltaire, « Prière à Dieu », ***Traité sur la tolérance***, 1763.

1. Faibles.

a. **Quel est l'appel commun avancé par les deux philosophes ?**

b. **Surlignez dans l'extrait 1 les connecteurs logiques et justifiez leur emploi.**

c. **Quel est l'argument principal de Montesquieu ?**

d. **Que met en valeur l'énumération centrale dans l'extrait 2 ?**

e. Quel extrait relève de l'argumentation directe, lequel de l'argumentation indirecte ? Justifiez votre réponse.

Extrait 1 : ....

....

....

Extrait 2 : ....

....

....

....

L'importance de la connaissance pour tous

2 [M]oins notre bonheur dépend des autres et plus il nous est aisé d'être heureux. [...] Par cette raison d'indépendance, l'amour de l'étude est de toutes les passions celle qui contribue le plus à notre bonheur. Dans l'amour de l'étude se trouve renfermée une passion dont une âme élevée n'est jamais entièrement exempte[1], celle de la gloire ; il n'y a même que cette manière d'en acquérir pour la moitié du monde[2], et c'est cette moitié justement à qui l'éducation en ôte les moyens, et en rend le goût impossible.

Émilie du Châtelet, *Discours sur le bonheur*, 1746.

1. Délivrée. – **2.** Périphrase qui désigne les femmes.

a. À quel type d'argumentation cet extrait appartient-il ? Justifiez votre réponse.

....

....

....

....

b. Quelle est la thèse principale défendue par Mme du Châtelet ?

....

....

....

c. Quelle critique formule-t-elle ?

....

....

....

....

....

Le combat en faveur de la justice et de l'égalité

3 Si j'avais à soutenir le droit que nous avons eu de rendre les nègres esclaves, voici ce que je dirais :

Les peuples d'Europe ayant exterminé ceux de l'Amérique, ils ont dû mettre en esclavage ceux de l'Afrique, pour s'en servir à défricher tant de terres.

Le sucre serait trop cher, si l'on ne faisait travailler la plante qui le produit par des esclaves. [...]

Montesquieu, *L'Esprit des lois*, 1748, « De l'esclavage des Nègres », chapitre V, livre XI.

a. Analysez la valeur et les conséquences de la première phrase.

....

....

....

....

....

....

b. En quoi les deux arguments proposés par Montesquieu paraissent-ils absurdes ?

....

....

....

....

....

....

....

....

....

4 Vers le Bac

À l'aide de vos réponses à l'exercice 1 et en retravaillant l'extrait, rédigez un argument de commentaire sur la « Prière à Dieu » de Voltaire, qui s'intitulera « Une argumentation persuasive ».

5 Vers la question de langue

oral du BAC

Relisez le passage suivant, extrait de l'exercice 3.

[Le sucre serait trop cher], [si l'on ne faisait travailler la plante **qui le produit** par des esclaves].

a. Identifiez la nature et la fonction des propositions entre crochets et de celle en gras.

....

....

....

....

....

....

....

b. Justifiez la concordance des temps entre la principale et sa subordonnée.

....

....

....

Méthode

21 Les types d'arguments et de raisonnements

Retenir

→ Le texte argumentatif repose sur une **thèse**, c'est-à-dire une idée directrice, que l'auteur défend par un **raisonnement** utilisant des **arguments**.

1 Les types de raisonnement

→ On appelle « **raisonnement** » la manière d'**organiser** son argumentation.

Raisonnement	Définition	Exemples
Par induction	Part d'un fait particulier pour en tirer une règle générale.	Et le pauvre voleur, ne trouvant plus son gage, / Pensa tomber de sa hauteur. / Il n'est pas malaisé de tromper un trompeur. (La Fontaine)
Par déduction	Part d'une règle générale pour conclure sur un cas particulier.	Rien ne sert de courir ; il faut partir à point. / Le lièvre et la Tortue en sont un témoignage. (La Fontaine)
Par analogie	Rapproche deux faits pour illustrer une opinion.	[Les Indiens] sont sauvages de même que nous appelons sauvages les fruits que Nature […] a produits. (Montaigne)
Par concession	Accorde à la partie adverse un argument qui paraît juste, pour mieux le critiquer ensuite.	On m'objectera que ces émissions ou ces livres jouent moins sur la curiosité que sur le voyeurisme. J'en suis d'accord. Mais pas convaincu qu'il y ait, entre les deux attitudes, un abîme. (Comte-Sponville)
Par l'absurde	Présente des causes ou des conséquences absurdes pour démontrer l'incohérence d'un raisonnement.	On peut juger de la couleur de la peau par celle des cheveux, qui, chez les Égyptiens, les meilleurs philosophes du monde, étaient d'une si grande conséquence, qu'ils faisaient mourir tous les hommes roux qui leur tombaient entre les mains. (Montesquieu)
Paradoxal	Heurte les idées communément admises en reposant sur une contradiction apparente.	Un croyant ne peut être qu'intolérant, ou alors il est incohérent. (Cavanna)
Syllogisme	Raisonnement par déduction en trois parties dont les deux premières, les prémisses, déterminent la conclusion.	Tous les hommes sont mortels. Or Socrate est un homme. Donc Socrate est mortel.

2 Les types d'argument

→ Pour **convaincre**, la thèse s'appuie sur des arguments **logiques** ; pour **persuader**, sur des arguments agissant sur les **sentiments** de l'interlocuteur.

Types d'argument	Définition	Exemples
Argument par analogie	Établit un parallèle entre deux situations, souvent de manière imagée.	Le fanatisme est à la superstition ce que le transport est à la fièvre, ce que la rage est à la colère. (Voltaire)
Argument d'autorité	Repose sur la légitimité d'une personne ou d'un organisme reconnu par tous.	Aristote a bien raison, quand il dit qu'une femme est pire qu'un démon ! (Molière)
Argument *ad hominem*	Attaque l'incohérence des propos de l'adversaire	On n'a jamais employé tant d'esprit à vouloir nous rendre Bêtes. Il prend envie de marcher à quatre pattes quand on lit votre ouvrage. (Voltaire contre Rousseau)
Argument *ad personam*	Attaque le physique ou le caractère de l'adversaire.	Vous faites voir des os quand vous riez, Hélène. (Scarron)
Appui sur les valeurs	Soutient l'argument en faisant appel à des valeurs communes.	Celui dont tu veux t'emparer comme de la brute, le Tahitien est ton frère. Vous êtes deux enfants de la nature. (Diderot)
Recours au fait	S'appuie sur des faits avérés par l'Histoire, par des observations, des données chiffrées…	L'Histoire nous montre que les grands débats qui ont divisé un moment les Français apparaissent avec le recul du temps comme une étape nécessaire à la formation d'un nouveau consensus social. (S. Veil)

S'approprier

Identifier les types de raisonnement

1 Lisez les extraits suivants, et dites quels types de raisonnement sont développés par les auteurs.

Extrait 1

Ce pays est à toi ! et pourquoi ? parce que tu y as mis le pied ? Si un Tahitien débarquait un jour sur vos côtes, et qu'il gravât sur une de vos pierres ou sur l'écorce d'un de vos arbres : Ce pays est aux habitants de Tahiti, qu'en penserais-tu ?

Denis Diderot, *Supplément au voyage de Bougainville*, 1772.

Raisonnement : ....

Extrait 2

Il est aussi absurde de dire qu'un homme est un ivrogne parce qu'il décrit une orgie, un débauché parce qu'il raconte une débauche que de prétendre qu'un homme est vertueux parce qu'il a fait un livre de morale ; tous les jours on voit le contraire. C'est le personnage qui parle et non l'auteur ; son héros est athée, cela ne veut pas dire qu'il soit athée ; il fait agir et parler les brigands en brigands, il n'est pas pour cela un brigand. À ce compte, il faudrait guillotiner Shakespeare, Corneille et tous les tragiques ; ils ont plus commis de meurtres que Mandrin et Cartouche[1].

Théophile Gautier, Préface à *Mademoiselle de Maupin*, 1835.

1. Brigands célèbres.

Raisonnement : ....

Extrait 3

Par mille canaux, notre société nous amène à croire que le moteur de la vie est la compétition. On ne parle que de gagneurs ; il nous faut, paraît-il, préparer les enfants à entrer dans cette catégorie, faute de quoi ils seront des perdants, des minables. Cette vision effrayante du sort humain a envahi le domaine de l'activité physique ; on ne parle plus que de sport de compétition, oubliant que l'origine de ce mot est le vieux français « desport » qui signifiait amusement. Oui, il s'agit de m'amuser, de profiter de la conscience que j'ai du fonctionnement de mon corps, pour en jubiler, pour obtenir de lui plus qu'il ne voulait donner. Entrer en compétition, oui, mais avec le seul compétiteur digne de moi : moi.

Albert Jacquart, *L'Abécédaire de l'ambiguïté*, « S comme sport »,

Raisonnement : ....

....

....

Extrait 4

Tu me vois entrer chez moi l'air affligé, chercher un papier avec inquiétude, ouvrir le bureau où je me souviens de l'avoir enfermé, le trouver, le lire avec joie. Tu juges que j'ai éprouvé le sentiment de l'affliction et celui du plaisir, que j'ai de la mémoire et de la connaissance.

Porte donc le même jugement sur ce chien qui a perdu son maître, qui l'a cherché dans tous les chemins avec des cris douloureux, qui entre dans la maison, agité, inquiet, qui descend, qui monte, qui va de chambre en chambre, qui trouve enfin dans son cabinet le maître qu'il aime, et qui lui témoigne sa joie par la douceur de ses cris, par ses sauts, par ses caresses.

Voltaire, *Dictionnaire philosophique*, article « Bêtes », 1764.

Raisonnement : ....

Identifier les types d'argument

2 Lisez les extraits ci-contre, et dites quel type d'argument est développé par chaque auteur.

Extrait 1

Célimène fait le portrait de Bélise.
Le pauvre esprit de femme ! et le sec entretien !
Lorsqu'elle vient me voir, je souffre le martyre,
Il faut suer, sans cesse, à chercher que lui dire ;
Et la stérilité de son expression,
Fait mourir, à tous coups, la conversation.

Molière, *Le Misanthrope*, 1666, II, 4.

Argument : ....

Extrait 2

Ce n'est pas une âme, ce n'est pas un corps qu'on dresse, c'est un homme [...]. Et, comme dit Platon, il ne faut pas les dresser l'un sans l'autre, mais les conduire également, comme un couple de chevaux attelés à même timon.

Michel de Montaigne, *Les Essais*, 1580-1592, Livre I-26,
« De l'institution des enfants ».

Argument : ....

Extrait 3

Ils changent très fréquemment de femmes, ce qui est un signe très vrai de sauvagerie. Ils ignorent de toute évidence la noblesse et l'élévation du beau sacrement de mariage.

Jean-Claude Carrière, *La Controverse de Valladolid*,

Argument : ....

3 Vers le Bac

À partir de cet extrait, rédigez un paragraphe de commentaire qui porterait sur le thème : « une argumentation rigoureusement construite ».

MÈRE. – [...] L'instruction a un but bien plus grand et plus noble que celui d'une vaine ostentation[1] de science. [...] Lorsque vous portez vos soins à cultiver votre raison, et l'orner de connaissances utiles et solides, vous vous ouvrez autant de sources nouvelles de plaisir et de satisfaction ; vous vous préparez autant de moyens d'embellir votre vie, autant de ressources contre l'ennui, autant de consolation dans l'adversité, que vous acquérez de talents et de connaissances. Ce sont des biens que personne ne peut vous enlever, qui vous affranchissent de la dépendance des autres, puisque vous n'en avez pas besoin pour vous occuper et pour être heureuse ; qui mettent au contraire les autres dans votre dépendance : car plus on a de talents et de lumières, plus on devient utile et nécessaire dans la société. Sans compter que c'est le remède le plus efficace et le plus sûr contre le désœuvrement[2], qui est l'ennemi le plus redoutable du bonheur et de la vertu.

Louise d'Épinay, *Conversations d'Émilie*, 1781,
« Douzième conversation ».

1. Étalage. – **2.** Oisiveté.

22 Analyser un texte argumentatif pas à pas

Retenir

Étape 1 : observer et identifier

- Observer le **paratexte** : auteur, date d'écriture, titres de l'ouvrage et du chapitre.
- Situer le texte **dans son époque** (→ fiche 18 à 20, p. 38 à 43).

Étape 2 : comprendre

- Cerner **le thème et la thèse de l'auteur**, c'est-à-dire analyser le sujet et l'opinion de l'auteur.
- Déterminer si le texte appartient au genre de **l'argumentation directe ou indirecte**, c'est-à-dire si l'auteur utilise la fiction ou parle en son nom propre.

Étape 3 : interpréter

- Relever si l'argumentation relève davantage de la **conviction** ou de la **persuasion** (→ fiche 21, p. 44).
- Relever les **types de raisonnements et d'argument** (→ fiche 21, p. 44).

S'approprier

À Paris, mercredi 16 mars 1672.

Je suis au désespoir que vous ayez eu *Bajazet*[1] par d'autres que par moi ; c'est ce chien de Barbin[2] qui me hait, parce que je ne fais pas des Princesses de Clèves et de Montpensier[3]. Vous avez jugé très juste et très bien de *Bajazet*, et vous aurez vu que je suis de votre avis. Je voulais vous envoyer la Champmêlé[4] pour vous réchauffer la pièce. Le personnage de Bajazet est glacé ; les mœurs des Turcs y sont mal observées, ils ne font point tant de façons pour se marier ; le dénouement n'est point bien préparé ; on n'entre point dans les raisons de cette grande tuerie. Il y a pourtant des choses agréables, mais rien de parfaitement beau, rien qui enlève, point de ces tirades de Corneille qui font frissonner. Ma fille, gardons-nous bien de lui comparer Racine, sentons-en toujours la différence ; les pièces de ce dernier ont des endroits froids et faibles, et jamais il n'ira plus loin qu'Andromaque[5] ; *Bajazet* est au-dessous, au sentiment de bien des gens, et au mien, si j'ose me citer. Racine fait des comédies[6] pour la Champmêlé : ce n'est pas pour les siècles à venir ; si jamais il n'est plus jeune, et qu'il cesse d'être amoureux, ce ne sera plus la même chose. Vive donc notre vieil ami Corneille ! Pardonnons-lui de méchants vers en faveur des divines et sublimes beautés qui nous transportent : ce sont des traits de maître qui sont inimitables. Despréaux[7] en dit encore plus que moi ; et, en un mot, c'est le bon goût, tenez-vous-y.

Lettre de Mme de Sévigné à Mme de Grignan [*sa fille*].

1. Pièce de Racine jouée pour la première fois en janvier 1672.
2. Libraire célèbre.
3. Romans de madame de la Fayette.
4. Comédienne de l'époque, que son fils avait aimée.
5. Autre pièce de Racine, publiée en 1667.
6. On employait autrefois le mot de comédie dans un sens générique.
7. Auteur dramatique, danseur et chansonnier de l'époque.

Étape 1

Observer le paratexte

1 Par qui ce texte a-t-il été écrit ?

2 À qui s'adresse-t-il ?

Situer le texte dans son époque

3 Dans quel contexte culturel ce texte a-t-il été écrit ? À quelle occasion ? À quelle date ?

Étape 2

Cerner le thème et la thèse de l'auteur

4 Délimitez les mouvements du texte en les signalant par des barres obliques. À quoi chaque mouvement correspond-il ? Donnez-leur un titre à chacun.

5 Sur quoi la critique de Mme de Sévigné porte-t-elle précisément dans le deuxième mouvement ?

6 Quelle est l'opinion de Mme de Sévigné à propos de *Bajazet*, et des pièces de Racine en général ? Surlignez les termes qui le prouvent.

Déterminer le type d'argumentation

7 S'agit-il d'un texte relevant de l'argument directe ou indirecte ? Justifiez votre réponse.

Étape 3

Convaincre ou persuader

8 Mme de Sévigné tente-t-elle de convaincre ou de persuader Mme de Grignan ? Relevez les procédés qui vous permettent de répondre.

Relever les types de raisonnement

9 À quel type de raisonnement appartient le passage « Il y a pourtant des choses agréables, mais rien de parfaitement beau » (l. 12-13) ?

10 Comment se nomme le type de raisonnement qui permet de comparer deux éléments ? Comment Mme de Sévigné se sert-elle ici de ce type de raisonnement ?

Relever les types d'argument

11 De quel type d'argument relève l'expression « c'est ce chien de Barbin qui me hait » ?

12 À quel type d'argument l'expression « c'est le bon goût, tenez-vous-y » fait-elle appel ?

Pour conclure

13 La prédiction de Mme de Sévigné (l. 20-21 « Racine fait des comédies [...] ce n'est pas pour les siècles à venir ») s'est-elle vérifiée ?

14 Vers le Bac

Oral : entraînez-vous à lire cette lettre à voix haute. Vous essaierez de faire entendre les différentes émotions de Mme de Sévigné.

15 Vers la question de langue oral du BAC

Relisez le passage suivant (l. 3-4).

> c'est ce chien de Barbin [qui me hait], [parce que je ne fais pas des Princesses de Clèves et de Montpensier].

a. Identifiez la nature et la fonction des propositions entre crochets.

b. Par quel connecteur pourriez-vous remplacer « parce que » ? Quel est la nature du connecteur choisi ? Quel sens exprime-t-il ?

23 Lire un texte de littérature d'idées

Carnet de lecteur

Présenter l'ouvrage de votre choix

1 Créez la page de garde.

a. Sur une page vierge de votre carnet, notez le nom complet de l'auteur, le titre de l'œuvre et sa date de publication.

b. Choisissez une typographie assez large et lisible. Vous pouvez par exemple vous inspirer des polices type « tag », calligraphie, lettres anciennes…

c. Illustrez votre page de garde par un dessin ou par une image que vous aurez sélectionnée sur Internet, en notant sa légende.

Auteur : ....
Titre : ....
Date : ....
Genre : ....

photo ou dessin avec légende

2 Sur la deuxième page, présentez les thèmes.

a. Notez dans de grandes bulles, ou en les encadrant d'une couleur différente, les thèmes abordés dans l'ouvrage.

b. Pour chacun de ces thèmes, relevez une ou plusieurs citations qui vous ont marqué(e) dans l'œuvre.

Thème 1 : ....
Thème 2 : ....
Thème 3 : ....
Thème 4 : ....

Thème 1 / Citation ....
Thème 2 / Citation ....
Thème 3 / Citation ....

3 Quelle réception l'œuvre a-t-elle reçue :

a. de ses contemporains ?

b. de votre part ? Quelle est votre impression globale ?

Organisez vos idées dans un schéma visuel, sur le modèle de celui proposé.

Réception de l'œuvre

- Ce que les contemporains ont pensé de l'œuvre ....
- Ce que j'ai pensé de l'œuvre ....

4 Présentez les personnages principaux.

a. Si l'œuvre choisie appartient au genre de l'argumentation indirecte, présentez les personnages principaux. Vous pouvez pour chacun remplir une fiche en suivant le modèle ci-dessous.

b. Cherchez une photo correspondant à ce que vous pouvez imaginer comme « tête » au personnage, cela vous aidera à vous les approprier !

c. Notez des citations qui vous ont plu.

Justifier son avis sur l'œuvre

5 Sur une nouvelle page, expliquez pourquoi vous avez apprécié ou pas la lecture de cette œuvre.

a. Notez d'abord vos attentes avant la lecture, vos premières impressions par rapport au titre, à la couverture, au résumé de 4e de couverture.

b. Notez ensuite vos impressions au fil de la lecture.

c. Terminez par un avis une fois le livre refermé.

Mes impressions sur :
....
....
....
....

Après la lecture :
....
....
....
....

Au fil de la lecture :
....
....
....
....

6 Notez les éléments que vous préférez. Ils seront autant d'arguments précis que vous pourrez citer pour justifier de votre choix.

Ce que je préfère dans cette œuvre

Mon personnage préféré est :	Mon passage préféré est :	Ma réplique préférée est :
..............................., car	..............................., car	..............................., car ....

Établir un planning de lecture

7 Organisez la lecture de l'œuvre de votre choix dans un planning hebdomadaire. Vous pouvez vous inspirer du modèle suivant.

Titre de l'œuvre	....	
À lire pour le	....	
Semaine du	....	....
Semaine du	....	....
Semaine du	....	....
Semaine du	....	....

S'approprier une autre œuvre de littérature d'idées

8 **Écriture d'invention** Rédigez pour un journal littéraire un article dans lequel vous justifierez votre avis sur l'œuvre. Vous expliquerez en particulier en quoi les questions qu'elle soulève sont toujours d'actualité.

9 **Transposition** Transposez votre passage préféré de l'œuvre en argumentation directe (par exemple, sous forme d'essai) s'il s'agit d'une œuvre rédigée en argumentation indirecte, ou l'inverse (par exemple en transposant un passage d'un essai en apologue).

10 **Bande dessinée** Dessinez en trois cases la scène décrite par La Bruyère dans l'exercice 2, p. 40. Vous inventerez dans des bulles quelques « vanités et [...] sottises » prononcées par le personnage principal.

11 **Podcast** Préparez un podcast de 3 minutes dans lequel vous présenterez l'œuvre choisie pour l'entretien du bac. Vous devrez inclure un jingle au début et à la fin du podcast. Utilisez le logiciel Audacity pour vous enregistrer.

12 **Vidéo** Préparez une bande-annonce vidéo de l'œuvre choisie pour l'entretien.

24 Interpréter les images : comparaison, métaphore, personnification, allégorie

EXO Quiz

Retenir

1 Définitions

Le **comparé** est ce que l'on compare. Le **comparant** est ce à quoi on le compare.

Comparaison	Métaphore	Personnification	Allégorie
• Rapprochement de deux réalités (comparé et comparant) à l'aide d'un **outil de comparaison** (« comme », « pareil à » « tel »…). *La liberté est semblable à une immense plage déserte.*	• Rapprochement de deux réalités (comparé et comparant) **sans outil** de comparaison. *La liberté est une immense plage déserte.*	• Attribution de caractérisques humaines à un objet ou un animal. *La liberté étend ses bras jusqu'à l'infini.*	• Représentation d'une idée abstraite de manière concrète. Le nom porte souvent une **majuscule**. *La Liberté nage, chante et rit.*

2 Comment les interpréter ?

Étape 1 : repérer le comparé et le comparant	→	Étape 2 : associer le comparant à ses connotations	→	Étape 3 : rapprocher le comparé et le comparant	→	Étape 4 : Utiliser des verbes variés pour commenter
Le comparé est « la liberté » ; le comparant est « une immense plage déserte ».		*L'immense plage déserte évoque l'horizon, le bien-être, l'évasion, le lâcher-prise, le rêve, la lumière…*		*La liberté procure un sentiment de bien-être et de chaleur, elle est comme une lumière qui éclaire notre vie.*		*La métaphore traduit, révèle, souligne, dévoile, exprime, met en relief…*

S'approprier

Identifier les images

1 *Hugo évoque ici la défaite de l'armée napoléonienne à Waterloo en 1815.*

La Déroute, géante à la face effarée,
Qui, pâle, épouvantant les plus fiers bataillons […]
Se lève grandissante au milieu des armées,
La Déroute apparut au soldat qui s'émeut
Et, se tordant les bras, cria : Sauve qui peut !

Victor Hugo, *Les Châtiments*, 1853.

Sur quelle figure de style cet extrait est-il construit ?

....

....

....

....

....

2 Bienheureuse la cloche au gosier vigoureux
Qui, malgré sa vieillesse, alerte et bien portante,
Jette fidèlement son cri religieux,
Ainsi qu'un vieux soldat qui veille sous la tente !
Moi, mon âme est fêlée. […]

Charles Baudelaire, *Les Fleurs du Mal*, 1857.

a. Quelle figure de style est ici surlignée en jaune ? Justifiez votre réponse.

....

....

....

....

....

b. Quelle figure de style est ici surlignée en vert ? Justifiez votre réponse.

....

....

....

....

....

c. Quelle figure de style est surlignée en bleu ? Justifiez votre réponse et proposez une interprétation.

....

....

....

....

....

Interpréter les images

3 Voici quatre extraits de textes littéraires. Répondez aux questions suivantes pour chacun d'entre eux.

a. Quel est le comparé et quel est le comparant ?
b. Identifiez la figure de style.
c. Qu'évoque le comparant ?
d. Interprétez la figure de style.

Extrait 1

Gavroche, un gamin de Paris, aide les révolutionnaires qui construisent une barricade, au cours des émeutes de juin 1832.

Gavroche était un tourbillonnement.

Victor Hugo, *Les Misérables*, 1862.

a. Comparé : ....
Comparant : ....
b. ....
c. ....
....
d. ....
....

Extrait 2

Le personnage décrit est un usurier : son métier consiste à prêter de l'argent à un taux excessif.

Jaunes comme ceux d'une fouine, ses petits yeux n'avaient presque point de cils.

Honoré de Balzac, *Gobseck*, 1830.

a. Comparé : ....
Comparant : ....
b. ....
c. ....
....
d. ....
....
....

Extrait 3

Le poète évoque la fin de l'automne.

La Nature déchire ses manuscrits, démolit sa bibliothèque, gaule[1] rageusement ses derniers fruits.

Francis Ponge, *Le Parti pris des choses*, © Gallimard, 1942.

1. Secoue avec un long bâton.

a. Comparé : ....
Comparant : ....
b. ....
c. ....
d. ....
....
....
....

Extrait 4

Le poète se remémore son enfance à la campagne.

Dans le sentier aux herbes engourdies où nous nous étonnions, enfants, que la nuit se risquât à passer, les guêpes n'allaient plus aux ronces et les oiseaux aux branches.

René Char, *Fureur et mystère*, © Gallimard, 1945.

a. Comparé : ....
Comparant : ....
b. ....
c. ....
....
d. ....
....
....
....

4 *Ce poème a été écrit le 17 décembre 1914, à Nîmes, où Apollinaire se trouve en garnison, engagé volontaire.*

Nos fanfares éclatent dans la nuit comme ta voix
Quand je suis à cheval tu trottes près de moi

Nos 75[1] sont gracieux comme ton corps
Et tes cheveux sont fauves comme le feu d'un obus qui éclate au nord

Je t'aime tes mains et mes souvenirs
Font sonner à toute heure une heureuse fanfare
Des soleils tour à tour se prennent à hennir

Apollinaire, *Poèmes à Lou* (posthume), 1947.

1. Canons.

a. Commentez les termes « fanfares » et « fanfare » des vers 1 et 6.

....
....
....
....
....
....

b. Commentez le dernier vers.

....
....
....
....
....

5 Vers le Bac

Relisez le poème d'Apollinaire (exercice 4) et rédigez un paragraphe de commentaire dans lequel vous montrerez que les images poétiques permettent au poète de transfigurer l'atrocité intolérable du réel.

EXO Quiz

25 Interpréter les figures d'insistance : répétition, énumération, anaphore, gradation, hyperbole, emphase

Retenir

La répétition	Reprise d'un même mot ou groupe de mots identiques.	J'ai la **fièvre**, une **fièvre** atroce, ou plutôt un énervement fiévreux, qu'il rend mon âme aussi souffrante que mon corps. (Maupassant, *Le Horla*)
L'énumération (ou accumulation)	Juxtaposition ou succession de termes de même classe grammaticale.	C'est un **beau**, **gros**, **court**, **jeune** vieillard, **gris**, **pommelé**, **rusé**, **rasé**, **blasé**. (Beaumarchais, *Le Barbier de Séville*)
L'anaphore	Répétition d'un même mot ou groupe de mots en début de phrase ou de groupe rythmique.	**Il y a** des petits ponts épatants **Il y a** mon cœur qui bat pour toi **Il y a** une femme triste sur la route (Guillaume Apollinaire, *Poème à Lou*)
La gradation	Succession de termes d'intensité croissante ou décroissante.	Je **me meurs**, je **suis mort**, je **suis enterré**. (Molière, *L'Avare*)
L'hyperbole	Amplification des termes d'un énoncé, par exagération.	Dans des ruisseaux **de sang** Troie **ardente plongée** (*Racine*, *Andromaque*)
L'emphase	Mise en relief d'un des constituants de la phrase, par extraction, par détachement ou par la combinaison de ces deux moyens.	**C'est ta vie que** tu joues. (extraction) – **Le problème** est que nous ne sommes pas nombreux. (détachement) – **Le problème, c'est que** nous ne sommes pas nombreux. (combinaison des deux)

S'approprier

Interpréter la répétition, l'énumération, l'anaphore et la gradation

1 *Hilda est la femme qu'il faut à Mme Lemarchand pour s'occuper de sa maison, de ses enfants, de son ménage, de son linge et de son jardin. Elle va tisser sa toile pour avoir Hilda, à tout prix. Elle parle ici à Franck, le mari d'Hilda.*

Soyez bon pour moi, Franck, car je le suis envers vous deux comme personne n'a aucune raison de l'être. Ne me faites pas de peine et ne m'offensez pas. Je veux, Franck, que vous persuadiez Hilda de devenir mon amie, qu'elle y consente. Alors je vous aiderai énormément. Je pourrai même vous prêter la Toyota, ma merveilleuse Toyota, Franck, rouge vif, basse et longue. Mais ne m'offensez jamais. Je vous aime, Hilda et vous. Combien de dames… ? Franck, un café. Ne m'offensez pas. Je suis votre égale et votre sœur.

Marie NDiaye, *Hilda*, © éd. de Minuit, 1999.

a. Cette femme vous semble-t-elle honnête ? Justifiez votre réponse.

....

....

....

....

....

b. Le prénom « Franck » est répété. Soulignez-le. Pourquoi ?

....

....

....

....

c. Repérez une autre répétition. Surlignez-la. En quoi est-ce une répétition et non pas une anaphore ?

....

....

....

....

d. En quoi cette répétition entre-t-elle également dans la stratégie de manipulation de Mme Lemarchand ?

....

....

....

....

2 Sous des hangars tonnants et lourds,
Les nuits, les jours,
Sans air ni sans sommeil,
Des gens peinent loin du soleil :
Morceaux de vie en l'énorme engrenage,
Morceaux de chair fixée, ingénieusement,
Pièce par pièce, étage par étage,
De l'un à l'autre bout du vaste tournoiement.

Émile Verhaeren, *Les Villes tentaculaires*, 1895.

a. Comment les conditions de travail sont-elles évoquées dans cet extrait ?

....

....

....

....

b. Relevez quelques répétitions de termes et interprétez-les.

c. Soulignez l'anaphore. Sur quoi permet-elle de mettre l'accent ?

3 *Ruy Blas, simple valet, est devenu premier Ministre du royaume, à la faveur d'une machination de Don Salluste. Ruy Blas a accepté pour être plus proche de la reine, dont il est secrètement amoureux Dans cette scène, il vient d'avouer sa véritable identité à Don Salluste.*

RUY BLAS

[…] Un duel ! Fi donc ! Je suis un de tes gens à toi,
Valetaille[1] de rouge et de galons vêtue,
Un maraud qu'on châtie et qu'on fouette, – et qui tue !
Oui, je vais te tuer, monseigneur, vois-tu bien ?
Comme un infâme ! Comme un lâche ! Comme un chien !

Victor Hugo, ***Ruy Blas***, V, 3, 1838.

1. Ensemble des domestiques d'une maison, dont on fait souvent peu de cas.

a. Soulignez une gradation.

b. Quel sentiment cette gradation souligne-t-elle ?

c. Quel verbe est répété par Ruy Blas ? Quelle place occupe-t-il dans les vers ?

d. Les sonorités de ce verbe s'entendent-elles en écho dans d'autres mots ? Pourquoi cette insistance ?

Interpréter l'hyperbole et l'emphase

4 *Bardamu, le héros du roman, se trouve avec son colonel au milieu d'une route pendant la Première Guerre mondiale. La bataille fait rage.*

Ce colonel, c'était donc un monstre ! À présent j'en étais assuré, **pire qu'un chien**, il n'imaginait pas son trépas ! Je conçus en même temps qu'il devait y en avoir beaucoup des comme lui dans notre armée, et puis autant sans doute dans l'armée d'en face. Qui savait combien ? **Un, deux, plusieurs millions** peut-être en tout ? Dès lors ma frousse devint panique. Avec des êtres semblables, cette imbécillité **infernale** pouvait continuer indéfiniment…

Louis-Ferdinand Céline, ***Voyage au bout de la nuit***, © Gallimard, 1952

a. Quel est l'enjeu des propos du narrateur ?

b. Par quelles figures d'insistance l'atrocité de ce colonel est-elle mise en évidence dans la première phrase ?

c. Quelles remarques pouvez-vous faire sur les éléments en gras ?

5 Vers le Bac

Oral : en vous aidant des figures d'insistance étudiées, vous rédigerez un texte faisant l'éloge du livre que vous avez préféré cette année scolaire.

6 Vers la question de langue — oral du BAC

a. Relisez les trois premières lignes de l'exercice 1. Identifiez les temps et les modes verbaux des verbes suivants :

faites : ………

persuadiez : ………

consente : ………

b. « Ne me faites pas de peine et ne m'offensez pas. » En vous aidant de ces phrases, réécrivez cette phrase en commençant par : « Je veux que » et expliquez les changements opérés.

EXO Quiz

26 Analyser les figures de construction : parallélisme, chiasme, antithèse, oxymore

Retenir

Le parallélisme	Reprise d'une même construction syntaxique de manière parallèle.	**Quel transport me saisit ? Quel chagrin me dévore ?** (J. Racine, *Andromaque*)
Le chiasme	Reprise d'une même construction syntaxique ou des mêmes mots en miroir, de type ABBA.	**Enfants**, je songe **à vous** ! **à vous**, mes **jeunes têtes** (V. Hugo, « À quoi je songe »)
L'antithèse	Rapprochement de mots de sens contraires.	Je t'aimais **inconstant**, qu'aurais-je fait **fidèle** ? (J. Racine, *Andromaque*)
L'oxymore	Succession immédiate de deux termes de sens contraire, le plus souvent un nom et un adjectif.	Mon luth constellé porte **le soleil noir** de la mélancolie (G. de Nerval, « *El Desdichado* »)

Comment les interpréter ?

Étape 1 : Reformuler l'idée principale du passage, l'enjeu, le message → **Étape 2** : Identifier la figure de construction → **Étape 3** : Montrer comment cette figure souligne l'idée, le message, l'enjeu du passage

S'approprier

Identifier

1 Identifiez la figure de construction utilisée dans les extraits suivants.

a. « Je sais que c'est la coutume
D'adorer ces nains géants » (Hugo)

....

b. « Il faut manger pour vivre et non pas vivre pour manger » (Molière)

....

c. « Ici l'on tourne en rond et là on choit de haut, ici l'on va très vite et là tout de travers, ici l'on se bouscule et là on se cogne, partout on se secoue les tripes et l'on rit. » (Queneau)

....

d. « Très vite dans ma vie il a été trop tard. » (Duras)

....

Interpréter

2 Lisez les extraits suivants et traitez les consignes.

Extrait 1

« Un noble s'il vit chez lui dans sa province, il vit libre mais sans appui ; s'il vit à la cour, il est protégé mais il est esclave. »

Jean de La Bruyère, ***Les Caractères***, « De la cour », 1688.

a. Quelle idée La Bruyère met-il ici en évidence ?

....

....

....

....

b. Quelles figures de construction utilise-t-il pour souligner cette idée ?

....

....

....

c. Rédigez un bref commentaire dans lequel vous montrerez comment ces figures aident l'auteur à exprimer son idée.

....

....

....

....

....

....

....

Extrait 2

« Le merveilleux de cette entreprise infernale, c'est que chaque chef des meurtriers fait bénir ses drapeaux et invoque Dieu solennellement avant d'aller exterminer son prochain.

Voltaire, ***Dictionnaire philosophique portatif***, « Guerre », 1764.

a. Quel est le message de Voltaire ?

....

....

....

b. **Quelle figure de construction repérez-vous au début de l'extrait ?**

....

c. **Rédigez un bref commentaire dans lequel vous montrerez comment cette figure renforce le propos de l'auteur**

....

....

....

....

....

....

....

....

Extrait 3

Cosette a été envoyée par les Thénardier chercher de l'eau dans la forêt, la nuit.

L'enfant jeta un regard lamentable en avant et en arrière. Que faire ? que devenir ? où aller ? Devant elle le spectre de la Thénardier ; derrière elle tous les fantômes de la nuit et des bois. Ce fut devant la Thénardier qu'elle recula. Elle reprit le chemin de la source et se mit à courir. **Elle sortit du village en courant, elle entra dans le bois en courant, ne regardant plus rien, n'écoutant plus rien.** Elle n'arrêta sa course que lorsque la respiration lui manqua, mais elle n'interrompit point sa marche. Elle allait devant elle, éperdue.

Victor Hugo, ***Les Misérables***, 1862.

a. **Quels sentiments Cosette éprouve-t-elle ?**

....

b. **Identifiez la figure de construction de la première phrase et interprétez-la.**

....

....

....

....

c. **Quelle figure de construction reconnaissez-vous dans le passage en gras ? Que permet-elle de souligner ?**

....

....

....

....

....

3 Vers la question de langue

oral du BAC

Relisez l'extrait 2 de l'exercice 2 : quelle structure grammaticale reconnaissez-vous ?

....

....

....

4 Vers le Bac

Vers le commentaire

« *Sulti vita ingrata est, trepida est, tota in futurum fertur.* »[1] Je me compose[2] pourtant à la perdre sans regrets, mais comme perdable de sa condition, non comme moleste[3] et importune. Aussi ne sied-il[4] proprement bien de ne déplaire à mourir qu'à ceux qui se plaisent à vivre. Il y a du ménage à la jouir ; je la jouis au double des autres, car la mesure en la jouissance dépend du plus ou moins d'application que nous y prêtons. Principalement à cette heure que j'aperçois la mienne si **brève** en temps, je la veux **étendre** en poids ; je veux arrêter la promptitude de sa fuite par la promptitude de ma saisie et par la vigueur de l'usage, compenser la rapidité de son écoulement ; à mesure que la possession de vivre est plus courte, il me la faut rendre plus profonde et plus pleine.

Montaigne, ***Essais***, Livre III, chap. 13, 1592.

1. « La vie de l'insensé est sans joie, elle est agitée, elle se porte toute entière dans l'avenir. » (Sénèque). – **2.** Je m'exerce. – **3.** Pénible. – **4.** Ne convient-il.

a. **Quelle morale de vie Montaigne défend-il ici ?**

....

....

b. **Quelle figure de style reconnaissez-vous dans les mots en gras ? En quoi appuie-t-elle le message de l'auteur ?**

....

....

c. **À votre tour, soulignez deux mots antithétiques dans la suite du texte qui illustrent la même idée.**

d. **Quelle figure de construction repérez-vous dans le passage en jaune ?**

....

....

e. **Rédigez un paragraphe dont le titre sera : « la thèse de Montaigne : profiter de l'instant présent ».**

....

....

....

....

....

....

....

....

....

....

....

....

....

....

27 Identifier la composition d'un extrait

Retenir

Pour identifier la composition d'un extrait, vous devez suivre les deux étapes suivantes.

1 Appréhender la forme du texte

➜ Les mouvements, unités de sens d'un texte, varient en fonction de sa forme.

Récit et discours rapportés	Texte théâtral	Texte poétique en vers
• Les **paragraphes** qui délimitent des **unités de sens**, dont la cohérence est à analyser. • Les **paroles rapportées** constituent parfois une unité narrative en elles-mêmes.	Les différentes formes de parole au théâtre (➜ fiche 9, p. 20) impriment, par leur alternance, une **dynamique** et des **changements de rythme** qui permettent de distinguer les différents **mouvements** de l'extrait.	• Les formes **fixes** (sonnet, rondeau…) imposent une **composition** stricte : les **strophes** ont alors la même fonction que les paragraphes d'un récit. • Dans les formes **libres**, les variations de mètres peuvent signaler un nouveau mouvement.

2 Analyser la progression thématique

1. **Identifier le thème** = l'objet de l'extrait
2. **Relever les prédicats** = ce qu'on dit du thème
3. **Analyser les transitions entre les prédicats** = connecteurs, changements de : points de vue, rythme (syntaxe, longueur des phrases, valeurs des temps…), registre, niveau de langue, thématique…
4. **Justifier la progression thématique** = expliquer la logique qui sous-tend la composition de l'extrait, sa cohérence, et analyser les effets sur le lecteur.

Cas particulier : la période rhétorique

➜ Les textes argumentatifs en prose (notamment les discours) contiennent parfois une construction rhétorique particulière : la **période**. C'est une longue phrase, ample et rythmée, qui se compose traditionnellement des étapes suivantes :

1. **La protase** L'énonciateur fait monter la tension, par une accumulation, une gradation, une anaphore, une répétition ou un parallélisme...
2. **Le sommet** (ou acmé, apogée) : Point culminant de la période il est marqué, par une rupture par rapport à la syntaxe ou au procédé utilisé dans la protase.
3. **L'apodose** Réponse à la protase ; phase où les contre-arguments sont déclinés. Elle reprend souvent des termes de la protase, voire le procédé rhétorique.
4. **La clausule (facultative)** Conclusion de la période

S'approprier

Identifier la cohérence d'une strophe

1

J'ai vu ce matin une jolie rue dont j'ai oublié le nom
Neuve et propre du soleil elle était le clairon
Les directeurs les ouvriers et les belles sténo-dactylographes
Du lundi matin au samedi soir quatre fois par jour y passent
Le matin par trois fois la sirène y gémit
Une cloche rageuse y aboie vers midi
Les inscriptions des enseignes et des murailles
Les plaques les avis à la façon des perroquets criaillent
J'aime la grâce de cette rue industrielle
Située à Paris entre la rue Aumont-Thiéville et l'avenue des Ternes

Guillaume Apollinaire, *Alcools*, « Zone », 1913.

a. Dans le premier vers, soulignez le GN qui correspond au thème de la strophe. Justifiez.

....

....

....

b. Observez la situation d'énonciation dans le premier et les deux derniers vers : expliquez comment ils structurent la strophe (2 éléments de réponses).

....

....

....

....

....

....

c. Que décrivent les vers 2 à 8 ? En quoi sont-ils le contrepoint des vers 1 et 9-10 ? Observez notamment les champs lexicaux pour répondre.

....

....

....

....

....

Repérer une progression thématique

2 *La narratrice, qui est aussi l'auteure, parle de sa mère bipolaire, morte depuis peu.*

Alors j'ai demandé à ses frères et sœurs de me parler d'elle, de me raconter. Je les ai enregistrés, eux et d'autres, qui avaient connu Lucille et la famille joyeuse et dévastée qui est la nôtre. J'ai stocké des heures de paroles numériques, de silences, de larmes et de soupirs, de rires et de confidences.

J'ai demandé à ma sœur de récupérer dans sa cave les lettres, les écrits, les dessins, j'ai cherché, fouillé, gratté, déterré, exhumé. J'ai passé des heures à lire et à relire, à regarder des films, des photos, j'ai reposé les mêmes questions, et d'autres encore.

Et puis, comme des dizaines d'auteurs avant moi, j'ai essayé d'écrire ma mère.

Delphine de Vigan, ***Rien ne s'oppose à la nuit,***
© Jean-Claude Lattès, 2011.

a. Quel est le thème de l'extrait ? ....

....

b. Comment le thème évolue-t-il d'un paragraphe à l'autre ?

....

....

....

....

....

....

....

....

....

....

Analyser la composition d'un texte

3 **« La Poule aux œufs d'or »**

L'avarice perd tout en voulant tout gagner.
Je ne veux, pour le témoigner[1],
Que celui dont la Poule, à ce que dit la Fable,
Pondait tous les jours un œuf d'or.
Il crut que dans son corps elle avait un trésor.
Il la tua, l'ouvrit, et la trouva semblable
À celles dont les œufs ne lui rapportaient rien,
S'étant lui-même ôté le plus beau de son bien.
Belle leçon pour les gens chiches[2] :
Pendant ces derniers temps, combien en a-t-on vus
Qui du soir au matin sont pauvres devenus
Pour vouloir trop tôt être riches ?[3]

Jean de La Fontaine, ***Fables,*** V, 10, 1668.

1. Prouver. – 2. Cupide. – 3. Allusion aux « chambres de justice » de Colbert, qui ont condamné des financiers malhonnêtes à rembourser leurs gains.

a. Surlignez la morale de la fable. Justifiez.

....

b. Repérez deux passages où l'on décèle la parole du fabuliste. Justifiez votre réponse.

....

....

....

....

....

....

....

c. Qu'apportent les vers 9 à 12 par rapport à la morale ?

....

....

....

4 Comme une colonne, dont la masse solide paraît le plus ferme appui d'un temple ruineux, lorsque ce grand édifice qu'elle soutenait fond sur elle sans l'abattre, ainsi la reine se montre le ferme soutien de l'État lorsqu'après en avoir longtemps porté le faix, elle n'est pas même courbée sous sa chute.

Bossuet, ***Oraison funèbre de Henriette-Marie de France,*** 1669.

a. Comment appelle-t-on ce procédé rhétorique ?

....

b. À partir de quel point vous paraît-il judicieux d'adopter une intonation descendante ? Marquez-le d'un trait rouge.

c. Comment appelle-t-on ce point ?

....

d. Par quel connecteur Bossuet introduit-il l'apodose ?

....

e. Sur quelle figure de style la protase et l'apodose s'appuient-elles ? ....

f. Montrez qu'elles se répondent en complétant ce tableau :

Protase	Apodose
Comme une colonne,	....
dont la masse solide paraît le plus ferme appui	....
d'un temple ruineux,	....
lorsque ce grand édifice qu'elle soutenait	....
fond sur elle sans l'abattre,	....

28 Les discours rapportés

Retenir

On distingue **quatre formes de discours rapporté.**

	Discours direct	Discours indirect	Discours indirect libre	Discours narrativisé
• Définition	Paroles rapportées comme elles sont prononcées par le personnage	Paroles intégrées dans le récit par la subordination	Paroles intégrées dans le récit, sans subordination	Paroles résumées dans leur globalité
• Construction grammaticale	Verbe de parole avant, après ou dans les paroles rapportées (incise)	Verbe de parole + prop. subordonnée ou infinitif	Pas de subordination	Pas de subordination
• Marques typographiques	Deux points + guillemets	Aucune	Aucune	Aucune
• Marques d'énonciation	1re et 2e personnes	3e personne	3e personne	3e personne
• Temps verbaux	Temps du discours	Temps du récit	Temps du récit	Temps du récit
• Types de phrase	Déclaratif, interrogatif et impératif	Déclaratif	Déclaratif, interrogatif et impératif	Déclaratif
• Effet produit	Effet de réel	Pas de rupture dans le récit	Accès aux pensées du personnage	Accélération du récit
• Exemple	*Il répétait : « Je veux sortir. »*	*Il répétait qu'il voulait sortir.*	*Il voulait sortir. Il avait besoin de respirer l'air de la mer.*	*Il demanda à plusieurs reprises de sortir.*

S'approprier

Identifier les formes de discours rapporté

1 *Après son mariage avec Coupeau, Gervaise a ouvert une blanchisserie.*

Alors, Coupeau, que la grosse chaleur grisait[1] davantage, fut pris d'une soudaine tendresse. Il s'avança vers Gervaise, les bras ouverts, très ému.

– T'es une bonne femme, bégayait-il. Faut que je t'embrasse.

Mais il s'emberlificota dans les jupons, qui lui barraient le chemin, et faillit tomber.

– Es-tu bassin[2] ! dit Gervaise sans se fâcher. Reste tranquille, nous avons fini.

Non, il voulait l'embrasser, il avait besoin de ça, parce qu'il l'aimait bien. Tout en balbutiant, il tournait le tas des jupons, il butait dans le tas des chemises ; puis, comme il s'entêtait, ses pieds s'accrochèrent, il s'étala, le nez au beau milieu des torchons. Gervaise, prise d'un commencement d'impatience, le bouscula, en criant qu'il allait tout mélanger.

Émile Zola, *L'Assommoir*, 1877.

1. Enivrait. – **2.** Sot.

a. Quels sont les pronoms personnels et les temps verbaux utilisés dans le discours direct, surligné en jaune ?

....

....

b. À quelle forme de discours sont rapportées les paroles en rose ?

....

c. Quels sont les pronoms et les temps verbaux employés dans le passage en gras ? Quelle est la forme de discours rapporté utilisée ?

....

....

....

....

d. Soulignez l'expression qui évoque des paroles de Coupeau, sans les préciser. Comment s'appelle cette forme de discours rapporté ?

....

2

Les Levantins[1] en leur légende
Disent qu'un certain Rat las des soins d'ici-bas,
Dans un fromage de Hollande
Se retira loin du tracas. […]
Un jour, au dévot personnage
Des députés du peuple Rat
S'en vinrent demander quelque aumône légère :
Ils allaient en terre étrangère
Chercher quelque secours contre le peuple chat ;
Ratopolis[2] était bloquée :
On les avait contraints de partir sans argent,
Attendu l'état indigent[3]
De la République attaquée.
Ils demandaient fort peu, certains que le secours
Serait prêt dans quatre ou cinq jours.
Mes amis, dit le Solitaire,
Les choses d'ici-bas ne me regardent plus :
En quoi peut un pauvre reclus
Vous assister ? que peut-il faire,
Que de prier le Ciel qu'il vous aide en ceci ?
J'espère qu'il aura de vous quelque souci.
Ayant parlé de cette sorte
Le nouveau saint ferma sa porte.

Jean de La Fontaine, « Le Rat qui s'est retiré du monde », ***Fables***, livre VII, fable 3, 1668.

1. Orientaux. – **2.** La ville des rats. – **3.** La pauvreté.

Repérez les trois formes de discours rapporté dans cette fable.

Discours direct : vers ....

Discours indirect : vers ....

Discours indirect libre : vers ....

Interpréter les formes du discours rapporté

3 Elle ne dit rien : souvent, il lui fallait se taire une seconde avant de répondre à son mari, parce que, malgré elle, un mouvement de colère la traversait lorsqu'elle entendait la voix humble et amoureuse, et pour rien au monde elle n'eût trahi ce singulier et inexplicable ressentiment. Cher Georges… si bon… elle l'aimait tant… Ils formaient un ménage modèle. « Les Seurat, vous savez bien ? Oh, des gens charmants, si unis… » Oui, ils étaient très unis. Mais il avait une manière de s'adresser à elle, timidement, avec révérence, avec résignation, comme à une divinité capricieuse et un peu redoutable, qui l'agaçait. Oui, c'était cela, elle était agacée, ce soir. Cher Georges… elle l'aimait tant.

Irène Némirovsky, ***En raison des circonstances***, 1939, © Nathan, « Carrés classiques », 2017.

a. Encadrez les paroles rapportées au discours direct. Qui les prononce ?

....

....

....

b. Soulignez le discours indirect libre. De qui reflètent-elles les pensées ? Qu'apprend le lecteur ?

....

....

....

....

4 Irène se transporte à grands frais en Épidaure, voit Esculape[1] dans son temple, et le **consulte sur tous ses maux**. D'abord elle se plaint qu'elle est lasse et recrue de fatigue ; et le dieu prononce que cela lui arrive par la longueur du chemin qu'elle vient de faire. Elle dit qu'elle est le soir sans appétit ; l'oracle lui ordonne de dîner peu. Elle ajoute qu'elle est sujette à des insomnies ; et il lui prescrit de n'être au lit que pendant la nuit. Elle lui demande pourquoi elle devient pesante, et quel remède ; l'oracle répond qu'elle doit se lever avant midi, et quelquefois se servir de ses jambes pour marcher. Elle lui déclare que le vin lui est nuisible : l'oracle lui dit de boire de l'eau ; qu'elle a des indigestions, et il ajoute qu'elle fasse diète. « Ma vue s'affaiblit », dit Irène. – Prenez des lunettes, dit Esculape. – Je m'affaiblis moi-même, continue-t-elle, et je ne suis ni si forte ni si saine que j'ai été. – C'est, dit le dieu, que vous vieillissez. – Mais quel moyen de guérir de cette langueur ? – Le plus court, Irène, c'est de mourir, comme ont fait votre mère et votre aïeule.

Jean de La Bruyère, ***Les Caractères***, XI, « De l'Homme », 1687.

1. Dieu de la médecine dans la mythologie.

a. Relevez le discours narrativisé.

....

b. Encadrez les verbes qui introduisent des paroles.

c. Soulignez le discours direct et surlignez le discours indirect.

d. Quelle est la répartition des deux formes de discours rapporté ? Quel est l'effet produit ?

....

....

....

....

5 Vers la question de langue

oral du BAC

Dans le texte de La Bruyère (exercice 4), mettez les verbes de parole employés dans le discours indirect au passé simple.

a. Quels changements de temps verbaux relevez-vous dans les subordonnées complétives ?

....

....

b. Quel est le seul verbe qui ne change pas ? Pourquoi ?

....

....

EXO Quiz

29 Saisir l'ironie d'un texte

Retenir

→ L'**ironie** est fondée sur un **décalage** entre les propos de l'émetteur et ce qu'il pense réellement.

→ Elle réside dans **le sens caché et critique du message**, que le destinataire doit décoder grâce à certains indices. Elle établit donc une **connivence** entre l'émetteur et le destinataire.

1 Les principaux procédés

À l'écrit		À l'oral
Figures de style • **L'antiphrase** permet de dire l'inverse de ce que l'on pense. • Les **figures d'insistance (hyperbole, accumulation)** ou de **répétition (gradation…)** permettent d'exagérer jusqu'à l'absurde une situation, un état… • **L'oxymore** (coordination de deux termes de sens opposés) et **l'antithèse** (réunion dans une même phrase de deux termes opposés) mettent en évidence la contradiction. • La **question rhétorique** n'attend pas de réponse tant celle-ci est évidente.	**Procédés syntaxiques** • Le **conditionnel**, remet en cause la véracité des faits. • La **ponctuation** (guillemets, points d'exclamation et d'interrogation) marque ostensiblement le décalage. **Procédés typographiques** • **L'italique**, les **guillemets** mettent à distance les propos tenus.	• Le changement d'**intonation** pour souligner certaines expressions. • **La gestuelle** : mimique, signe mimant des guillemets… pour critiquer, dénoncer un propos.

2 Fonction de l'ironie

L'ironie a une fonction essentiellement **satirique** : elle permet à l'émetteur de critiquer les travers d'une personne, de dénoncer un fait, une situation, en adoptant un ton moqueur.

S'approprier

Repérer l'ironie

1 *Face à la surpopulation de l'Irlande au début du XVIIIe siècle, Swift fait la « modeste proposition » suivante…*

Je porte donc humblement à l'attention du public cette proposition : sur ce chiffre estimé de cent vingt mille enfants, on en garderait vingt mille pour la reproduction […]. On mettrait en vente les cent mille autres à l'âge d'un an, pour les proposer aux personnes de bien et de qualité à travers le royaume, non sans recommander à la mère de les laisser téter à satiété pendant le dernier mois, de manière à les rendre dodus, et gras à souhait pour une bonne table. Si l'on reçoit, on pourra faire deux plats d'un enfant, et si l'on dîne en famille, on pourra se contenter d'un quartier, épaule ou gigot, qui, assaisonné d'un peu de sel et de poivre, sera excellent cuit au pot le quatrième jour, particulièrement en hiver.

J'ai calculé qu'un nouveau-né pèse en moyenne douze livres, et qu'il peut, en une année solaire, s'il est convenablement nourri, atteindre vingt-huit livres.

Je reconnais que ce comestible se révélera quelque peu onéreux, en quoi il conviendra parfaitement aux propriétaires terriens qui, **ayant déjà sucé la moelle des pères**, semblent les mieux qualifiés pour manger la chair des enfants.

Jonathan Swift, *Modeste proposition pour empêcher les enfants des pauvres d'être à la charge de leurs parents ou de leur pays et pour les rendre utiles au public*, 1729, © Mille et une nuits, départ[t] de Fayard trad. Lili Sztajn, 2006.

a. Que propose Jonathan Swift pour résoudre le problème de la surpopulation ?

....

....

b. Quelle phrase révèle-t-elle explicitement la proposition de Swift ? Surlignez-la.

c. Montrez qu'il y a une gradation de l'horreur. ....

....

....

....

....

....

....

....

....

....

d. Quel sens donnez-vous à l'expression en gras ? En quoi révèle-t-elle l'ironie du texte ?

....

....

....

....

....

....

Identifier les procédés de l'ironie

2 Les peuples d'Europe ayant exterminé ceux de l'Amérique, ils ont dû mettre en esclavage ceux de l'Afrique, pour s'en servir à défricher tant de terres.
Le sucre serait trop cher, si l'on ne faisait travailler la plante qui le produit par des esclaves. Ceux dont il s'agit sont noirs depuis les pieds jusqu'à la tête ; et ils ont le nez si écrasé, qu'il est presque impossible de les plaindre.
On ne peut se mettre dans l'esprit que Dieu, qui est un être très sage, ait mis une âme, surtout une âme bonne, dans un corps tout noir.

Montesquieu, ***De l'esprit des lois,*** 1748.

a. Qu'exprime le verbe « devoir » dans la première phrase ?

....

b. En quoi la valeur de « serait » (l. 4) s'inscrit-elle dans la même lignée ?

....

c. Quels sont les deux arguments qu'invoque Montesquieu pour justifier l'esclavage des noirs ?

....

....

d. Comment Montesquieu suggère-t-il l'absurdité de ces deux arguments ?

....

....

....

....

....

....

....

....

3 Après le tremblement de terre qui avait détruit les trois quarts de Lisbonne, les sages du pays n'avaient pas trouvé un moyen plus efficace pour prévenir une ruine totale que de donner au peuple un bel auto-da-fé[1] ; il était décidé par l'université de Coïmbre que le spectacle de quelques personnes brûlées à petit feu, en grande cérémonie, est un secret infaillible pour empêcher la terre de trembler. [...] On vint lier après le dîner le docteur Pangloss et son disciple Candide, l'un pour avoir parlé, et l'autre pour l'avoir écouté avec un air d'approbation : tous deux furent menés séparément dans **des appartements d'une extrême fraîcheur, dans lesquels on n'était jamais incommodé du soleil** [...].

Voltaire, ***Candide ou l'optimisme,*** 1877.

1. Littéralement « acte de foi » ; sacrifice par le feu.

a. Qui est la cible de l'ironie du narrateur dans la première phrase ?

....

....

b. Dans la première phrase, comment la syntaxe révèle-t-elle l'ironie ? (deux éléments de réponse)

....

....

....

....

....

....

c. Par quelles figures de style, surlignées en jaune, se manifeste l'ironie du narrateur ?

....

d. Que désigne le groupe nominal souligné ?

....

Interpréter un texte ironique

4 *Le 4 décembre 1851, deux jours après son coup d'État, Napoléon III réprime une insurrection républicaine. Un an plus tard, Victor Hugo revient sur une scène qui l'a marqué : la mort d'un enfant.*

Monsieur Napoléon, c'est son nom authentique,
Est pauvre, et même prince ; il aime les palais ;
Il lui convient d'avoir des chevaux, des valets,
De l'argent pour son jeu, sa table, son alcôve,
Ses chasses ; par la même occasion, il sauve
La famille, l'Église et la société ; [...]
C'est pour cela qu'il faut que les vieilles grand-mères,
De leurs pauvres doigts gris que fait trembler le temps,
Cousent dans le linceul[1] des enfants de sept ans.

2 décembre 1852.

Victor Hugo, ***Les Châtiments,*** « Souvenir de la nuit du 4 », 1853.

1. Tissu utilisé pour ensevelir les morts.

a. Comment comprenez-vous l'hémistiche en gras ? Justifiez votre réponse.

....

....

....

....

....

....

....

b. Surlignez une autre antiphrase.

c. À quelle fin Victor Hugo emploie-t-il l'ironie ? ....

....

....

....

EXO Quiz

30 Identifier les différentes tonalités

Retenir

→ Les **tonalités** correspondent aux **effets produits** sur le lecteur.

→ Chaque **tonalité** est associée à un **genre** (tragédie, comédie, épopée…). Mais, on les retrouve également dans tous les genres littéraires.

→ Certains procédés sont caractéristiques des différentes tonalités. Les repérer permet de mieux saisir les intentions de l'auteur.

Tonalité	Fonction	Principaux procédés
Comique	Vise à **faire rire**.	Mots (répétition, niveau de langue, jeux de mots, ironie…), situation (quiproquo, coups de théâtre, …), gestes (grimaces, mimiques, coups de bâton…), caractère (caricature…)
Épique	Vise à susciter l'**admiration** face au caractère exceptionnel d'un personnage.	Lexique du combat, du courage ; figures d'insistance et d'amplification (anaphores, hyperboles, gradation…) ; forme emphatique ; adverbes d'intensité et superlatifs…
Dramatique	Vise à mettre en valeur l'**aspect théâtral** d'un texte poétique, romanesque ou argumentatif.	Lexique de l'émotion, de l'attente, de la surprise ; verbes d'action, ponctuation expressive.
Lyrique	Vise à rendre sensibles les **émotions intimes** de l'énonciateur.	Lexique des sentiments ; marques de la première personne, ponctuation expressive, musicalité (rythme, assonances…)…
Élégiaque	Vise à rendre sensibles la **tristesse**, les **regrets**, la **plainte**.	Lexique de la plainte, de la nostalgie ; mêmes procédés que le lyrisme.
Pathétique	Vise à déclencher la **pitié**, la **compassion**.	Lexique de la souffrance morale, de la tristesse, de la misère ; interpellation au lecteur (apostrophe, question rhétorique…) ; figures d'opposition pour accentuer la détresse physique ou morale.
Satirique	Vise à faire comprendre au lecteur la **critique** et la **dénonciation** que l'auteur émet sur un ton moqueur, sur les mœurs de son époque.	Lexique de la dévalorisation ; figures d'insistance et de répétition (anaphore, énumération) et d'exagération (gradation, hyperbole, amplification…)…
Tragique	Vise à susciter l'**effroi** face à la puissance implacable du destin, de la fatalité.	Lexique de la fatalité ; figures d'amplification pour marquer l'impuissance, d'opposition pour souligner le tiraillement entre raison et passion…
Polémique	Vise à **dénoncer** une injustice.	Marques de la première personne ; interpellations directes (apostrophes…) ou indirectes (questions rhétoriques) du lecteur ou de l'adversaire ; modalisateurs de jugement ; procédés de l'ironie.

S'approprier

Identifier le registre épique

1 a. Avant de lire l'extrait suivant, cherchez ce qu'est une « chanson de gestes ».

....

Roland et Olivier combattent les Sarrasins aux côtés de Charlemagne.

Le comte Roland par le champ chevauche,
Il tient Durendal[1] qui tranche et taille bien.
Des Sarrasins il fait un affreux carnage.
Ah ! si vous l'aviez vu jeter les morts l'un sur l'autre,
Le sang clair répandu sur la place !

« La bataille de Roncevaux », ***La Chanson de Roland***.

1. Épée de Roland.

b. Surlignez le champ lexical du combat, de la guerre.

c. Quel procédé d'exagération identifiez-vous dans ces vers ?

Vers 2 : ....

....

Vers 4 : ....

d. Que traduisent ces vers ?

....

Distinguer tonalités comique et satirique

2 Dégagez la tonalité dominante de ces deux extraits. Justifiez.

Extrait 1

Il y a des verbes qui se conjuguent très irrégulièrement. Par exemple, le verbe ouïr. Le verbe ouïr, au présent, ça fait : J'ois… j'ois… Si au lieu de dire « j'entends », je dis « j'ois », les gens vont penser que ce que j'entends est joyeux alors que ce que j'entends est peut-être particulièrement triste. Il faudrait préciser : « Dieu, que ce que j'ois est triste ! » J'ois… Tu ois… Tu ois mon chien qui aboie le soir au fond des bois ?

Raymond Devos, « Ouï dire », ***Matière à rire***, © Plon, 1999.

....

....

Extrait 2

Mme Verdurin, bourgeoise ambitieuse, décide de « tenir salon » comme dans les cercles aristocratiques.

Pour faire partie du « petit noyau », du « petit groupe », du « petit clan » des Verdurin, une condition était suffisante mais elle était nécessaire : il fallait adhérer tacitement à un credo dont un des articles était que le jeune pianiste, protégé par Mme Verdurin cette année-là et dont elle disait : « Ça ne devrait pas être permis de savoir jouer Wagner comme ça ! », « enfonçait » à la fois Planté et Rubinstein[1] et que le docteur Cottard avait plus de diagnostic que Potain. Toute « nouvelle recrue » à qui les Verdurin ne pouvaient pas persuader que les soirées des gens qui n'allaient pas chez eux étaient ennuyeuses comme la pluie, se voyait immédiatement exclue.

Marcel Proust, *Un amour de Swann*, 1913.

1. Pianistes virtuoses.

....

....

....

....

....

....

Repérer les tonalités lyrique et élégiaque

3 Sous le pont Mirabeau coule la Seine
Et nos amours…
Faut-il qu'il m'en souvienne
La joie venait toujours après la peine

Vienne la nuit sonne l'heure
Les jours s'en vont je demeure

Les mains dans les mains restons face à face
Tandis que sous
Le pont de nos bras passe
Des éternels regards l'onde si lasse […]

Guillaume Apollinaire, « Le Pont Mirabeau », *Alcools,* 1913.

a. Relevez les caractéristiques de la tonalité lyrique.

....

....

....

....

....

b. Le poème est fondé sur une métaphore : à quoi la Seine correspond-elle ?

....

....

c. Surlignez le champ lexical du temps. Sur quel aspect du temps le poète insiste-t-il ?

....

d. Quelle autre tonalité domine ? ....

Analyser les tonalités tragique et pathétique

4 *Titus, empereur romain, aime Bérénice, mais la raison d'État l'empêche de l'épouser car elle est reine de Palestine.*

Je n'écoute plus rien, et pour jamais, adieu.
Pour jamais ! Ah ! Seigneur, songez-vous en vous-même
Combien ce mot cruel est affreux quand on aime ?
Dans un mois, dans un an, comment souffrirons-nous,
Seigneur, que tant de mers me séparent de vous ?
Que le jour recommence, et que le jour finisse,
Sans que jamais Titus puisse voir Bérénice,
Sans que de tout le jour je puisse voir Titus ?

Jean Racine, *Bérénice,* Acte IV, scène 4, 1670.

a. Surlignez le champ lexical de la douleur.

b. Les questions appellent-elles une réponse ? Quelle est alors leur fonction ?

....

....

....

....

c. Relevez une gradation. Que suscite-elle ?

....

....

d. Quel adverbe est répété trois fois ? Pourquoi ?

....

....

5 *Le narrateur se retrouve embarqué dans une querelle avec un Arabe. Tous deux se retrouvent face à face sur la plage, le narrateur armé d'un révolver, l'Arabe d'un cran d'arrêt, qui se met à miroiter un rayon de soleil.*

C'est alors que tout a vacillé. La mer a charrié un souffle épais et ardent. Il m'a semblé que le ciel s'ouvrait sur toute son étendue pour laisser pleuvoir du feu. **Tout mon être s'est tendu et j'ai crispé ma main sur le revolver. La gâchette a cédé, j'ai touché le ventre poli de la crosse et c'est là, dans le bruit à la fois sec et assourdissant, que tout a commencé.** J'ai secoué la sueur et le soleil. J'ai compris que j'avais détruit l'équilibre du jour, le silence exceptionnel d'une plage où j'avais été heureux.

Albert Camus, *L'Étranger,* © Gallimard, 1942.

a. Que s'est-il passé dans cet extrait ?

....

b. Dans le passage en gras, le narrateur vous paraît-il maître de ses gestes ? Expliquez.

....

....

....

....

c. Déduisez-en la tonalité de ce texte. ....

31 Lire et comprendre un texte

Retenir

- Pour comprendre un texte, il faut être attentif à un certain nombre d'éléments indiqués dans **le paratexte** (ce qui entoure le texte) et dans **le texte**.

CE QU'IL FAUT OBSERVER

Le paratexte
- Nom de l'auteur
- Titre de l'œuvre
- Titre de l'extrait
- Date d'écriture
- Chapeau introducteur
- Notes de lexique

Le texte
- L'énonciation
- Les personnages
- Le cadre temporel
- Le cadre spatial
- La tonalité

S'approprier

S'aider du paratexte

1 *Dans les deux premiers paragraphes, une femme parle de son mari à un ami, qui est le narrateur du troisième paragraphe.*

« Je ne suis pas digne de vous », répétait-il, quand ce fut le petit jour et la fin de la nuit de nos noces.

Et j'essayais de le consoler, de le rassurer. Rien ne calmait son angoisse. Alors j'ai dit : « S'il faut que vous partiez, si je suis venue vers vous au moment où rien ne pouvait vous rendre heureux, s'il faut que vous m'abandonniez un temps pour ensuite revenir apaisé auprès de moi, c'est moi qui vous demande de partir… »

Dans l'ombre, je vis qu'elle avait levé les yeux sur moi. C'était comme une confession qu'elle m'avait faite, et elle attendait, anxieusement, que je l'approuve ou que je la condamne. Mais que pouvais-je dire ?

Alain-Fournier, *Le Grand Meaulnes*, 1913.

a. Qui est le « je » surligné en bleu ?

b. Qui est le « je » surligné en orange ?

c. Qui est le « je » surligné en vert ?

2 *Voltaire est un philosophe des Lumières.*

L'homme est le seul animal qui pleure et qui rit. Les raisonneurs ont prétendu que ce rire naît de l'orgueil, qu'on se croit supérieur à celui dont on rit. Quiconque rit éprouve une joie gaie, dans ce moment-là, sans avoir un autre sentiment.

Voltaire, *Dictionnaire philosophique*, article « rire », 1764.

Relisez la citation surlignée en jaune. Voltaire soutient-il ou réfute-t-il cette idée ? Justifiez votre réponse.

3 *Orphée dirige la fanfare de Thèbes. Eurydice vient de le surprendre avec une nymphe.*

Eurydice. – Ah ! Mais, c'est qu'il est temps de s'expliquer, à la fin ! Et il faut qu'une bonne fois je vous dise votre fait, maître Orphée, mon chaste[1] époux qui rougissez ! Apprenez que je vous déteste ! Que j'ai cru épouser un artiste et que je me suis unie à l'homme le plus ennuyeux de la création. Vous vous croyez un aigle parce que vous avez inventé les vers hexamètres !… Est-ce que vous croyez que je passerai ma jeunesse à vous entendre réciter des songes classiques et racler (*montrant le violon d'Orphée*) l'exécrable instrument que voilà ?…

H. Crémieux, livret d'*Orphée aux Enfers*, opéra-bouffe de Jacques Offenbach, version de 1858, acte I, scène 2.

1. Qui s'abstient de relations sexuelles.

Quelle est la tonalité de cet extrait ? Justifiez votre réponse à l'aide du texte et du paratexte.

Être attentif à l'écriture du texte

4 *Wallas enquête sur une affaire de meurtre sans cadavre. Il erre dans la ville pour trouver le coupable.*

Sans s'écarter de son chemin ni ralentir son allure, Wallas marche. Devant lui une femme traverse la rue. Un vieil homme traîne vers une porte cochère une poubelle vide restée sur le bord du trottoir. Derrière une vitre s'étagent trois rangs de plats rectangulaires contenant toutes sortes d'**anchois marinés, sprats fumés, harengs roulés, salés, assaisonnés, crus ou cuits, sauris, frits, confits, découpés et hachés.** Un peu plus loin, un monsieur en pardessus noir et chapeau sort d'une maison et vient à sa rencontre ; âge mûr, situation aisée, digestions souvent difficiles ; il ne fait que quelques pas et pénètre immédiatement dans un café d'aspect très hygiénique.

Alain Robbe-Grillet, ***Les Gommes***, © Minuit, 1951.

a. Le cadre de la narration est-il détaillé ? Justifiez.

b. Les personnages sont-ils bien caractérisés ? Justifiez.

c. En quoi le passage en gras est-il différent ?

d. Quelle vision du monde le romancier propose-t-il ?

5 *La narratrice évoque le souvenir de sa mère, revenant de l'un de ses séjours à Paris.*

Elle revenait chez nous lourde de chocolat en barre, de denrées exotiques et d'étoffes en coupons, mais surtout de programmes de spectacles et d'essence[1] à la violette, et elle commençait de nous peindre Paris dont tous les attraits étaient à sa mesure, puisqu'elle ne dédaignait rien. […] Surtout elle nous rapportait son regard gris voltigeant, son teint vermeil que la fatigue rougissait, elle revenait ailes battantes, inquiète de tout ce qui, privé d'elle, perdait la chaleur et le goût de vivre.

Colette, ***Sido***, © Arthème Fayard, 1930.

1. De parfum.

a. L'adjectif « lourde » (l. 1) est-il péjoratif ou mélioratif ?

b. Expliquez la métaphore surlignée en vert.

c. Qu'est-ce qui « perdait la chaleur et le goût de vivre » ?

6 Lisez le texte suivant.

Fabrice rêve de devenir un héros. L'occasion se présente lorsqu'il se retrouve sur les lieux de la bataille de Waterloo en juin 1815.

Nous avouerons que notre héros était fort peu héros en ce moment. Toutefois, la peur ne venait chez lui qu'en seconde ligne ; il était surtout scandalisé de ce bruit qui lui faisait mal aux oreilles. L'escorte prit le galop ; on traversait une grande pièce de terre labourée, située au-delà du canal, et ce champ était jonché de cadavres.

– Les habits rouges[1] ! Les habits rouges ! criaient avec joie les hussards de l'escorte, et d'abord, Fabrice ne comprenait pas ; enfin il remarqua qu'en effet presque tous les cadavres étaient vêtus de rouge. Une circonstance lui donna un frisson d'horreur ; il remarqua que beaucoup de ces malheureux habits rouges vivaient encore ; ils criaient avidement pour demander secours, et personne ne s'arrêtait pour leur en donner.

Notre héros, fort humain, se donnait toutes les peines du monde pour que son cheval ne mît les pieds sur aucun habit rouge. L'escorte s'arrêta ; Fabrice, qui ne faisait pas assez d'attention à son devoir de soldat, galopait toujours en regardant un malheureux blessé.

Gustave Flaubert, ***La Chartreuse de Parme***, 1839.

1. Les Anglais.

a. Relevez le champ lexical de la bataille.

b. Par quels points de vue la narration est-elle menée ?

c. Expliquez la première phrase de l'extrait.

d. Quel est l'adjectif (hormis « rouges ») répété deux fois ? Quel est l'intérêt de cette répétition ?

Tuto BAC

32 Construire un plan et rédiger une problématique

Retenir

1 Le plan de commentaire

Qu'est-ce qu'un plan de commentaire ?

- Le **plan** correspond à **l'organisation de votre lecture du texte**. Il doit faire ressortir les **grandes idées** du texte, ses **enjeux**, ses **effets** sur le lecteur.
- Il **organise les idées du texte de manière progressive** (par exemple, des idées les plus simples aux idées les plus complexes).
- Il peut comporter **deux ou trois grandes parties**, elles-mêmes organisées en **deux ou trois sous-parties.**

2 La problématique

Qu'est-ce qu'une problématique ? → • La **problématique** correspond à une **question que l'on pose au texte**, à laquelle votre plan apporte la réponse.

À quel moment de la préparation la formuler ? → • Après avoir bien lu le texte et trouvé un plan détaillé. Quand on formule la problématique, on doit déjà connaître la réponse et savoir comment la démontrer.

Où dois-je l'écrire dans le commentaire ? → • Elle est **énoncée dans l'introduction**, entre la présentation du texte (contexte, auteur, œuvre, extrait) et l'annonce du plan.

Sous quelle forme dois-je la rédiger ? → **2 formes possibles :**
- une **interrogative directe** (avec inversion sujet-verbe et point d'interrogation) : « En quoi ce texte est-il… ? »
- une **interrogative indirecte** (avec verbe introducteur de pensée et proposition subordonnée) : « Nous nous demanderons en quoi ce texte est… »

S'approprier

Organiser les idées du texte

1 *Chloé et Colin se marient. Tous leurs amis sont réunis à l'église pour célébrer cette fête.*

Le Chuiche[1] et le Bedon[2], cabriolant dans leurs beaux habits, apparurent, précédant le Religieux qui conduisait le Chevêche[3]. Tout le monde se leva, et le Chevêche s'assit dans un grand fauteuil en velours. […] Le Religieux s'agenouilla devant l'autel, tapa trois fois sa tête par terre et le Bedon se dirigea vers Colin et Chloé pour les mener à leur place tandis que le Chuiche faisait ranger les enfants de Foi des deux côtés de l'autel. […] Le Religieux, devant eux, compulsait rapidement un gros livre, car il ne se rappelait plus les formules. De temps à autre, il se retournait pour jeter un coup d'œil à Chloé dont il aimait bien la robe. […] Le Chevêche somnolait doucement, la main sur la crosse. Il savait qu'on le réveillerait au moment de chanter à son tour.

Boris Vian, ***L'Écume des jours***, chapitre XXI,

1 et 2. Les noms officiels de ces fonctions au service de l'Église sont le suisse et le bedeau. – **3.** Transformation du nom *évêque,* ce mot n'existe pas (néologisme).

a. Qu'évoquent les éléments en jaune ? Proposez un titre.

b. Qu'évoquent les éléments en rose ? Proposez un titre.

c. Que révèlent les éléments surlignés en vert ? Proposez un titre.

d. Rédigez une problématique sous forme d'interrogative directe, à laquelle les sous-parties précédentes répondent.

2 Quelle problématique parmi les suivantes vous semble la plus appropriée à l'extrait des *Gommes* figurant dans la fiche 31, p. 65 ? Justifiez votre réponse.

1. En quoi cet extrait propose-t-il une description particulièrement précise et détaillée du chemin qu'emprunte Wallas ?
2. En quoi cet extrait de roman peint-il un univers réaliste ?
3. En quoi la marche de Wallas reflète-t-elle la vision d'un monde stéréotypé, aseptisé et impersonnel ?
4. En quoi la marche de Wallas reflète-t-elle la vision d'un monde aux multiples saveurs, propre et coloré ?

....

....

....

....

....

Formuler une problématique

3 Voici un plan détaillé de commentaire d'un extrait d'*Histoire d'un voyage fait en la terre du Brésil*, récit de voyage de Jean de Léry paru en 1578. À partir du plan proposé, rédigez plusieurs problématiques possibles.

1. Le récit authentique d'une rencontre

a. Un témoignage fidèle de la part de l'auteur

b. Un dialogue entre l'auteur, voyageur européen et un Indien qui permet de faire entendre sa voix et sa parole

2. Une réflexion philosophique

a. Deux modes de vie différents et deux systèmes de valeur opposés

b. Une remise en cause des valeurs européennes

Problématique : ....

....

....

....

Construire un plan et rédiger une problématique

4 *Après le coup d'État du 2 décembre 1851 organisé par Louis-Napoléon Bonaparte qui rétablit l'Empire, Victor Hugo est contraint de s'exiler à Jersey, où il écrit* Les Châtiments.

Et maintenant il règne, appuyant, ô patrie
Son vil talon fangeux[1] sur ta bouche meurtrie ;
Voilà ce qu'il a fait ; je n'exagère rien ;
Et quand, nous indignant de ce galérien
Et de tous les escrocs de cette dictature, […]
Nous disons, de dégoût et d'horreur soulevés :
– Citoyens, marchons ! Peuple, aux armes, aux pavés !
[…]
C'est nous, proscrits[2] frappés par ces coquins hardis,
Nous, les assassinés, qui sommes les bandits !
Nous qui voulons le meurtre et les guerres civiles !
Nous qui mettons la torche aux quatre coins des villes !
Donc trôner par la mort, fouler aux pieds le droit ;
Être fourbe, impudent, cynique, atroce, adroit ;
Dire : je suis César, et n'être qu'un maroufle ;
Étouffer la pensée et la vie et le souffle ;
Forcer quatre-vingt-neuf[3] qui marche à reculer ;
Supprimer lois, tribune et presse ; museler
La grande nation comme une bête fauve ; […]
Ceci, c'est la justice, ô peuple, et la vertu !

Jersey, novembre 1852

Victor Hugo, *Les Châtiments*, 1856.

1. Sale, boueux. – **2.** Bannis, exilés. – **3.** Allusion à la Révolution française de 1789.

a. Que contiennent les éléments surlignés en gris ?

....

....

....

b. Que révèlent les éléments surlignés en jaune ?

....

....

c. Que traduisent les éléments surlignés en rose ?

....

....

....

d. Quel est l'enjeu des citations surlignées en vert ?

....

e. Chaque couleur correspond à une sous-partie. Organisez un plan en deux parties de deux sous-parties chacune. Proposez un titre pour chaque partie et chaque sous-partie.

Partie 1 : ....

a. ....

b. ....

....

Partie 2 : ....

a. ....

b. ....

f. À partir du plan que vous avez proposé, rédigez une problématique sous forme d'interrogative directe.

....

....

....

g. Transformez votre interrogative directe en interrogative indirecte. Quels changements devez-vous opérer ?

....

....

....

....

33 Rédiger un paragraphe et insérer des citations

Retenir

- **Un paragraphe de commentaire** correspond à **une sous-partie de votre devoir.**
  Il commence par un **alinéa** et contient **une seule idée.** Il est centré sur un aspect particulier du texte.

Quelles sont les quatre étapes d'un paragraphe ?	• Annonce de l'**idée principale.** • Justification de l'idée grâce aux **citations et procédés stylistiques et/ou grammaticaux.** • **Conclusion partielle** qui rappelle l'idée principale du paragraphe. • **Transition** vers le paragraphe (ou la partie) suivant(e).
Comment articuler les étapes d'un paragraphe ?	• Grâce à des **connecteurs logiques** qui indiquent : – **L'addition :** *de plus, en outre, également, d'une part, d'autre part, de surcroît, enfin…* – **La cause :** *en effet, comme, parce que, car, puisque…* – **La conséquence :** *donc, c'est pourquoi…* – **La conclusion :** *ainsi, finalement, en somme…*
Combien de citations insérer et comment les insérer ?	• **Chaque idée** est justifiée au moyen de quelques **citations brèves** du texte. • Les citations sont toutes placées entre guillemets et sont insérées à vos phrases, en évitant l'usage des deux points, de « comme » ou encore « je cite » qui rompent la fluidité de la lecture.
Les citations suffisent-elles ?	Non, les idées doivent être reformulées avec vos propres mots. Il s'agit de commenter ces citations, de les interpréter en fonction de ce que vous avez compris.

S'approprier

Choisir les citations

1 Mille gens se ruinent au jeu, et vous disent froidement qu'ils ne sauraient se passer de jouer : quelle excuse ! Y a-t-il une passion, quelque violente ou honteuse qu'elle soit, qui ne pût tenir ce même langage ? Serait-on reçu[1] à dire qu'on ne peut se passe de voler, d'assassiner, de se précipiter[2] ? Un jeu effroyable, continuel, sans retenue, sans bornes, où l'on n'a en vue que la ruine totale de son adversaire, où l'on est transporté[3] du désir du gain, désespéré sur la perte, consumé par l'avarice, où l'on expose sur une carte où à la fortune du dé la sienne propre[4] celle de sa femme et de ses enfants, est-ce une chose qui soit permise ou dont l'on doive se passer ? Ne faut-il pas quelquefois se faire une plus grande violence, lorsque poussé par le jeu jusqu'à une déroute universelle, il faut même que l'on se passe d'habits et de nourriture, et de les fournir à sa famille ?

Jean de La Bruyère, ***Caractères***, « Des biens de fortune », 1688.

1. Tenu à. – **2.** Se suicider. – **3.** Poussé par. – **4.** Sa fortune, son destin.

a. **Proposez un titre de paragraphe qui s'appuiera sur les citations en jaune.**

b. **Proposez un titre de paragraphe qui s'appuiera sur les citations en vert.**

c. **Proposez un titre de paragraphe qui s'appuiera sur les citations en rose.**

Insérer les citations

2 *Jean-Pierre Verheggen est un poète belge de langue française né en 1942.*

Fuyez ! Hâtez le pas ! L'Institution nous rattrape, l'Établissement est à nos portes et l'Art Officiel nous colle au derche1 ! Fuyons tous les Cercles ! Fuyons celui des lecteurs Disparus ! Fuyons même celui des lecteurs de Spirou ! Fuyons tout ! Fuyons surtout celui des Poètes Retrouvés, Gelés, Momifiés ou Assoupis, pour l'Eternité, dans les platitudes de la convivialité ! Fuyez ces mammouths ! Fuyez leurs mamours ! Fuyez leurs moumoutes ! En avant toutes !

Jean-Pierre Verheggen, ***Ridiculum Vitae***, © Gallimard, 2001.

1. Terme familier pour désigner le derrière.

a. **Lisez le paragraphe de commentaire rédigé ci-dessous.**
– Complétez-le en y insérant les connecteurs demandés
– Complétez-le en y insérant les citations qui conviennent.

b. Placez des barres obliques pour distinguer les quatre étapes du paragraphe.

Le poète s'adresse à la jeunesse, et plus particulièrement aux jeunes poètes et chante l'urgence à vivre et à écrire en liberté. Connecteur de cause ...., les nombreux impératifs « .... » « .... » ou « .... » qui reviennent en anaphore soulignent à quel point il invite ses lecteurs à rejeter toutes les formes de conformisme. Connecteur d'addition ...., les règles, les codes, sont associés dès le début de l'extrait à trois allégories : « .... », « .... » et « .... » comme si ces entités étaient des personnages qui tentaient de les attraper pour les maintenir dans l'usage de leurs règles et de leurs contraintes. Le poète conseille de les fuir sous peine d'être pétrifiés, asséchés. La gradation « .... » annonce le risque de stérilité créatrice à suivre les carcans imposés. Connecteur de conclusion ...., ce poème en prose fait entendre l'urgence à fuir l'académisme. Au-delà de cette invitation, la fantaisie recherchée se retrouve dans le maniement savoureux d'une langue revivifiée.

Organiser son brouillon et rédiger un paragraphe

3 *La marquise de Merteuil répond au vicomte de Valmont, qui l'a mise en garde contre un homme volage.*

Si pourtant vous m'avez vue, disposant des événements et des opinions, faire de ces hommes si redoutables les jouets de mes caprices ou de mes fantaisies ; ôter aux uns la volonté de me nuire, aux autres la puissance ; si j'ai su tour à tour, et suivant mes goûts mobiles, attacher à ma suite ou rejeter loin de moi ces tyrans détrônés devenus mes esclaves ; [...] n'avez-vous pas dû en conclure que, née pour venger mon sexe et maîtriser le vôtre, j'avais su me créer des moyens inconnus jusqu'à moi ? [...] je les ai créés, et je puis dire que je suis mon ouvrage. [...]

Pierre Choderlos de Laclos, *Les Liaisons dangereuses*,
lettre LXXXI, 1782

a. Remplissez les colonnes du tableau suivant.

Citation
....
....
....
....
....
....
....
....
....
....
....

Procédé	Interprétation
Marques de 1re personne (pronoms personnels et déterminants) ; pronom personnel « je » sujet des verbes.	....
Citation	
....	
Procédé	**Interprétation**
Accumulation de verbes d'action	La marquise se met en scène comme une femme forte qui sait se rendre maîtresse du sexe masculin.
Citation	
« ces tyrans détrônés »	
....	....

b. En vous aidant du tableau ci-dessus, rédigez un paragraphe de commentaire qui justifiera l'idée suivante : la marquise se présente comme une femme libre et maîtresse de son destin.

....
....
....
....
....
....
....
....
....
....
....
....
....
....
....
....
....
....
....
....
....
....

Tuto BAC

34 Rédiger l'introduction et la conclusion

Retenir

1 L'introduction

➜ L'introduction **présente le texte** et **annonce un projet personnel** et organisé de son analyse.

1. Contexte : L'introduction commence par la présentation du **contexte historique, culturel, social, religieux, biographique** du texte étudié. Cette **phrase d'amorce** inscrit l'extrait dans son époque d'écriture.

2. Auteur : Présentation de **l'auteur**, son **mouvement littéraire**, ce que vous savez de lui.

3. Œuvre : Présentation de **l'œuvre** de laquelle le texte est extrait, son **genre**, ses **thématiques** et ses **enjeux**.

4. Extrait : Exposez **la place qu'occupe l'extrait dans l'ensemble de l'œuvre** ; faites un **bref résumé** de ce qui précède.

5. Problématique : Vous pouvez la formuler de **manière directe** avec un point d'interrogation ou de **manière indirecte** (➜ fiche 88).

6. Plan : **Annoncez les différents axes** : « D'abord…, puis…, enfin. »

2 La conclusion

➜ La conclusion **résume le parcours de lecture** choisi et **ouvre la réflexion.**

1. Reprise du plan : **Deux ou trois phrases** doivent **résumer** le contenu des parties, au présent de l'indicatif.

2. Ouverture : La fin de la conclusion montre que le texte **ouvre la réflexion**. Vous pouvez par exemple faire référence à un **autre texte ayant le même thème** ou **la même stratégie d'écriture**.

S'approprier

Distinguer introduction et conclusion

1 Le paragraphe suivant traite d'un extrait des *Caractères* de La Bruyère, parus en 1668.

Ainsi, Théodecte parait vaniteux, grossier et méprisant aux yeux du lecteur. La Bruyère ridiculise son personnage en le caricaturant et en donnant à son récit la forme vivante d'une saynète de théâtre. Le moraliste s'inscrit dans la lignée de Molière et La Fontaine qui tentent de dénoncer les vices des hommes en ayant recours au rire. Il est possible de penser notamment à la satire de la jalousie excessive et de la prétention ridicule dans *L'École des femmes* de Molière, incarnées par Arnolphe.

Ce paragraphe correspond-il à une introduction ou à une conclusion ? Justifiez votre réponse.

....

Maîtriser les étapes d'une introduction

2 Remettez dans l'ordre les étapes de l'introduction de commentaire suivante puis nommez-les.

a. Nous nous demanderons comment Giraudoux parvient à faire de ce récit un grand moment de théâtre.

b. À la fin de la pièce, un mendiant révèle à Électre et à son frère Oreste que c'est leur mère qui a assassiné leur père, aidée par son amant Égisthe. Notre extrait est le récit de cette révélation.

c. Dans *Électre*, le personnage éponyme cherche à comprendre qui a tué son père, Agamemnon, et pourquoi sa mère est odieuse avec elle.

d. Nous verrons que cet extrait est le récit d'un meurtre prémédité commis par un couple d'assassins, mais que ce dernier est raconté de manière à permettre une visualisation des faits.

e. Le théâtre est largement revisité par certains dramaturges du XXe siècle comme Jean Giraudoux qui, dans son *Électre* publiée en 1937, propose une réécriture des tragédies antiques.

....

Rédiger une introduction

3 *Voyageant sur un navire, Panurge, ami du géant Pantagruel, a acheté par jeu « un grand et beau mouton » au marchand Dindenault, dont il se débarrasse une fois le jeu fini en le jetant à la mer. Le narrateur décrit la réaction du troupeau.*

Subitement, je ne sais comment – l'incident fut soudain, je n'eus le loisir de l'analyser –, Panurge, sans en dire davantage, jette en pleine mer son mouton criant et bêlant. Tous les autres moutons, criant et bêlant sur le même ton, se mirent à se jeter et à sauter en mer après lui, à la file. On se pressait : c'était à qui serait le premier à y sauter après son compagnon. […] Le marchand, tout affolé de voir sous ses yeux ses moutons se noyer et disparaître, s'efforçait de les en empêcher et de les retenir de toutes ses forces. Mais c'était en vain. Tous, à la file, sautaient dans la mer et disparaissaient. Finalement, sur le tillac[1] du navire, il en saisit par la toison un grand et fort, croyant ainsi le retenir, et, à sa suite, sauver le reste. Le mouton fut si fort qu'il entraîna avec lui le marchand dans la mer, et il se noya. […]

François Rabelais, *Le Quart Livre*, chapitre VIII, 1552, orthographe modernisée.

1. Pont supérieur d'un navire.

a. **Faites quelques recherches sur l'auteur. Quels métiers a-t-il exercés ? À quel mouvement appartient-il ? Quelles sont ses œuvres célèbres ?**

b. **Comment qualifiez-vous le ton de ce récit ? Proposez plusieurs adjectifs.**

c. **Quel est l'enjeu de ce texte ?**

d. **En exploitant vos recherches, rédigez une introduction en suivant la méthodologie présentée dans la leçon ci-contre.**

4 **Voici deux extraits de copie d'élèves présentant l'extrait à commenter.**

a. **Remplacez les termes surlignés par des mots plus précis.**

b. **Réécrivez correctement la présentation de l'extrait.**

Extrait 1

C'est un texte d'Apollinaire. Il s'appelle « Zone ». Il est au début du livre. C'est le premier texte.

a. Texte : …… Livre : ……

Premier texte : ……

b. ……

Extrait 2

C'est un extrait du livre de Leïla Slimani. C'est la première page.

a. Livre : …… Première page : ……

b. ……

Maîtriser la méthode de la conclusion

5 **Lisez la conclusion de commentaire suivante, qui porte sur un poème de Lamartine, « Les Voiles », paru dans *Œuvre posthume*, en 1873.**

Ainsi la métaphore du voyage permet au poète de faire le bilan de son existence, notamment aux vers 13 et 14. Il évoque avec enthousiasme les rêves de sa jeunesse (voir la métaphore du vers 3) et avec mélancolie les désillusions du passé. Lamartine brosse son autoportrait en poète romantique, en harmonie avec la nature qu'il contemple, faisant écho aux textes de Chateaubriand, comme lui solitaire et méditatif.

a. **Les deux étapes de la conclusion ont-elles été respectées ?**

b. **Que faut-il supprimer ?**

35 Analyser un sujet et mobiliser ses connaissances

Retenir

→ Le sujet proposé à l'écrit du Bac porte sur une œuvre étudiée pendant l'année et sur le parcours associé au sein duquel elle s'inscrit. La dissertation développe une réflexion personnelle, argumentée et ordonnée à partir de votre connaissance précise de l'œuvre et du parcours associé.

1 Présentation d'un sujet de dissertation

Une citation (facultative) + **Une question** sur l'œuvre étudiée, son genre, ses grands enjeux. Elle s'étend au parcours dans laquelle elle s'inscrit. + **Une consigne** propose de répondre à la question, en développant le propos avec des **exemples précis**. Elle peut demander de **discuter** le sujet (montrer en quoi il peut être dépassé ou envisagé autrement). Elle précise où puiser vos connaissances.

2 Les étapes pour comprendre un sujet

1. Lire le sujet plusieurs fois

S'il comporte une **citation**, faites-en au brouillon une **explication** mot à mot, interrogez-vous sur son **auteur**, son **époque**.

2. Repérer les mots-clés

Précisez leur **sens**, cherchez des synonymes, des reformulations, des sous-entendus. Attention :
– aux **verbes de modalité** : pouvoir, devoir ;
– aux **adverbes** : toujours, uniquement… ;
– aux **mots interrogatifs** : en quoi, comment, dans quelle mesure, pourquoi ?

3. Analyser la consigne

• Vérifiez si vous devez :
– **étayer** (développer, illustrer),
– **discuter** (débattre, nuancer)
la proposition du sujet.
• Dans le cas d'une discussion, cherchez des **antonymes** aux mots-clés.

3 Mobiliser ses connaissances

→ **Sélectionnez**, dans vos connaissances, **des exemples** précis que vous pourrez exploiter pour le sujet donné.
→ Pour vous y préparer, constituez-vous **des fiches** listant les romans et récits, poésies, pièces de théâtre, œuvres d'argumentation que vous avez lus.

S'approprier

Se préparer à la maison

1 Élaborez un tableau par objet d'étude, sur ce modèle, contenant des exemples exploitables le jour de l'épreuve.

Dans le cadre du parcours associé	–……………………………… –………………………………
Dans le cadre de l'œuvre au programme	–……………………………… –………………………………
Dans le cadre du parcours culturel ou du groupement de textes	–……………………………… –………………………………

Vous pouvez aussi vous aider du descriptif des activités que votre professeur vous donnera.

Élaborer une carte mentale par œuvre

2 a. Pour chaque œuvre étudiée en classe, préparez une carte mentale personnalisée contenant au centre le titre complet, le nom de l'auteur et la date de publication.

b. Les branches seront intitulées : contexte d'écriture (mouvement, époque), scènes importantes ou poèmes importants, personnages, thèmes, notions, enjeux.

c. Chaque branche sera assortie de sous-branches dans lesquelles figureront des mots-clés et/ou quelques citations (5 à 10 maximum).

Élaborer une carte mentale par « parcours »

3 a. Pour chaque parcours, notez son titre au centre.

b. Les branches seront constituées des différents textes et documents étudiés.

c. Les sous-branches préciseront l'enjeu du texte et extrairont une citation importante.

Comprendre la consigne

4 Pour chacun des sujets suivants, vous demande-t-on d'illustrer ou de discuter le sujet ? Entourez la bonne réponse.

a. À partir de la pièce de théâtre que vous avez étudiée et du parcours associé, vous direz en quoi la représentation est indispensable.

Illustrer – discuter

b. **Diriez-vous du roman que vous avez étudié qu'il est un récit original ?** Illustrer – discuter

c. **Pensez-vous que le poète doive enchanter le monde ?** illustrer – discuter

d. **« Je ne me suis jamais présenté comme destructeur mais comme bâtisseur » dit Apollinaire dans une lettre à Billy, datée du 29 juillet 1918. La modernité poétique doit-elle faire table rase du passé ?** Illustrer – discuter

e. **Pourquoi le détour par l'Autre est-il un moyen littéraire efficace pour dénoncer les travers de la société ?** Illustrer – discuter

Analyser un sujet

5 **Lisez le sujet suivant puis répondez aux questions.**

Sujet

L'une des pièces de Marivaux créée en 1733 s'intitule *L'Heureux Stratagème*. L'association de ces deux mots est-elle toujours juste au théâtre ? Vous répondrez à cette question en prenant appui sur *Les Fausses Confidences* de Marivaux et sur les textes étudiés dans le cadre du parcours associé.

a. **Quel est l'objet d'étude travaillé ?** ....

b. **Où devez-vous puiser vos exemples ?** ....

....

....

c. **Repérez les mots-clés.**

....

....

d. **Relevez l'adverbe contenu dans le sujet et dites en quoi il est important.**

....

....

....

....

e. **Cherchez des synonymes et, si c'est possible, des antonymes aux mots-clés.**

....

....

....

....

....

....

....

f. **Quel est l'implicite du sujet ? Que vous demande-t-on de démontrer ?**

....

....

....

....

....

....

6 **Même exercice.**

Sujet

Le personnage de roman doit-il être un modèle ? Vous discuterez cette affirmation en prenant appui sur l'œuvre de Madame de Lafayette, *La Princesse de Clèves* et sur le parcours associé.

a. **Quel est l'objet d'étude travaillé ?** ....

b. **Où devez-vous puiser vos exemples ?**

....

....

c. **Quel est le mot clé du sujet ? Proposez des synonymes.**

....

....

d. **Y a-t-il un verbe de modalité auquel vous devez faire attention ? En quoi est-il important ?**

....

....

e. **Proposez des antonymes au mot-clé.**

....

....

Formuler un sujet

7 **a.** **Lisez la liste d'idées suivantes :**

– L'écrivain écrit souvent seul, loin de l'agitation du monde.
– L'écrivain porte plus d'intérêt aux êtres de papier qu'aux misères du monde qui l'entoure.
– Les Parnassiens, l'OuLiPo sont des écoles qui ne s'intéressent qu'à la forme.
– L'écrivain évoque des émotions humaines communes à tous, il nous parle, il nous émeut
– L'écrivain engagé est celui qui dénonce les injustices et les abus en tous genres.

b. **À partir de cette liste, imaginez et rédigez la problématique du sujet qui a été posé.**

....

....

....

8 **Même exercice avec la liste d'idées suivantes.**

– Reprendre l'héritage antique permet de rendre hommage aux Anciens.
– L'enjeu de certains est de les surpasser.
– Réécrire permet d'actualiser un texte pour l'adapter au monde contemporain.
– Réécrire c'est aussi parodier, détourner.
– Démythifier le passé permet de faire progresser la littérature.

Problématique : ....

....

....

....

....

....

Tuto BAC

36 Construire un plan et rédiger une problématique

Retenir

→ Une dissertation comporte **deux ou trois grandes parties** qui correspondent aux grandes **étapes de la démonstration.** Chaque **partie** comporte **deux ou trois sous-parties.** Chaque **sous-partie** développe **un argument illustré d'exemples littéraires.**
→ Le type de plan dépend du type de sujet.

2 types de sujets

Sujet 1 : Pourquoi est-ce si difficile de parler de soi ? Vous répondrez à ce sujet en vous fondant sur l'analyse de l'œuvre que vous avez étudiée et du parcours associé.

Sujet 2 : Pensez-vous que le seul enjeu du roman étudié soit de donner une image fidèle de la réalité ?

2 types de plans

Le plan thématique

Le sujet ne contient pas de thèse. Il s'agit d'explorer les différents aspects d'un thème. Chaque partie de la dissertation développe un aspect de la réponse à la question posée.
Les connecteurs logiques qui structureront les parties seront :
I. Tout d'abord
II. De plus
III. Enfin

Le plan dialectique

Le sujet demande de discuter une thèse. La première partie valide la thèse contenue dans l'énoncé et la seconde la nuance, en montre les failles. Le sujet propose deux thèses : la première partie envisage la première thèse, la seconde envisage l'autre thèse. Dans les deux cas, une troisième partie peut concilier les points de vue opposés ou différents ou poser différemment le problème.
Les connecteurs logiques qui structureront les parties seront
Certes / Mais…

La problématique

Nous nous interrogerons sur les obstacles auxquels un autobiographe doit faire face lorsqu'il entreprend de parler de sa vie personnelle.

Elle correspond à la question à laquelle le plan répond.
Elle doit dépasser la question posée par le sujet.
Quels sont les grands enjeux du roman étudié ?

S'approprier

Choisir un type de plan

1 À partir des débuts de consignes suivants, vous direz si le plan attendu est dialectique ou thématique.

a. **Dans quelle mesure** ……………………………………

b. **Pensez-vous que** ……………………………………

c. **Vous définirez** ……………………………………

d. **Vous discuterez** ……………………………………

e. **Vous justifierez** ……………………………………

f. **Pourquoi peut-on soutenir que** ……………………………

g. **Diriez-vous que l'on puisse soutenir que** ………………

2 Dites quel est le type de plan attendu.

Sujet 1

Quels jugements Mme de Lafayette et les auteurs du parcours associé portent-ils sur les passions humaines ? Vous répondrez à cette question en vous appuyant sur *La Princesse de Clèves* ainsi que sur les textes du parcours associé que vous avez étudiés.

……………………………………………………………………

Sujet 2

La poésie doit-elle selon vous décrire la réalité du monde ou la transfigurer ? Vous répondrez en vous appuyant sur votre lecture des *Fleurs du Mal* de Baudelaire et sur le parcours associé.

……………………………………………………………………

Sujet 3

Le personnage principal d'un roman doit-il forcément être un héros ? Vous répondrez à cette question en vous appuyant sur votre lecture du roman de Stendhal *Le Rouge et Le Noir* et des textes que vous avez étudiés dans le cadre du parcours associé.

……………………………………………………………………

Trouver une problématique et choisir un plan

3 Lisez le sujet suivant.

Sujet

À la question « Qu'est-ce qu'un grand Homme ? », comment la pièce de théâtre que vous avez étudiée répond-elle ?

Vous répondrez à ce sujet en vous fondant sur l'analyse de l'œuvre que vous avez étudiée et du parcours associé.

a. Comment répondriez-vous à la question soulevée par le sujet ? Proposez une réponse structurée.

....

....

....

....

....

....

....

b. Parmi les problématiques suivantes, laquelle choisiriez-vous ? Surlignez-la.

– Nous nous demanderons pourquoi la grandeur est indissociable des valeurs humanistes que l'on porte et transmet.
– Nous nous demanderons en quoi la grandeur est dépendante de la naissance.
– Nous nous demanderons à quoi est liée la grandeur humaine.

4 a. Soulignez la problématique qui vous semble la plus pertinente pour le sujet suivant. Justifiez votre choix.

Sujet

« Qui se confesse ment, et fuit le véritable vrai, lequel est nul, ou informe, et, en général, indistinct. Mais la confidence toujours songe à la gloire, au scandale, à l'excuse, à la propagande » En quoi cette réflexion de Paul Valéry éclaire-t-elle l'oeuvre de Rousseau que vous avez étudiée ainsi que les textes que vous avez abordés dans le cadre du parcours associé.

– Nous nous demanderons si écrire une autobiographie se révèle utile dans la mesure où il est impossible au biographe d'écrire la vérité.
– Nous nous demanderons quelles intentions recherche l'autobiographe en se confessant.
– Nous nous demanderons pourquoi, dans l'entreprise autobiographique, confidence et vérité constituent une alliance impossible.

....

....

....

....

....

....

....

b. Quel plan vous semble le plus pertinent parmi les deux proposés ? Justifiez votre choix.

PLAN 1

I. Les nécessaires mensonges du récit autobiographique
II. Les motivations tacites de l'écriture autobiographique

PLAN 2

I. Un autobiographe dit toujours la vérité puisqu'il s'y engage dans le pacte autobiographique.
II. Même si parfois la vérité est déformée ou détournée.

....

....

....

Organiser un plan

5 a. Voici une liste d'idées parmi lesquelles figurent des titres de parties et des titres de sous-parties pour le sujet suivant. À vous de rétablir un plan en deux parties, de deux sous-parties chacune, qui convienne au sujet de dissertation suivant.

Sujet

« Il n'y a pas d'apprentissage sans exposition, souvent dangereuse, à l'autre » dit Michel Serres dans Le Tiers-Instruit publié en 1991. Vous discuterez cette réflexion à la lumière des deux essais de Montaigne « Des cannibales » et « Des coches » et de l'étude du parcours associé.

– L'expérience du décentrement est la condition d'un apprentissage véritable
– Les dangers et les joies de la découverte de l'Autre
– Mieux se connaître soi-même : la rencontre nous permet de reconnaître nos préjugés et les limites de notre connaissance
– Une découverte exaltante
– Une découverte perturbante ou effrayante
– Mieux connaître et comprendre le monde

....

....

....

....

....

....

....

....

....

6 Proposez une problématique et un plan qui répondent au sujet suivant.

Sujet

« Le nouveau n'est pas une mode, c'est une valeur. [...] Tout langage ancien est immédiatement compromis » déclare Roland Barthes dans *Le Plaisir du texte*. Que pensez-vous de cette réflexion appliquée au recueil *Alcools* d'Apollinaire ? Vous discuterez cette citation en vous appuyant sur son recueil ainsi que sur les textes étudiés dans le cadre du parcours associé.

– Problématique : ....

....

– Plan :

....

....

....

....

....

....

....

....

....

....

37 Rédiger un paragraphe argumenté

Retenir

→ Une **dissertation** est une **démonstration**, composée en **parties**.

→ Chaque **partie** contient **au moins deux paragraphes argumentés** (en plus d'un paragraphe amorçant l'axe des sous-parties et du bilan de la partie).

→ Un paragraphe commence par un **alinéa**, et se rédige ensuite **sans passage à la ligne**.

1 Organiser un paragraphe argumenté

Étape 1	Étape 2	Étape 3	Étape 4
Annonce de l'idée directrice (argument)	Appui sur un ou deux exemple(s) développé(s)	Conclusion partielle de l'argument	Transition vers le paragraphe suivant

→ Utilisez les **connecteurs logiques** *(en effet, donc…)* **et temporels** *(puis, enfin…)* pour passer d'une étape à l'autre.

2 Exploiter les exemples

→ Les exemples sont extraits de l'œuvre au programme et/ou des textes du parcours associé. Vous devez les développer, **sans les résumer** : vous devez prouver qu'ils illustrent votre argument.

→ Ils doivent être **le plus précis** possible : titre de l'œuvre, nom de l'auteur, références précises au passage évoqué, noms des personnages écrits sans erreur.

→ **Soulignez les titres** d'œuvres dans votre copie manuscrite. Attention, les titres de poèmes et de nouvelles se placent entre guillemets.

→ Placez les **citations** entre **guillemets**.

S'approprier

Repérer les étapes d'un paragraphe argumenté

1 Lisez le sujet suivant, ainsi que le paragraphe rédigé.

Sujet

En réponse à la question : « pourquoi écrire du théâtre ? » que lui posait Lucien Attoun en 1995, Jean-Luc Lagarce répondit : « Je crois que je suis très porté vers la parole. Les mots, mais les mots parlés… Les mots avec leurs sons, leurs rythmes. » En quoi cette réponse du dramaturge éclaire-t-elle votre lecture de la pièce et du parcours qui lui est associé ?

Par ailleurs, les « mots parlés » de tous ces personnages ont du mal à cacher le silence assourdissant de Louis, qui non seulement ne répond pas aux longs discours que sa famille lui adresse, ou alors très maladroitement, mais qui en plus ne dit pas pourquoi il est revenu chez lui : annoncer sa mort à venir. En effet, à aucun moment il ne fait cet aveu, alors que c'est a priori l'unique raison qui l'a poussé à revenir dans la maison de sa mère, comme il le précise dans le prologue : « je décidai de retourner les voir, revenir sur mes pas, aller sur mes traces et faire le voyage, pour annoncer, lentement, avec soin et précision […] pour annoncer, dire, seulement dire, ma mort prochaine et irrémédiable » ; finalement il part sans avoir rien dit (épilogue). Dans une pièce de Nathalie Sarraute, justement intitulée Le Silence et parue trois ans après l'écriture de Juste la fin du monde, un personnage provoque lui aussi une véritable crise dramatique en gardant le silence tout au long de la pièce face à son groupe d'amis ; dans Juste la fin du monde, le silence de Louis exacerbe lui aussi les tensions, et provoque une parole d'autant plus excessive de la part de ceux qui attendent des réponses. Ainsi, on comprend que le silence peut avoir un effet inquiétant ou énervant sur ceux qui le subissent. Cette parole retenue, contenue, compliquée, devient alors l'enjeu même de la pièce, comme nous allons le voir à présent.

a. **Grâce à quelle marque typographique peut-on repérer qu'un nouveau paragraphe commence ?**

b. **S'agit-il du premier argument de la partie ? Justifiez votre réponse.**

c. **À quoi correspond la première étape ? Placez une barre oblique pour en marquer la fin.**

d. **Quel connecteur annonce la deuxième étape ? À quoi correspond-elle ?**

e. **Combien d'exemples sont exploités dans le paragraphe ?**

...

f. **À quelle marque typographique reconnaît-on que l'on insère des citations ?**

...

g. **Quel est le connecteur logique qui marque l'entrée dans l'étape de la conclusion partielle ?**

...

h. **À quelle étape la dernière phrase correspond-elle ?**

...

Repérer les étapes d'un paragraphe argumenté

2 **Les éléments suivants correspondent aux différentes étapes d'un paragraphe argumenté.**

a. Ce personnage apparaît donc bien, à première vue, comme une sorte d'anti-héros un peu ridicule, qui surestime sa propre valeur.

b. Mais plus que comme un anti-héros ridicule, Julien Sorel apparaît surtout comme l'emblème du personnage hypocrite.

c. Tout d'abord, Julien Sorel apparaît, en première lecture, comme un personnage porteur de valeurs et d'une esthétique négatives.

d. Cette description péjorative est portée dès les premiers chapitres du roman par des situations qui mettent le personnage dans des positions qui le ridiculisent : lorsqu'il cherche par exemple à tenir la main de Mme de Rênal sous la table, un acte simple en apparence qui apparaît dans son discours comme une véritable épopée. On retrouve cette vision exagérée de l'effort que lui demandent les actions amoureuses lorsqu'il doit, dans les deux parties du roman, rejoindre Louise de Rênal puis Mathilde dans leur chambre en montant à une échelle. À chaque fois, les descriptions de ces instants rendent l'action ridicule, le narrateur portant un regard moqueur sur l'héroïsme du jeune amant. Il affirme ainsi, au chapitre 2 : « Il volait en montant l'échelle », et le lecteur entend bien toute l'ironie derrière l'hyperbole. De même, Julien Sorel se sentira ridicule lorsqu'il fera ses premiers pas dans le salon parisien de l'aristocrate marquis de La Mole ; il ne dispose pas des codes sociaux, et même à sa fonction de secrétaire, il trouvera le moyen de se ridiculiser, par exemple lorsqu'il fait une faute d'orthographe, écrivant « Cella » au lieu de « cela ».

a. **Surlignez les connecteurs logiques.**

b. **Replacez les étapes dans le bon ordre.**

...

c. **Quelle est la place de cet argument dans la grande partie ? Justifiez votre réponse.**

...

d. **Marquez l'alinéa manquant en encadrant l'élément correspondant à l'annonce de l'idée directrice.**

e. **Quelle est l'idée directrice du paragraphe ?**

...

f. **Combien d'exemples sont développés ? D'où proviennent-ils ?**

...

Rédiger un paragraphe argumenté

3 **À partir du sujet suivant, applicable au recueil travaillé en cours, rédigez les différentes étapes d'un paragraphe argumenté, en prenant la suite des éléments et des formulations qui vous sont proposés.**

Sujet

Le poète est-il capable de voir ce que les autres hommes ne voient pas ?

Argument : Le poète est capable de transformer la banalité du quotidien, ce que le commun des mortels ne voit pas, pour en faire un objet poétique.

En premier lieu ...

... **On pourrait par exemple évoquer** ...

... **Ainsi** ...

... **Cependant** ...

...

4 **Vers le Bac**

Reprenez vos réponses des étapes 2 et 3 de l'analyse de la lettre de Mme de Sévigné (➔ fiche 22, p. 46), et rédigez un paragraphe argumenté dont l'idée directrice s'intitulerait : « La critique du théâtre de Racine ».

Tuto BAC

38 Rédiger l'introduction et la conclusion

Retenir

→ La lecture de votre **introduction** donne à votre correcteur **une première impression.** Elle doit être particulièrement **soignée** et **travaillée au brouillon.**

→ **Conclure** montre au lecteur de votre copie que **vous avez su gérer votre temps.**

→ L'introduction et la conclusion se composent des éléments suivants :

Introduction

- Une **phrase d'accroche** (ou **amorce**) : référence au genre, au thème abordé, contextualisation de la citation ou du sujet.
- La **reprise de la citation** si le sujet en comporte une.
- La **reprise du sujet** et son **explicitation** (définition des mots-clés, reformulation).
- La **formulation de la problématique.**
- L'**annonce du plan,** rédigée au futur de l'indicatif. Il est possible d'employer le « nous » ou le « je ».

Conclusion

- La **réponse à la problématique**, qui **reprend le plan** de la démonstration. Elle est rédigée au passé composé.
- Une **ouverture** : il est possible d'**élargir la réflexion** à d'autres époques, la nôtre par exemple, pour **mettre le sujet en perspective.** On ne terminera jamais par une question.

S'approprier

Repérer les étapes d'une introduction

1

Sujet

Baudelaire, dans l'appendice aux *Fleurs du Mal*, écrit : « Tu m'as donné ta boue et j'en ai fait de l'or. » En quoi ce vers éclaire-t-il votre lecture du recueil de Baudelaire ?

Le peintre et théoricien de l'art André Lhote, mettant en valeur la capacité qu'a le poète à voir du beau là où le commun des mortels ne s'émerveille plus, affirme que « le poète est celui qui, tout au long de son existence, conserve le don de s'émerveiller ». C'est la même idée qui dirige Baudelaire lorsqu'il écrit dans l'appendice aux Fleurs du mal « Tu m'as donné ta boue et j'en ai fait de l'or » ; en effet, Baudelaire formule ici un bref manifeste éclairant le rôle qu'il attribue au poète, sorte d'alchimiste permettant de transformer la banalité, voire la noirceur du monde en objet poétique. Nous verrons comment cette formule provocante permet de mieux comprendre l'esthétique baudelairienne. Nous commencerons par étudier la présence du mal dans le recueil, puis nous nous demanderons à quoi tient cette beauté du mal qui provoque à la fois fascination et répulsion ; enfin, nous verrons que cette transmutation alchimique que suppose la formule baudelairienne éclaire en réalité toutes les formes de poésie.

a. Délimitez chacune des étapes de cette introduction par une double barre.

b. Surlignez la citation correspondant au sujet.

c. À quoi correspond le passage en orange ? ....

....

d. Encadrez la problématique.

e. Transformez cette problématique en une question directe en expliquant ce que vous avez dû faire.

....

....

....

....

f. Soulignez les connecteurs temporels qui dirigent l'annonce du plan.

g. À quel temps les verbes sont-ils formulés dans l'annonce du plan ? ....

2 Les éléments suivants correspondent aux différentes étapes d'une introduction rédigée.

Sujet

Quel jugement Mme de Lafayette dans son œuvre *Le Princesse de Clèves*, et les auteurs du parcours associé dans les textes que vous avez travaillés en classe, portent-ils sur les passions humaines ?

a. Ainsi, quel regard certains auteurs, parmi lesquels Mme de Lafayette qui publie anonymement La Princesse de Clèves en 1678, portent-ils sur les passions à travers leurs œuvres ? S'il est certain que la question des passions agite le milieu intellectuel et en particulier les moralistes du siècle classique, la forme que prendra la réflexion, pour ne pas dire la condamnation de ces passions, est bien différente selon le genre choisi par ces auteurs, qu'il s'agisse d'apologues, de romans ou de pièces de théâtre.

b. À travers leurs œuvres, les écrivains poursuivent volontiers une réflexion critique sur les passions humaines. Au XVIIe siècle notamment, les moralistes observent précisément les mœurs de leur époque tout en conduisant une analyse sans concession des passions qui animent leurs contemporains, et plus largement, l'humanité toute entière.

c. Nous verrons dans un premier temps que l'analyse des passions est volontiers associée chez ces écrivains à l'élaboration d'intrigues complexes qui permettent de donner une portée concrète à cette réflexion. Nous montrerons ensuite que les personnages ainsi créés constituent pour ces auteurs un moyen privilégié d'approfondir leur réflexion sur la passion. Enfin, nous découvrirons que loin de nous délivrer des vérités toutes faites, ces œuvres nous invitent à poursuivre notre réflexion par nous-mêmes.

d. Nous allons donc nous demander en quoi le choix d'un genre littéraire, d'un style d'écriture, d'un type de personnages permet à un auteur de transmettre au lecteur le produit de sa réflexion sur les passions.

a. Surlignez les connecteurs logiques et soulignez les connecteurs temporels.

b. Replacez les éléments dans le bon ordre.

....

....

c. Marquez l'alinéa manquant en mettant une flèche face à l'élément correspond à l'accroche.

d. Sur quoi porte cette accroche ?

....

....

....

....

....

Travailler l'amorce

3 Les amorces suivantes sont des citations en lien avec les sujets proposés sous forme de citations.

Amorces

a. « Non, Julien Sorel n'est pas un monstre », affirme Grahame C. Jones dans son ouvrage L'Ironie dans les romans de Stendhal. Pourtant, c'est un reproche que l'on a bien souvent fait au protagoniste du Rouge et le Noir, sorte de contre-héros qui apparaît tantôt comme un parfait hypocrite, tantôt comme un lâche ridicule.

b. Pascal dans ses Pensées définit l'imagination comme « maîtresse d'erreur et de fausseté. » L'imagination est pourtant le support des fables, qui visent un discours moral et de vérité.

c. Dans son poème-manifeste « La Fonction du poète », extrait de son recueil Les Rayons et les ombres, Victor Hugo écrit que le poète est celui qui « Marche [...] Ramassant la tradition », réaffirmant l'importance des prédécesseurs dans toute entreprise poétique. Pourtant, certains poètes s'érigent contre cette importance accordée à la tradition, tout en ne sachant pas toujours s'en défaire complètement.

Sujets

1. Ainsi, s'il affirme qu'« on ne peut transporter partout avec soi le cadavre de son père », Apollinaire écrit aussi que « nos pieds ne se détachent qu'en vain du sol qui contient les morts ».

2. D'ailleurs, lorsqu'il découvre le roman rédigé par son ami Stendhal, Prosper Mérimée lui adresse une lettre dans laquelle il formule cette accusation : « Il y a dans le caractère de Julien des traits atroces, dont tout le monde sent la vérité mais qui font horreur. »

3. À ce propos, le critique contemporain Christian Biet définit la fable comme « un mensonge qui dit la vérité ».

a. Reliez chaque amorce à la reprise du sujet qui lui correspond. ....

b. Surlignez les formulations permettant de faire le lien entre l'amorce et la reprise du sujet.

c. Quelle amorce prend explicitement le contrepied de la citation du sujet ?

....

Repérer les étapes de la conclusion

4 Lisez le texte suivant.

Ainsi, Voltaire démontre tout au long du conte philosophique L'Ingénu, qui relève de la satire politico-sociale et philosophique autant que religieuse, son engagement indéfectible. Prônant la toute-puissance de la connaissance et de la tolérance pour contrer l'obscurantisme et toutes les formes de fanatisme qui lui sont rattachées, il hisse haut les valeurs de l'homme et affiche sa foi en notre capacité à devenir des êtres doués de raison. Le message porté par ce conte est plein d'espoir et résonne de manière particulièrement vive à notre époque, plus que jamais marquée par les tensions religieuses dans le monde.

a. Marquez-en les étapes à l'aide de deux barres.

b. Surlignez le connecteur permettant d'annoncer l'effet conclusif.

c. Quelle pouvait être la problématique dirigeant le devoir ?

....

....

d. Quel pouvait être le plan ?

....

....

e. Sur quoi porte l'ouverture ?

....

....

4 Vers le Bac

Dans la fiche 36 (p. 74), relisez le sujet 2 de l'exercice 2 et rédigez une conclusion complète.

39 Analyser un sujet et formuler une problématique

Tuto BAC

Retenir

→ L'essai est un **écrit argumentatif** plus souple que la dissertation, caractérisé par son **apparente liberté de ton et d'organisation.**
→ Son sujet porte sur **le thème ou la question** que le texte proposé en contraction (voir fiche 41, p. 84) partage avec l'œuvre et le parcours étudiés durant l'année dans le cadre de l'objet d'étude « La littérature d'idées du XVIe au XVIIIe siècle ».
→ Vous devez montrer vos capacités de **réflexion**, de **nuance** et de **rédaction**, ainsi que vos **connaissances** sur l'objet d'étude, sur l'œuvre étudiée et son parcours et sur votre culture générale.
→ L'emploi de la 1re personne du singulier (« je ») est donc possible.

Étape 1 : analyser le sujet

- Identifiez les **mots-clés** du sujet et les **connecteurs logiques**.
- Proposez une **définition** pour chacun des mots-clés, remplacez-les par des **synonymes**.
- Reformulez le sujet (**thème** et **thèse** : « le sujet porte sur tel thème et m'amène à me demander si / en quoi… »).
- Notez vos premiers arguments, qui vous aideront à formuler une problématique.

Pour cela, sollicitez vos connaissances rattachées à l'**œuvre intégrale** concernée par le sujet.

Étape 2 : discuter le sujet et formuler une problématique

La problématique n'est pas obligatoire, mais elle permet de prouver que vous avez saisi les enjeux du sujet et que vous le traitez sous un **angle personnel**. Elle consiste en une **reformulation** et un **dépassement** du sujet.

- Relevez les **idées** dans le sujet et discutez-les : « Le sujet dit que… / le sujet ne dit pas que… ».
- Formulez d'**autres questions** en lien avec le sujet et qui nuancent, réfutent, élargissent la thèse énoncée.
- Dégagez les **pistes de réflexion** à explorer.

S'approprier

Analyser le sujet

1 a. Lisez les sujets suivants et surlignez les mots-clés, encadrez les connecteurs logiques s'il y en a.

b. Donnez une définition et/ou des synonymes de chaque mot-clé.

c. Reformulez le sujet.

d. Notez sous le sujet correspondant au thème abordé en classe l'œuvre intégrale et son parcours associé.

Sujet 1

En quoi est-il nécessaire aujourd'hui de valoriser l'esprit des Lumières ?

b. Définition et/ou synonymes des mots-clés : ....

....

....

....

c. Reformulation du sujet : le sujet porte sur le thème .... **et m'amène à me demander** ....

....

d. Œuvre intégrale et parcours : ....

....

....

Sujet 2

Le rire se met-il selon vous au service de la pensée, ou est-il un frein à la réflexion ?

b. Définition et/ou synonymes des mots-clés : ....

....

....

....

....

....

c. Reformulation du sujet : le sujet porte sur le thème .... **et m'amène à me demander**

....

d. Œuvre intégrale et parcours : ....

....

Sujet 3

Montaigne affirme dans ses *Essais* : « Je reconnais en tout homme mon compatriote. » En quoi cette pensée relevant de l'humanisme devrait-elle s'appliquer encore aujourd'hui ?

b. Définition et/ou synonymes des mots-clés : ....

....

....

....

....

....

....

....

....

c. **Reformulation du sujet : le sujet porte sur le thème** .... **et m'amène à me demander** ....

....

....

d. **Œuvre intégrale et parcours :** ....

....

2 **a.** **Pour chacun des sujets suivants, dites quel est le thème principal.**

b. **Reformulez la thèse de l'auteur.**

Sujet 1

Stromae affirme dans sa chanson « Carmen » que : « L'amour est enfant de la consommation / Il voudra toujours […] plus de choix ». Partagez-vous cette conception de l'amour ?

a. **Thème :** ....

....

b. **Thèse :** ....

....

....

....

Sujet 2

La chercheuse en mathématiques Stella Baruk affirme dans son ouvrage *L'Âge du capitaine. De l'erreur en mathématiques* de 1985 que « l'enseignement est actuellement inapte à transmettre un savoir que les élèves, eux, sont parfaitement aptes à recevoir ». Discutez cette affirmation.

a. **Thème :** ....

b. **Thèse :** ....

....

....

....

....

Sujet 3

Selon Béatrice Bouniol dans son article *Les quatre défis de l'humanisme contemporain* de 2018 « De tous les défis actuels, c'est celui qui met à mal la promesse centrale de l'humanisme : l'égale dignité de tout être humain. ». Partagez-vous l'opinion de la journaliste ?

a. **Thème :** ....

....

b. **Thèse :** ....

....

....

....

Discuter le sujet et formuler une problématique

3 **a.** **Lisez les sujets suivants et reformulez-les**

b. **Discutez-les.**

c. **Formulez une problématique possible.**

Sujet 1

Est-il forcément nécessaire de rencontrer l'Autre pour le comprendre ?

a. **Reformulation du sujet : le sujet porte sur le thème de** .... **et m'amène à me demander** ....

....

....

b. **Discussion du sujet : le sujet demande** ....; **le sujet ne dit pas que** ....

....

....

....

....

....

c. **Problématique possible :** ....

....

....

Sujet 2

Le progrès est-il toujours positif ?

a. **Reformulation du sujet : le sujet porte sur le thème** .... **et m'amène à me demander** ....

....

b. **Discussion du sujet : le sujet dit que** .... **; le sujet ne dit pas que** ....

....

c. **Problématique possible :** ....

....

Sujet 3

Quel type d'éducation permet de former un citoyen idéal ?

a. **Reformulation du sujet : le sujet porte sur le thème**

....

.... **et m'amène à me demander** ....

....

b. **Discussion du sujet : le sujet dit que** .... **; le sujet ne dit pas que** ....

....

....

c. **Problématique possible :** ....

....

....

40 Construire un plan et rédiger

Retenir

Étape 1 : chercher des arguments et des exemples

- Les arguments et les exemples sont à puiser dans :
  – le **texte** proposé en contraction,
  – l'**œuvre intégrale** étudiée durant l'année dans la séquence sur la littérature d'idées,
  – d'**autres œuvres** issues de la littérature d'idées,
  – **votre culture générale**.
- Notez **les idées** qui vous viennent en lien avec le sujet.
- Pour chacune, cherchez des **exemples**.

Étape 2 : organiser ses arguments

Votre développement sera organisé en **deux ou trois parties** correspondant à vos **arguments principaux**. Vous pouvez également ne développer qu'une seule opinion en plusieurs paragraphes.
La formulation du sujet détermine un **type de plan** qui organisera votre réflexion :

- « En quoi… ? » / « Dans quelle mesure… ? » : la question ouverte appelle un **plan analytique** (ou **thématique**), qui vous permettra d'envisager différents enjeux liés à une seule notion.
- « Selon vous… ? » / « Pensez-vous que… ? » : la question fermée (à laquelle on peut répondre par oui ou non) appelle un **plan dialectique**, grâce auquel vous confronterez des hypothèses contradictoires.

- Vous organiserez votre développement avec les connecteurs suivants :

« En premier lieu, … » ; « D'autre part, … » ; « Enfin, … »	« Certes, … » ; « Cependant,… »

Rédiger son essai

Votre devoir doit comporter trois temps.

L'introduction	Le développement	La conclusion
4 étapes : 1. Phrase d'accroche sur le thème. 2. Reprise et explication rapide du sujet. 3. Formulation de la problématique. 4. Annonce du plan.	Deux ou trois grandes parties. 1 partie = un **argument** principal (= idée), développé à l'aide de deux ou trois **sous-arguments** illustrés par des **exemples**. **Argument 1** → Sous-argument 1 + exemple(s) / Sous-argument 2 + exemple(s) / Sous-argument 3 + exemple(s) **Argument 2** → Sous-argument 1 + exemple(s) / Sous-argument 2 + exemple(s) / Sous-argument 3 + exemple(s)	**2 étapes :** 1. Bilan rapide sous forme de réponse à la problématique, mettant en valeur votre avis personnel sur la question 2. Ouverture (facultative).

S'approprier

Chercher des arguments et des exemples

1 À partir du sujet suivant ; cherchez des arguments et un exemple pour chacun de ces arguments.

Sujet

« Il ne faut pas que les cultures pensent qu'elles vont se sauvegarder uniquement par des mesures de protection, en s'entourant de fils barbelés. En réalité, l'apport d'éléments extérieurs peut entretenir leur propre vitalité. » (Edgar Morin, *Vitalité de la diversité culturelle et mondialisation*, 2008)
Selon cette affirmation d'Edgar Morin, par quels moyens une culture peut-elle selon vous « intégrer des apports extérieurs sans se désintégrer » ?

Argument 1	....
Exemple 1	....
Argument 2	....
Exemple 2	....
Argument 3	....
Exemple 3	....

Déterminer le type de plan attendu

2 Reprenez les sujets proposés dans l'exercice 1 de la fiche 39, p. 80.

a. Surlignez les termes qui vous indiquent le type de plan attendu, et nommez-le.

b. Formulez deux ou trois arguments permettant de répondre à la question posée par le sujet. Utilisez un connecteur au début de chaque argument.

Sujet 1

Le rêve se met-il selon vous au service de la pensée, ou est-il un frein à la réflexion ?

a. Plan :

b. Argument 1 :

Argument 2 :

Sujet 2

Montaigne affirme dans ses *Essais* : « Je reconnais en tout homme mon compatriote. » En quoi cette pensée relevant de l'humanisme devrait-elle s'appliquer encore aujourd'hui ?

a. Plan

b. Argument 1 :

Argument 2 :

Argument 3 :

Rédiger son essai

3 Voici un extrait d'article, un sujet d'essai et une proposition de plan.

La société vénère elle aussi ses héros. « Dans un monde sans repères, ballotté par le chômage, les crises économiques, les héros favorisent la cohésion sociale, cristallisent notre besoin d'idéal autour de valeurs nobles comme la justice, la solidarité, la générosité. Ils transmettent aussi l'idée que la vie peut surmonter les tragédies », souligne Frédéric Vincent. Des porteurs d'espoir rappelant à chacun d'entre nous que le héros n'est rien d'autre qu'un individu ordinaire qui a su transfigurer son existence.

Christelle Pangrazzi, « Tout le monde peut-il être un héros ? »,
© ***Ça m'intéresse***, n° 419, janvier 2016.

Sujet

Pourquoi, selon vous, notre société a-t-elle besoin d'admirer des personnages extraordinaires ?

Proposition de plan

I. Des héros de papier aux héros dans la réalité
- **a.** Des personnages qui transmettent des valeurs modèles
- **b.** Des personnes du quotidien qui transmettent de l'espoir et que l'on admire

II. Cependant, on peut leur préférer une forme d'humanité plus ordinaire
- **a.** Critique des modèles inaccessibles
- **b.** Valorisation des personnages ordinaires qui forment notre réalité

a. Rédigez l'introduction.

b. Rédigez le début du paragraphe (annonce de l'argument et exemple) correspondant au I. b.

c. Rédigez la conclusion.

41 Étudier l'organisation d'un texte

Retenir

→ La contraction consiste à **récrire plus brièvement un texte d'environ 1 000 mots**, appartenant à une forme moderne ou contemporaine de la littérature d'idées.

Étape 1 : repérez le thème la thèse du texte

- **Lisez intégralement** le texte et le paratexte pour comprendre son **thème** et la **thèse** (l'**opinion**) de l'auteur.
- **Rédigez immédiatement** une phrase qui en résume le sens général.
- **Relisez** le texte une seconde fois, en étant attentif à l'**énonciation** (pronoms personnels, ton…).
- Notez ces éléments sur **votre brouillon.**

Étape 2 : repérer les idées du texte

- Sur le texte, délimitez les **paragraphes** (//), surlignez les **connecteurs logiques** et entourez la **ponctuation** si elle vous aide à repérer les arguments (par exemple, les deux points).
- Chaque paragraphe fonctionne comme une unité de sens : donnez-leur un **titre** en marge. Conservez le **même nombre de paragraphes** dans votre devoir.

Étape 3 : chercher les mots-clés et les exemples

- Soulignez les **mots-clés** ou les **expressions essentielles.**
- Repérez les **exemples.** Un exemple peut :

– **illustrer** un argument exprimé dans le texte : il suit généralement l'argument et peut être annoncé par un connecteur (« Ainsi,… » ; « Par exemple,… »). Cet exemple est supprimable.

– **avoir une fonction d'argument** : essentiel, il précède et annonce l'idée et il permet de tirer une conclusion générale à partir d'un cas concret (raisonnement par induction).

« Une image symbolique qui présente un intérêt tout particulier est celle de Superman. C'est une constante de l'imagination populaire qu'un héros soit doué de pouvoirs supérieurs à ceux de l'homme commun, — ex. argumentatif

d'Hercule à Siegfried, de Roland à Pantagruel et jusqu'à Peter Pan. » (U. Eco, *Le Mythe de Superman*) — ex. illustratifs

Étape 4 : rédiger votre plan détaillé

- Au brouillon, notez le **plan détaillé** correspondant au développement des arguments de l'auteur. Utilisez des **abréviations** pour gagner du temps.
- Ce plan vous servira de point de référence pour votre propre travail d'écriture.

S'approprier

Repérer le thème et la thèse d'un texte

1 Pour chacun des extraits suivants, traitez les consignes suivantes.

a. Quel est leur thème ?

b. Quelle est leur thèse ?

c. Barrez les éléments qui n'apportent pas d'informations essentielles.

Extrait 1

Au lycée, à l'heure des choix d'orientation, beaucoup de jeunes restent indécis. « Je n'ai aucune idée de ce que je veux faire plus tard, explique Pierre, élève en première scientifique à Bordeaux. Du coup, je n'ai pas de carotte pour me faire aller de l'avant et je suis en train de rater mon année. »

Martine Laronche, « Qu'est-ce que j'peux faire ? J'sais pas quoi faire... », *Le Monde*, 26 mai 2009.

a. Thème : ....

b. Thèse : ....

Extrait 2

L'écriture électronique est une écriture démocratique voire anarchique, désinhibée, plus directe, plus décontractée, au point parfois de frôler la grossièreté ou de glisser bien vite – voir les commentaires sur les sites participatifs ou sur Twitter – dans l'invective et l'injure.

Jean-Claude Monod, « Numérique : tous graphomanes », ***Sciences Humaines***, n° 253, novembre 2013.

a. Thème : ....

b. Thèse : ....

....

Repérer les étapes d'un raisonnement

2 a. Délimitez les paragraphes (//) et donnez un titre à chacun.

b. Surlignez les connecteurs logiques et les termes organisant l'argumentation.

c. Reformulez l'argument avancé dans chacun des paragraphes.

La multiplication des commémorations est un trait original de la société française contemporaine. Elle ne met pas seulement en jeu les représentations du passé mais aussi celles de l'avenir et du présent. En effet, commémorer n'est pas seulement effectuer un retour sur soi. Ce n'est pas une simple évocation du passé, une remémoration. C'est produire un discours, mettre en scène un geste qui utilise le passé pour esquisser, devant les hommes du présent, leur devenir commun et manifester ce qui les lie ensemble aujourd'hui. [...] Commémorer devient une activité majeure de « l'État culturel », précisément parce que c'est de la culture qu'on attend désormais le liant capable de réduire le sentiment de délitement[1] qui se développe sous le coup des ruptures et des changements d'échelles qui affectent la société contemporaine. La notion de rituel elle-même, très largement discréditée dans les années 68, est revisitée et la réintroduction de rituels préconisée.

Patrick Garcia, « Exercices de mémoire ? Les pratiques commémoratives dans la France contemporaine », *La mémoire, entre histoire et politique*, juillet-août 2001.

1. État de ce qui se désagrège, s'effrite.

Paragraphe 1. Titre : ....

....

Argument : ....

....

....

Paragraphe 2. Titre : ....

....

Argument : ....

....

....

Relevez les éléments essentiels

3 a. Surlignez les mots-clés ou les expressions essentielles.

b. Soulignez, le cas échéant, les exemples argumentatifs et barrez les exemples illustratifs.

Extrait 1

L'auteur étudie le phénomène du tatouage au Japon.

Se faire tatouer, c'est non seulement accepter un investissement financier important (de trois à cinq millions de yens[1] pour un corps intégral au début des années 1990), mais encore endurer pendant des mois, voire des années, un traitement douloureux. C'est enfin choisir de réduire délibérément son champ d'activités sociales – se marginaliser. Qu'est-ce qui pousse des individus à se marquer ainsi dans une société où précisément le conformisme est de mise ? (Un dicton populaire ne dit-il pas « Lorsqu'un clou dépasse il faut l'enfoncer » ?).

Philippe Pons, *Peau de brocart*, © D.R, 2000.

1. Monnaie japonaise ; cette somme correspond à environ 25 000 à 40 000 euros actuels.

Extrait 2

La forme la plus ordinaire du désir de solitude est la quête d'intimité. L'adolescent pousse la porte de sa chambre pour écouter de la musique, lire, dessiner, consulter Internet, rédiger son journal intime. Il montre à sa famille qu'il est capable d'organiser ses rythmes d'activités et de s'évaluer lui-même, sans dépendre des jugements d'autrui. La solitude stimule sa créativité.

Olivier Remaud, *Solitude volontaire*, © Albin Michel, 2017.

Procéder par étapes

4 Avec l'âge, l'enfant s'est rendu compte que la carrière de Spiderman ou de cosmonaute n'est pas très réaliste et qu'il devra se replier vers des carrières plus prosaïques, adaptées à ses goûts, à ses capacités et au marché de l'emploi. Adieu les héros de l'enfance ! Il faudra se résoudre à un job plus raisonnable : informaticien, infirmier ou chauffeur de bus.

Mais à y regarder de plus près, la situation est plus ambiguë. Les enquêtes sur les projets d'orientation des adolescents ne confirment qu'une partie de la thèse du réalisme progressif. Tout d'abord, on constate qu'à la fin de l'école primaire, vers 11 ans, l'aspiration des enfants vers les métiers « fantastiques » reste très élevée. Simplement au lieu de vouloir être Spiderman ou Dora l'exploratrice, on veut être champion de foot ou star de cinéma. Quatre ans plus tard, vers l'âge de 15 ans, les adolescents sont-ils enfin passés à l'âge de raison ? Pas tout à fait.

Jean-François Dortier, « Quand je serai grand... », © *Sciences humaines*, n° 234, février 2012.

a. Relevez le thème, la thèse et l'énonciation du texte.

– Thème : ....

– Thèse : ....

....

– Énonciation : ....

b. Délimitez les paragraphes (//), surlignez en bleu les connecteurs logiques et entourez la ponctuation pertinente. Donnez un titre à chaque paragraphe.

Paragraphe 1 : ....

Paragraphe 2 : ....

Paragraphe 3 : ....

c. Surlignez les mots-clés et les expressions essentielles, soulignez les exemples argumentatifs et barrez les exemples illustratifs.

d. Proposez un plan détaillé de réécriture, noté en abrégé.

....

....

....

....

....

....

....

....

....

Tuto BAC

42 Reformuler et contracter un texte

Retenir

→ La contraction de texte ne doit pas reprendre tels quels les mots du texte, sauf les **expressions essentielles** : elle doit **reformuler** la pensée de l'auteur de manière concise et fidèle au sens du texte d'origine. Vous devez donc respecter l'**organisation**, l'**énonciation** et **la tonalité** (ironique, pathétique, polémique, satirique, comique, épique…) du texte support.

Étape 1 : comprendre et simplifier le texte

Relisez le texte :

- Notez au brouillon les **mots-clés** du texte, et cherchez pour chacun des **synonymes** ou des mots de même famille que vous pourrez utiliser dans votre devoir.
- Relevez **les mots ou expressions difficiles ou importants**, et remplacez-les par des termes plus simples.
  Assujettissement → aliénation
- Procédez de la même façon pour les **tournures grammaticales complexes** : reformulez-les avec une syntaxe plus simple.
  « Il n'est pas jusqu'à l'imprimerie qui ne favorise peut-être d'abord… » [J. Le Goff] → Même l'imprimerie favorise d'abord…
- Remplacez les **énumérations** par des **hyperonymes** (mots de sens plus large) ou par le terme de l'énumération qui englobe les autres.
  « Le rêve américain commence, avec […] ses self-made men, les Carnegie, les Rockefeller, les Morgan, les Van der Bildt… » (G. Minois) → Le rêve américain commence, avec ses self-made men.

Étape 2 : rédiger et résumer

- **Rédigez une première version** de votre contraction de texte, qui suit le **plan détaillé** du texte support. **Comptez** le nombre de mots (250, à ± 10 %).
- Reprenez vos phrases pour **réduire** encore le nombre de mots si nécessaire. Remplacez :
  – les groupes nominaux par des **noms** : L'emprise exercée sur quelqu'un pour le contrôler → la manipulation
  – les groupes prépositionnels par des **adverbes** : De manière insistante → obstinément
  – les subordonnées complétives par des **noms** : Ils demandent <u>que soit supprimé</u>… → la suppression
  – les subordonnées relatives par des **adjectifs** : Une émotion <u>qu'on ne peut pas décrire</u> → indescriptible

S'approprier

Comprendre et simplifier le texte

1 Trouvez des synonymes aux termes surlignés dans les extraits suivants. Les termes proposés doivent garder le même sens en contexte.

Extrait 1

Le temps économisé, nous le perdons dans des embouteillages […], ou à répondre à des e-mails de plus en plus harcelants. Résultat : notre stress augmente et notre créativité diminue.

Angiola Codacci-Pisarelli, article in *L'Espresso*, © Aschehoug, 2001.

1. Économisé : .... – 2. Répondre : .... – 3. Résultat : .... – 4. Augmente : .... – 5. Diminue : ....

Extrait 2

En réalité, nous n'avons pas vu grand-chose parce que cette guerre nous laisse les bras ballants, terriblement spectateurs d'une histoire dont nous ne parvenons pas à nous saisir.

Daniel Conrod, « Guerre des images, le hors-champ de la bataille », Télérama, 23 avril 2003.

1. Guerre : ....
2. Spectateurs : ....
3. Histoire : ....
4. Saisir : ....

Extrait 3

Je crois que l'automobile est aujourd'hui l'équivalent assez exact des grandes cathédrales gothiques : je veux dire une grande création d'époque, conçue passionnément par des artistes inconnus, consommée dans son image, sinon dans son usage, par un peuple entier qui s'approprie en elle un objet parfaitement magique.

Roland Barthes, ***Mythologies***, © Gallimard, 1956.

1. Aujourd'hui : ....
2. Création : ....
3. Artistes : ....
4. Image : ....
5. Usage : ....
6. Peuple : ....
7. Objet : ....

2 Trouvez des hyperonymes pour les énumérations suivantes.

a. « Cerises, abricots, pêches, coings » : ....

b. « Tout l'hiver va rentrer dans mon être : colère, haine, frissons, horreur » : ....

c. [Les murs, les toits, les façades] ruissellent de lumière, multiplient [les affirmations, les conseils, les injonctions] : ....

3 a. Résumez ces extraits en manipulant les éléments mis entre crochets : utilisez des synonymes, des adverbes, des noms, des adjectifs, des hyperonymes. Conservez l'énonciation.

b. Comptez le nombre de mots obtenus par rapport au texte d'origine.

Extrait 1

L'auteur a construit un roman à la fois grand public et littéraire , bourré de clins d'œil à de grandes œuvres , et dopé à la malice et à la fantaisie que connaissent à l'auteur les anciens auditeurs de l'émission « Des Papous dans la tête » (France Culture) , où Hervé Le Tellier , 63 ans , a eu longtemps son rond de serviette . **61 mots**

Raphaëlle Leyris, *lemonde.fr*, 30/11/2020.

....

Extrait 2

À ceux dont l'imagination est trop courte pour évoquer les apocalypses nucléaires , il suffit de regarder la détérioration du paysage qui les entoure ... même les champs de blé, tout vibrants autrefois des couleurs des coquelicots et du chant des oiseaux , sont devenus , au nom du rendement , d'immenses et sinistres « camps de concentration » (E. Morin) aseptisés pour végétaux classés par espèces **62 mots**

Albert Jacquard, *Au Péril de la science*, Le Seuil 1982.

....

Extrait 3

Au milieu des saluts, des sourires échangés, des cris, des youyous, des klaxons, des pétards et des fumigènes , on se bouscule, on se congratule, on se côtoie, on danse, on improvise une « ola » et on entonne en refrain le slogan fédérateur et fort symbolique de cette soirée de délire collectif : « Zidane Président ! » **59 mots**

Anne Rapin, *La France championne du monde de football*, 1998.

....

Rédiger et résumer

4 a. Procédez aux premières étapes de compréhension du texte :
– délimitez les paragraphes,
– formulez le thème principal et la thèse de l'auteur,
– surlignez les mots-clés et entourez les connecteurs logiques,
– soulignez les exemples argumentatifs, barrez les exemples illustratifs.

b. Mettez entre crochets les expressions que vous allez pouvoir remplacer par des termes plus concis ; cherchez des synonymes pour les termes essentiels.

c. Contractez le texte en une cinquantaine de mots.

Extrait 1

« Le rire, c'est la santé » fait partie de ces formules qui remontent à la nuit des temps, que chacun sait obscurément vraies , que l'on ne songe pas à remettre en question .

Mais cet adage, comme toute chose très simple, semble invérifiable, il est accepté comme tel et paraît résister à toute explication logique. C'est un fait, un postulat retrouvé par toutes les générations, transmis par toutes les cultures .

On peut penser qu'il existe , enfoui dans la conscience humaine , un savoir instinctif de ce qui est bon pour l'individu et pour le groupe. La réalité de ce savoir instinctif est attestée par de nombreux exemples tout au long de l'histoire de l'humanité .

Déjà, l'homme préhistorique riait pour signaler l'absence de danger et pour désarmer ses ennemis. Cette thèse, développée par Darwin, est magnifiquement illustrée dans une séquence d'un film récent : *La Guerre du feu*, où la découverte laborieuse du rire se traduit par une joie intense qui se communique à toute la horde primitive. L'hominien[1] devient homme quand il rit. Le rire est d'abord une émotion qui apparait dans le soulagement lié à la cessation du danger. Nous verrons que les centres de cette émotion sont situés dans la partie la plus ancienne du cerveau, celle-là même qui n'a pas changé depuis la préhistoire.

Henri Rubinstein, *Psychosomatique du rire*, © Robert Laffont, 2003.

1. Primate ancêtre de l'homme.

Thème : ....

Thèse : ....

Contraction : ....

Tuto BAC

43 Présenter l'explication : introduction et projet de lecture

Retenir

1 Fonction du projet de lecture

➜ Le commentaire linéaire suit les mouvements du texte.
➜ Le projet de lecture (qu'on appelle également grille de lecture ou problématique) est l'angle que vous avez choisi pour mener votre étude de texte. Il est présenté sous la forme d'une question.
➜ Vous devez donc :
– identifier la composition de l'extrait (➜ fiche 27, p. 56) ;
– formuler avec soin l'introduction du projet de lecture.

2 Méthode

	Veillez à...
Étape 1 Contextualisez Présentez l'auteur et l'œuvre dans le contexte historique, littéraire et politique de l'époque.	Mettre en valeur les éléments qui éclaireront votre explication. Parler de l'engagement politique de Hugo quand vous présentez un poème des *Châtiments*.
Étape 2 Présentez l'extrait Situez l'extrait dans l'œuvre dont il est tiré : place dans le recueil (nouvelles, poèmes) ou l'ouvrage (récit, pièce de théâtre, essai…) Indiquez le(s) thème(s)-clé(s) du passage et ses enjeux.	• Insister sur la fonction du passage (incipit/exposition, nœud/péripétie, excipit/dénouement…) • Faire le lien avec l'étape 1.
Étape 3 Formulez le projet de lecture Formulez le projet de lecture sous forme de question : Comment… ?, En quoi… ?	Relier votre projet aux étapes 1 et 2 par un connecteur logique : On peut **donc** se demander… **En conséquence…**
Étape 4 Annoncez le plan Mettez en évidence les deux, trois ou quatre articulations du texte pour rendre apparente sa progression dramatique, thématique et/ou argumentative.	Utiliser des connecteurs logiques. Préciser le lien entre votre projet de lecture et votre plan.

S'approprier

Sélectionner les éléments pour introduire l'œuvre

1 *Thérèse a assassiné son mari avec l'aide de son amant Laurent. Le meurtre, bien que parfait, les oblige à jouer un rôle et finit par les ronger.*

Thérèse, plus nerveuse, plus frémissante que lui, était obligée de jouer un rôle. Elle le jouait à la perfection, grâce à l'hypocrisie savante que lui avait donnée son éducation. Pendant près de quinze ans, elle avait menti, étouffant ses fièvres, mettant une volonté implacable à paraître morne et endormie. Il lui coûtait peu de poser sur sa chair ce masque de morte qui glaçait son visage. Quand Laurent entrait, il la trouvait grave, rechignée, le nez plus long, les lèvres plus minces. Elle était laide, revêche, inabordable. D'ailleurs, elle n'exagérait pas ses effets, elle jouait son ancien personnage, sans éveiller l'attention par une brusquerie plus grande. Pour elle, elle trouvait une volupté amère à tromper Camille et madame Raquin ; elle n'était pas comme Laurent, affaissée dans le contentement épais de ses désirs, inconsciente du devoir ; elle savait qu'elle faisait le mal, et il lui prenait des envies féroces de se lever de table et d'embrasser Laurent à pleine bouche, pour montrer à son mari et à sa tante qu'elle n'était pas une bête et qu'elle avait un amant. […]

La nature et les circonstances semblaient avoir fait cette femme pour cet homme, et les avoir poussés l'un vers l'autre. À eux deux, la femme, nerveuse et hypocrite, l'homme, sanguin et vivant en brute, ils faisaient un couple puissamment lié. Ils se complétaient, se protégeaient mutuellement. Le soir, à table, dans les clartés pâles de la lampe, on sentait la force de leur union, à voir le visage épais et souriant de Laurent, en face du masque muet et impénétrable de Thérèse.

Émile Zola, *Thérèse Raquin*, 1867.

Dans la liste suivante, surlignez les éléments qui devront apparaître dans votre introduction.

Rougon-Macquart – naturalisme – réalisme – tempéraments – déterminisme – critique virulente

Situer l'extrait dans l'œuvre

2 *Charles vient de perdre sa femme, Emma, qui s'est suicidée. Sa fille, Berthe, vient le chercher.*

Il avait la tête renversée contre le mur, les yeux clos, la bouche ouverte, et tenait dans ses mains une longue mèche de cheveux noirs.

– Papa, viens donc ! dit-elle.

Et, croyant qu'il voulait jouer, elle le poussa doucement. Il tomba par terre. Il était mort.

Trente-six heures après, sur la demande de l'apothicaire, M. Canivet accourut. Il l'ouvrit et ne trouva rien. Quand tout fut vendu, il resta douze francs soixante et quinze centimes qui servirent à payer le voyage de mademoiselle Bovary chez sa grand'mère. La bonne femme mourut dans l'année même ; le père Rouault étant paralysé, ce fut une tante qui s'en chargea. Elle est pauvre et l'envoie, pour gagner sa vie, dans une filature de coton.

Depuis la mort de Bovary, trois médecins se sont succédé à Yonville sans pouvoir y réussir, tant M. Homais les a tout de suite battus en brèche. Il fait une clientèle d'enfer ; l'autorité le ménage et l'opinion publique le protège. Il vient de recevoir la croix d'honneur.

Gustave Flaubert, *Madame Bovary*, 1857.

1. Charles Bovary.

a. En copiant quelques phrases du texte de l'exercice 1 dans un moteur de recherche, indiquez sa place dans l'œuvre.

....

b. En lisant l'incipit du roman (https://beq.ebooksgratuits.com/vents/Flaubert-Bovary.pdf), indiquez comment le passage répond à l'incipit.

....

....

Formuler un projet de lecture

3 *Lamartine et ses compagnons s'assoient sur les ruines de Balbek pour manger.*

Le silence et la rêverie nous gagnèrent ; ce que nous pensions à cette heure, à cette place, si loin du monde vivant, dans ce monde mort, en présence de tant de témoins muets d'un passé inconnu, mais qui bouleverse toutes nos petites théories d'histoire et de philosophie de l'humanité ; ce qui se remuait dans nos esprits ou dans nos cœurs, de nos systèmes, de nos idées, hélas ! et peut-être aussi de nos souvenirs et de nos sentiments individuels ; Dieu seul le sait, et nos langues n'essayaient pas de le dire ; elles auraient craint de profaner la solennité de cette heure, de cette astre, de ces pensées mêmes : nous nous taisions.

Alphonse de Lamartine, *Souvenirs, impressions, pensées et paysages pendant un voyage en Orient*, 1835.

a. Quel sentiment se dégage de cet extrait ?

....

b. Quel courant littéraire ce passage vous évoque-t-il ?

....

c. Encadrez une antithèse et soulignez un oxymore dans les deux premières lignes.

d. Surlignez le champ lexical de la parole. Pourquoi est-il important ?

....

....

....

....

e. Formulez une question qui tiendra lieu de projet de lecture pour ce texte :

....

....

4 La Nature est un temple où de vivants piliers
Laissent parfois sortir de confuses paroles ;
L'homme y passe à travers des forêts de symboles
Qui l'observent avec des regards familiers.

Comme de longs échos qui de loin se confondent
Dans une ténébreuse et profonde unité
Vaste comme la nuit et comme la clarté,
Les parfums, les couleurs et les sons se répondent.

Il est des parfums frais comme des chairs d'enfants,
Doux comme les hautbois, verts comme les prairies,
– Et d'autres, corrompus, riches et triomphants,

Ayant l'expansion des choses infinies,
Comme l'ambre, le musc, le benjoin et l'encens,
Qui chantent les transports de l'esprit et des sens.

Charles Baudelaire, *Les Fleurs du Mal*, « Correspondances », 1857.

a. Dans le premier quatrain :
– relevez un terme qui évoque la notion de « correspondance » : ....
– relevez les termes qui évoquent la verticalité, la transcendance spirituelle : ....

....

b. Dans le second quatrain,
– relevez les termes qui établissent un lien d'équivalence, d'analogie : ....
– quels éléments constituent ces « correspondances horizontales » ? ....

c. Observez la syntaxe des deux dernières strophes :
– À quoi voit-on qu'elles forment en réalité un sizain ? ....

....

– Encadrez les termes qui rappellent la verticalité, la transcendance du premier quatrain, et soulignez ceux qui renvoient à la synesthésie (superposition des sens) du second.

d. À partir des questions précédentes et du titre du poème, déterminez quel pourrait être le projet de lecture pour ce sonnet : ....

....

44 Lire un texte à voix haute

Tuto BAC

Retenir

→ Avant même l'explication linéaire, la lecture expressive révèle votre compréhension du texte. Elle répond à plusieurs critères.

Comment lire un texte à voix haute ?

→ Veillez aux points suivants :

1. Le respect du texte

- Ne sautez pas de mots.
- Ne remplacez pas un mot par un autre.

2. La diction

- **Articulez** : vos paroles doivent être claires et intelligibles.
- **Modulez** votre voix pour mettre en valeur un élément.

3. Le rythme

- Il doit être **fluide** et **respecter le mouvement** des phrases, porté par la syntaxe, la ponctuation, le découpage en strophes ou paragraphes.
- **Accélérez** pour mettre en valeur une accumulation.
- **Accélérez** pour souligner un mot.

4. Le ton

- Il doit donner à entendre les émotions des personnages.
- Pensez particulièrement au genre de votre texte :
  – Pour un texte **théâtral** : adoptez un ton neutre pour les didascalies.
  – Pour un **poème**, respectez les règles prosodiques (e muet, diérèse, synérèse, césure, enjambement, etc.). Insistez sur les assonances, allitérations.
  – Pour un texte **argumentatif**, appuyez sur les apostrophes, les questions rhétoriques, les connecteurs logiques (qui visent à démontrer le raisonnement et à convaincre ou persuader le lecteur).

S'approprier

Améliorer sa diction

1 Prononcez les virelangues suivants.

a. Papier, panier, piano. – b. Un généreux déjeuner régénérerait des généraux dégénérés. – c. Je veux et j'exige d'exquises excuses du juge. – d. Un chasseur sachant chasser sans son chien, ça se chasse aussi, sachez-le !

Respecter la syntaxe et la ponctuation

2 Et avant même que ma pensée, qui hésitait au seuil des temps et des formes, eût identifié le logis en rapprochant les circonstances, lui, – mon corps, – se rappelait pour chacun le genre du lit, la place des portes, la prise de jour des fenêtres, l'existence d'un couloir, avec la pensée que j'avais en m'y endormant et que je retrouvais au réveil. Mon corps ankylosé, cherchant à deviner son orientation, s'imaginait, par exemple, allongé face au mur dans un grand lit à baldaquin et aussitôt je me disais : « Tiens, j'ai fini par m'endormir quoique maman ne soit pas venue me dire bonsoir », j'étais à la campagne chez mon grand-père, mort depuis bien des années ; et mon corps, le côté sur lequel je reposais, gardiens fidèles d'un passé que mon esprit n'aurait jamais dû oublier, me rappelaient la flamme de la veilleuse de verre de Bohême, en forme d'urne, suspendue au plafond par des chaînettes, la cheminée en marbre de Sienne, dans ma chambre à coucher de Combray, chez mes grands-parents, en des jours lointains qu'en ce moment je me figurais actuels sans me les représenter exactement et que je reverrais mieux tout à l'heure quand je serais tout à fait éveillé.

Marcel Proust, ***Du côté de chez Swann***, « Combray », 1913.

a. De combien de phrases ce texte est-il composé ?

....

b. Pourquoi l'étude de la syntaxe et de la ponctuation sera-t-elle ainsi déterminante dans la lecture à voix haute de ce texte ? ....

....

....

c. Soulignez deux passages où le narrateur indique par la ponctuation que les paroles ne se situent pas sur le même plan.

d. Surlignez un passage où les virgules séparent les éléments d'une énumération.

e. Proposez une lecture à voix haute de ce texte.

f. Écoutez à présent la lecture de ce texte par St. Varupenne (www.youtube.com/watch?v=bV_M-aEPce0, de 7'55 à 9'08). Le comédien a-t-il, selon vous, respecté la ponctuation du texte ? Pourquoi ?

....

....

....

....

....

Respecter la prosodie

3 Je m'en allais, les poings dans mes poches crevées ;
Mon paletot aussi devenait idéal ;
J'allais sous le ciel, Muse ! et j'étais ton féal ;
Oh ! là ! là ! que d'amours splendides j'ai rêvées !

Mon unique culotte avait un large trou.
– Petit-Poucet rêveur, j'égrenais dans ma course
Des rimes. Mon auberge était à la Grande-Ourse.
– Mes étoiles au ciel avaient un doux frou-frou [...]

Arthur Rimbaud, ***Cahier de Douai***, « Ma Bohème », 1870.

a. Quel est le mètre utilisé ? ....

b. Soulignez les « e » qui ne sont pas muets en fin de mot.

c. Surlignez les liaisons.

d. Relevez une synérèse. ....

e. Signalez un enjambement par une flèche à la fin du vers concerné.

f. Lisez le texte à voix haute en respectant les règles prosodiques.

Mettre en valeur un texte

4 *Rousseau répond à un concours de l'Académie de Dijon, qui soumettait la question suivante : « Le progrès des sciences et des arts a-t-il contribué à corrompre ou à épurer les mœurs ? »*

Si nos sciences sont vaines dans l'objet qu'elles se proposent, elles sont encore plus dangereuses par les effets qu'elles produisent. Nées dans l'oisiveté, elles la nourrissent à leur tour ; et la perte irréparable du temps est le premier préjudice qu'elles causent nécessairement à la société. En politique, comme en morale, c'est un grand mal que de ne point faire de bien ; et tout citoyen inutile peut être regardé comme un homme pernicieux. Répondez-moi donc, philosophes illustres ; vous par qui nous savons en quelles raisons les corps s'attirent dans le vide ; quels sont, dans les révolutions des planètes, les rapports des aires parcourues en temps égaux ; quelles courbes ont des points conjugués, des points d'inflexion et de rebroussement ; comment l'homme voit tout en Dieu ; comment l'âme et le corps se correspondent sans communication, ainsi que feraient deux horloges ; quels astres peuvent être habités ; quels insectes se reproduisent d'une manière extraordinaire ? Répondez-moi, dis-je, vous de qui nous avons reçu tant de sublimes connaissances ; quand vous ne nous auriez jamais rien appris de ces choses, en serions-nous **moins nombreux, moins bien gouvernés, moins redoutables, moins florissants ou plus pervers** ?

Jean-Jacques Rousseau, ***Discours sur les sciences et les arts***, 1750.

a. Délimitez les trois mouvements de ce texte par des barres obliques.

b. Surlignez les passages dans lesquels Rousseau interpelle ses lecteurs/auditeurs. Quels procédés utilise-t-il ?

....

....

....

....

c. Quelle est la valeur du présent de l'indicatif des lignes 1 à 4 ? Expliquez-en l'intérêt ici.

....

....

....

d. Quelle figure d'insistance reconnaissez-vous lignes 6 à 9 ? Quel est son intérêt ?

....

....

....

e. Observez le passage en gras : quels procédés rendent l'argument de Rousseau plus percutant ?

....

....

....

....

....

....

....

g. Proposez une lecture expressive de ce texte en mettant en valeur les trois mouvements du texte et les procédés utilisés.

5 Vers la question de langue

oral du BAC

Ce matin, l'idée m'est venue pour la première fois que mon corps, ce fidèle compagnon, cet ami plus sûr, mieux connu de moi que mon âme, n'est qu'un monstre sournois **qui finira par dévorer son maître**.

Marguerite Yourcenar, ***Mémoires d'Hadrien***, © Gallimard, 1951.

a. Quelle est la nature de la proposition soulignée ? ....

....

b. Relevez et analysez la négation dans cette phrase.

....

....

....

c. Mettez-vous dans la situation où vous auriez, au bac, à répondre à ces deux questions. Répondez-y à l'oral, en utilisant les éléments de langage suivants :

– Dans un premier temps, on peut relever la PSR ....

....

– En effet, on la repère ....

....

– Dans un second temps, on est amené à analyser la négation ....

– Celle-ci est particulière car ....

....

....

45 Analyser un texte de manière linéaire

Retenir

→ L'analyse linéaire consiste à **étudier un texte au fil de sa progression**, de son début à sa fin. Elle est structurée par les **articulations**, les **mouvements du texte** (→ fiche 27, p. 56). Elle s'organise à partir d'une grille de lecture particulière, appelée « **projet de lecture** ». Ce projet de lecture est formulé sous forme de **question**, comme une **problématique** (→ fiche 43, p. 88).
→ Vous devez suivre les **étapes** suivantes.

1 Au brouillon

Repérer effets et mouvements

- Identifiez les **effets** du texte sur le lecteur : quelle est l'**intention de l'auteur** ?
- Identifiez les **mouvements** du texte
- **Titrez** ces mouvements : ce seront vos « parties ».
- Utilisez **une page par partie**, une page pour l'introduction et une pour la conclusion. Numérotez vos pages.

Trouver un projet de lecture

- Déterminez votre projet de lecture.
- Formulez-le sous forme d'une **question** qui lie la forme et le fond : « comment… ? », « en quoi… ? », éventuellement « pourquoi… ? ».

Analysez les procédés d'écriture

- Repérez les **procédés d'écriture** qui servent le projet de lecture.
- Appuyez-vous sur des **analyses** précises (sur un mot, une figure de style, champ lexical, point de vue…) : pour cela, annotez votre texte, utilisez des codes couleurs, etc. pour gagner du temps.

2 À l'oral

1. **Présentez** l'extrait et votre projet de lecture (→ fiche 43, p. 88) →
2. **Lisez** le texte de manière expressive (→ fiche 44, p. 90) →
3. **Annoncez votre projet de lecture et votre plan**, c'est-à-dire les « titres » de vos « parties » →
4. **Menez votre analyse linéaire** en reliant la forme (procédés) au fond (effets sur le lecteur, intentions de l'auteur) →
5. **Concluez** en répondant à votre projet de lecture en quelques phrases

S'approprier

Définir le projet de lecture

1

Un Baudet[1], chargé de Reliques,
S'imagina qu'on l'adorait.
Dans ce penser il se carrait[2],
Recevant comme siens l'Encens et les Cantiques.
Quelqu'un vit l'erreur, et lui dit :
« Maître Baudet, ôtez-vous de l'esprit
Une vanité si folle.
Ce n'est pas vous, c'est l'Idole
À qui cet honneur se rend,
Et que la gloire en est due. »
D'un Magistrat ignorant
C'est la Robe qu'on salue.

Jean de La Fontaine, *Fables*, « L'âne portant les reliques », Livre V, 14, 1668.

1. Âne. – 2. Se complaisait *(familier)*.

a. Surlignez la morale de cette fable.

b. Quelle différence voyez-vous entre la fable et sa morale ?

....

c. Comment expliquez-vous cette différence ?

....

....

....

d. Proposez un projet de lecture pour ce texte.

....

....

Percevoir la progression thématique de l'extrait

2 *Voici l'incipit de l'autobiographie de Nathalie Sarraute.*

– Alors, tu vas vraiment faire ça ? « Évoquer tes souvenirs d'enfance »… Comme ces mots te gênent, tu ne les aimes pas. Mais reconnais que ce sont les seuls mots qui conviennent. Tu veux « évoquer tes souvenirs »… il n'y a pas à tortiller, c'est bien ça.

– Oui, je n'y peux rien, ça me tente, je ne sais pas pourquoi…

– C'est peut-être… est-ce que ça ne serait pas… on ne s'en rend parfois pas compte… c'est peut-être que tes forces déclinent…

– Non, je ne crois pas… du moins je ne le sens pas…

– Et pourtant ce que tu veux faire… « évoquer tes souvenirs »… est-ce que ce ne serait pas…

– Oh, je t'en prie…

– Si, il faut se le demander : est-ce que ce ne serait pas prendre ta retraite ? te ranger ? quitter ton élément, où jusqu'ici, tant bien que mal…

– Oui, comme tu dis, tant bien que mal.

– Peut-être, mais c'est le seul où tu aies jamais pu vivre… celui…

– Oh, à quoi bon ? je le connais.

– Est-ce vrai ? Tu n'as vraiment pas oublié comment c'était, là-bas ? comme là-bas tout fluctue, se transforme, s'échappe… tu avances à tâtons, toujours cherchant, te tendant… vers quoi ?

Nathalie Sarraute, *Enfance*, © Gallimard, 1983.

a. Quel est le thème de l'extrait ?

....

c. Que révèlent les points de suspension dans cet extrait ?

....

....

d. Quel est le rôle de l'interlocuteur de la narratrice ? Observez notamment le type de phrase dominant pour répondre.

....

....

....

e. Mettez en évidence la progression thématique.

....

....

....

....

....

Repérer les procédés d'écriture

3 *Dans ce poème, l'auteur, créole, se révolte contre l'acculturation dont il a été l'objet par son éducation bourgeoise. Tel est le projet de lecture pour ce texte.*

Des cheveux que je lisse
que je relisse
qui reluisent
maintenant qu'il m'en coûte
de les avoir crépus

Dans une longue carapace de laine
mon cou s'engouffre
la main s'énerve
et mes orteils se rappellent
la chaude exhalaison des mornes[1]

Et mon être frigorifié

Et becs de gaz[2]
qui rendent plus tristes
ces nuits au bout desquelles
occidentalement
avance mon ombre
pareille à ma légende
d'homme-singe

Léon-Gontrand Damas, *Pigments – Névralgies*, « Pareille à ma légende » © Présence africaine, 1972.

1. Collines, montagne. – **2.** Lampadaires publics fonctionnant au gaz.

a. Que révèle l'analyse linéaire du texte ?

....

....

....

....

b. Montrez que les deux premières strophes sont construites sur le même principe. Que met en évidence cette structure ?

....

....

....

....

....

....

c. En quoi le second paragraphe amorce-t-il une transition vers la troisième strophe ? Observez les adjectifs employés dans les deux strophes mais aussi la connotation des mots.

....

....

....

....

....

....

....

....

....

....

d. En quoi la place de l'adjectif « occidentalement » est-elle déterminante dans la dernière strophe ? Analysez-la.

....

....

....

....

....

....

....

4 Vers la question de langue

oral du BAC

Quelqu'un vit l'erreur, et lui dit :
« Maître Baudet, ôtez-vous de l'esprit
Une vanité si folle. »

Faites l'analyse syntaxique de cette phrase.

....

....

....

....

....

46 Les accords dans le groupe nominal et entre le sujet et le verbe

Retenir

1 L'accord dans le groupe nominal

→ L'accord des déterminants

Rappel : le déterminant s'accorde en **genre** et en **nombre** avec le **nom** auquel il se rapporte.

Dét. démonstratif *ce*	Se change en ***cet*** devant un nom masculin qui commence par une voyelle ou un h non aspiré	***Cet** homme/**Cet** ami ≠ **ce** héros*
Dét. indéfinis *aucun, chaque, nul*	Toujours au **singulier**	***Chaque année**, il m'envoie une carte.*
Dét. indéfinis *tout, autre, même*	Accord avec le nom	***Tous** les acteurs, les **mêmes** acteurs*
Dét. numéraux *Mille, cent, vingt*	*Mille* est **invariable.**	*Quatre **mille***
	Cent et *vingt* **s'accordent** quand ils sont **multipliés** par un **nombre sans être suivis** par un autre nombre.	*Cinq **cents** – Cinq **cent** un*

→ L'accord des adjectifs

Rappel : l'adjectif s'accorde en **genre** et en **nombre** avec le nom qu'il **qualifie.**

Adjectifs de couleur	S'accordent quand ils sont employés seuls.	*La couleur **bleue***
	Si la couleur est **précisée** par un **autre adjectif**, les deux sont **invariables.**	*La couleur **bleu clair***

2 L'accord sujet/verbe

Rappel : le verbe **s'accorde avec son sujet en personne, en nombre et parfois en genre.**

Le sujet n'est **pas toujours placé juste avant le verbe.** Il peut être :

– après le verbe ; c'est alors un **sujet inversé.** *Au fond du garage se trouvaient **de vieux pneus**.*

– séparé du verbe par un pronom personnel. *Tu me regardes. Je les observe.*

→ Cas particuliers d'accord avec un seul sujet

Le sujet est :	Accord	Exemples
le pronom relatif *qui*	En **personne** et en **nombre** avec son **antécédent**	*Viens, **toi qui** parles fort.*
on, personne, rien, chacun, aucun	Au **singulier**	***On** croyait bien faire !*
peu, beaucoup, trop, la plupart, plusieurs	Au **pluriel**	***Beaucoup de personnes** rêvent de vacances.*

→ Cas particuliers d'accord avec plusieurs sujets

Les sujets sont à différentes personnes.	La 1re personne l'emporte sur les autres.	***Toi et moi** avançons vite.* ***Jules et moi** jouons du saxophone.*
	La 2e personne l'emporte sur la 3e.	***Jules et toi** jouez du saxophone.*

S'approprier

Accorder dans le groupe nominal

1 Barrez la forme qui ne convient pas.

a. Cet/cette auteur accueille avec reconnaissance chaque/chaques prix qui lui est décerné.

b. Cet/Cette rose, à nul/nulle autre pareille, est rouge foncé/foncée avec quelques pétales rose/roses clair/clairs.

c. Il s'imagine que nous gagnons des mille/milles et des cent/cents !

d. Ce sont toujours les même/mêmes personnes qui fréquentent cet/cette endroit.

2 Accordez si nécessaire les adjectifs en gras.

Saisi, je relevai mon regard vers la dame qui chantait… Elle avait sûrement grandi depuis un instant. Les yeux **large**...... **ouvert**...... et **aveugle**......, elle contemplait quelque chose d'invisible vers quoi tout son corps s'élançait, hors de son armure de satin **blanc**.... Le bleu de ses yeux avait noirci et sa chevelure, **teint**...... ou non, la coiffait d'une flamme **fixe**.... toute **droit**...... Sa **grand**...... bouche **généreuse**.... s'ouvrait, et j'en voyais s'envoler les notes **brûlant**......, les unes **pareill**....... à des bulles d'or, les autres comme de **rond**....... roses **pur**.......... Des trilles brillaient comme un ruisseau **frémissant**..., comme une couleuvre **fin**..... ; de **lent**...... vocalises me caressaient comme une main **traînant**.... et **fraîche**.... Ô voix **inoubliable**.... ! Je me pris à contempler, fasciné, cette **grand**..... bouche aux lèvres **fardé**......, **roulé**...... sur des dents **large**....., cette porte d'or des sons, cet écrin de **mille**.... joyaux…

Colette, ***Les Vrilles de la vigne***, © Lib. Arthème Fayard, 2004.

Accorder le verbe avec son sujet

3 Soulignez le sujet du verbe entre parenthèses et conjuguez ce verbe au temps indiqué.

a. C'est toi qui m'(*apprendre*, passé composé) .... à jouer aux échecs.

b. Vous et moi (*attendre*, futur) .... avec impatience les résultats de l'examen.

c. La foule (*regarder*, passé simple) .... le funambule. Chacun (*se taire*, imparfait) .... Beaucoup (*retenir*, imparfait) .... leur souffle.

d. Personne ne (*partager*, présent) .... cet avis mais aucun n'(*oser*, présent) .... l'avouer.

e. On (*ne pas penser*, plus-que-parfait) .... à prévenir ses parents.

f. Tes cousins et toi (*faire*, conditionnel présent) .... une bonne équipe de volley.

4 Complétez les verbes en gras avec les terminaisons du présent de l'indicatif. Attention aux sujets inversés !

Dans la cour d'honneur de l'ancien château, **s'allong**......... deux files de brancards. Auprès d'eux **se tienn**......... des infirmiers armés de bâtons ; ils ont pour mission de chasser les rats qui **pullul**......... et **s'attaqu**......... aux agonisants. De la cour **s'élèv**........ lamentables, les cris de souffrance et de peur qui **redoubl**........ quand les obus **tomb**......... tout près, quand les éclats **ricoch**........ sur les murs du château. Les blessés épouvantés **cherch**........ en vain à remuer leur pauvre corps meurtri pour fuir et se mettre à l'abri. Des mains **se tend**........ vers nous, **s'agripp**......... à nos capotes[1], nous **montr**........ des plaies terribles d'où le sang **gicle**. Quelques-uns **sanglot**......... comme des enfants. Plusieurs ont des regards de déments. Certains **implor**.......... D'autres **menac**......... Tous **veul**........ vivre. Vivre !

Carnets de Verdun, présenté par L. Loiseau et G. Bénech, © E.J.L., 2006.

1. Manteaux des policiers.

5 Vers la question de langue

oral du BAC

Ma petite folle bien-aimée me donnait à dîner, et par la fenêtre ouverte de la salle à manger je contemplais les mouvantes architectures que Dieu fait avec les vapeurs, les merveilleuses constructions de l'impalpable. Et je me disais, à travers ma contemplation : « – Toutes ces fantasmagories sont presque aussi belles que les yeux de ma belle bien-aimée, la petite folle monstrueuse aux yeux verts. »

Et tout à coup je reçus un violent coup de poing dans le dos, et j'entendis une voix rauque et charmante, une voix hystérique et comme enrouée par l'eau-de-vie, la voix de ma chère petite bien-aimée, qui disait : « – Allez-vous bientôt manger votre soupe, s… b… de marchand de nuages ? »

Charles Baudelaire, ***« La soupe et les nuages »***,
Le Spleen de Paris, 1869.

a. Soulignez les groupes nominaux désignant la personne aimée.

b. Dans quel groupe nominal « bien-aimée » est-il un adjectif ? À quel nom se rapporte-t-il ? Quel autre groupe nominal fait écho à ce nom ?

....
....
....
....
....

c. En quoi la chute du poème est-elle préparée par ce jeu sur noms et adjectifs ?

....
....
....
....

6 Vers le Bac

En face, dans une sorte de cirque immense, devait se trouver le parterre, avec ses bassins effondrés, ses rampes rompues, ses escaliers déjetés, ses statues renversées dont on apercevait les blancheurs au fond des gazons noirs. Plus loin, derrière la ligne bleue d'une nappe d'eau, s'étalait un fouillis d'arbres fruitiers ; plus loin encore, une haute futaie enfonçait ses dessous violâtres, rayés de lumière, une forêt redevenue vierge, dont les cimes se mamelonnaient sans fin, tachées du vert-jaune, du vert pâle, du vert puissant de toutes les essences.

Émile Zola, ***La Faute de l'abbé Mouret***, 1875.

Après avoir relevé les adjectifs, écrivez un paragraphe de commentaire pour montrer que la description présente un lieu où la nature est à la fois laissée à elle-même et puissante.

EXO Quiz

47 Les valeurs aspectuelles et modales

Retenir

1 Les valeurs aspectuelles

→ La **valeur aspectuelle** d'un temps indique si le fait ou l'action est accompli ou non.

→ À l'indicatif, les temps simples ont tous une **valeur aspectuelle d'inaccompli** et les temps composés, une **valeur aspectuelle d'accompli**. On distingue également :

Le perfectif

Le **perfectif** indique une action bornée, vue de manière globale : c'est le cas du **passé simple**.

L'imperfectif

L'**imperfectif** indique une action non bornée, prise dans son déroulement, sa durée : c'est le cas de l'**imparfait**, du **présent**.

L'itératif

- L'**itératif** indique une action répétitive.
- Souvent accompagné d'un CC de **temps** qui exprime la **fréquence**, il peut concerner tous les temps et se combiner à une autre valeur aspectuelle.

2 Les valeurs modales

→ Les modes peuvent indiquer la position de l'énonciateur (doute, atténuation, conseil, etc.) par rapport à ce qu'il dit. Chaque mode a ses valeurs propres.

1. **L'indicatif** présente les **faits comme certains.** Mais certains temps peuvent exprimer des valeurs particulières.

Temps	Valeurs modales possibles
Le présent	Peut exprimer un ordre : *Maintenant, vous **vous taisez**.*
L'imparfait	• Peut présenter un **arrière-plan**, par opposition au passé simple : *Il **lisait** tranquillement quand la sonnette retentit.* • Peut exprimer une **hypothèse** (*Si j'**étais** un arbre…*), le **souhait**, le **regret** (*Si tu **savais** !*), la **suggestion** (*Et si nous **allions** au cinéma ?*), ou la **politesse** (*Je **voulais** vous demander…*).
Le futur	Peut exprimer un **ordre** (*Tu ne **tueras** point.*), une **promesse** (*Je **t'aiderai***)…

2. **Le conditionnel**

Dans un énoncé exprimant l'hypothèse

Il exprime :
– le **potentiel** (l'action possible) :
S'il se concentrait, il **serait** meilleur joueur.
– l'**irréel** (action impossible) :
Si j'avais su, je ne **serais** pas **venue**.

Dans une proposition indépendante

Il peut :
– présenter une **demande** ou un **conseil** poli, discret :
J'aimerais vous demander…
– manifester **l'imaginaire** : Il **ferait** beau et nous **irions** à la plage.
– indiquer que le fait est **incertain** : Le voleur **serait entré** par la fenêtre.

3. **Le subjonctif** est le mode de l'éventuel, de l'incertain. Mais :

Dans une proposition indépendante ou en principale

Il peut se substituer à l'impératif et exprimer :
– un ordre : Qu'elle le **fasse** donc !
– un souhait, un regret : Qu'il **soit** maudit !
– une supposition : **Soit** un triangle ABC rectangle en B.

Dans une phrase exclamative

Il peut exprimer l'indignation :
Qu'il **ose** me demander cela !

4. **L'impératif** exprime :
- l'ordre, le conseil : *Venez ici !*
- la défense : *Ne venez pas !*

S'approprier

Identifier les valeurs aspectuelles et modales

1 *Le narrateur écoute Adrienne qui chante devant un cercle d'auditeurs admiratifs.*

À mesure qu'elle chantait, l'ombre descendait des grands arbres, et le clair de lune naissant tombait sur elle seule, isolée de notre cercle attentif. – Elle se tut, et personne n'osa rompre le silence. La pelouse était couverte de faibles vapeurs condensées, qui déroulaient leurs blancs flocons sur les pointes des herbes. Nous pensions être en paradis.

Gérard de Nerval, ***Les Filles du feu***, « Sylvie », 1854.

a. **Justifiez l'emploi de l'imparfait dans la première phrase.**

....

....

....

b. Surlignez les verbes à l'imparfait dont la valeur imperfective est employée pour décrire un paysage.

c. Pourquoi le narrateur a-t-il employé le passé simple l. 2 ?

....

....

2 Rien de ce qui est beau n'est indispensable à la vie. – On supprimerait les fleurs, le monde n'en souffrirait pas matériellement ; qui voudrait cependant qu'il n'y eût plus de fleurs ? Je renoncerais plutôt aux pommes de terre qu'aux roses, et je crois qu'il n'y a qu'un utilitaire au monde capable d'arracher une plate-bande de tulipes pour y planter des choux.

À quoi sert la beauté des femmes ? Pourvu qu'une femme <u>**soit**</u> médicalement bien conformée, en état de faire des enfants, elle sera toujours assez bonne pour des économistes. À quoi bon la musique ? À quoi bon la peinture ? Qui aurait la folie de préférer Mozart à M. Carrel, et Michel-Ange à l'inventeur de la moutarde blanche ?

Il n'y a rien de vraiment beau que ce qui ne peut servir à rien. […] L'endroit le plus utile d'une maison, ce sont les latrines.

Théophile Gautier, Préface de *Mademoiselle de Maupin*, 1835.

a. Quel temps et quel mode permettent de plonger le lecteur dans un monde imaginaire, hypothétique ? ....

....

b. Surlignez un verbe au subjonctif dans le premier paragraphe. Quelle est sa valeur ? ....

c. Qu'exprime le subjonctif souligné dans le deuxième paragraphe ? ....

d. Quelle est la valeur du présent dans le troisième paragraphe ? ....

Analyser les valeurs aspectuelles et modales

3 *Cendrars raconte son expérience de « nettoyeur de tranchées » en 1915.*

Me voici les nerfs tendus, les muscles bandés, prêt à bondir dans la réalité. […] Sans merci, je saute sur mon antagoniste. Je lui porte un coup terrible. La tête est presque décollée. J'ai tué le Boche. J'étais plus vif et plus rapide que lui. Plus direct. J'ai frappé le premier. J'ai le sens de la réalité, moi, poète. J'ai agi. J'ai tué. Comme celui qui veut vivre.

Blaise Cendrars, *J'ai tué*, © À la Belle Éditions, 1918.

a. Relevez les verbes au présent et indiquez leur valeur.

....

....

....

....

....

b. Quelle est la valeur du passé composé ? ....

....

c. Selon vous, quel effet le narrateur veut-il produire ? ....

....

4 *Monsieur et madame Pérémère s'apprêtent à recevoir le nouveau prétendant de leur fille…*

MADAME PÉRÉMÈRE. – Nous l'écouterons…

MONSIEUR PÉRÉMÈRE. – Nous l'épierons, nous l'épousseterons, nous le mitraillerons…

MADAME PÉRÉMÈRE. – Nous le saupoudrerons, nous le tartinerons, nous l'entrelarderons…

MONSIEUR PÉRÉMÈRE. – Il n'aura plus un poil de sec !

Jean Tardieu, *Les Mots inutiles*, © Gallimard, 1987.

a. Quel est le temps dominant ? ....

b. Quelle est sa valeur ? ....

....

....

....

....

c. En quoi cela renforce-t-il le comique de mot ? ....

....

....

....

7 Vers la question de langue oral du BAC

Nana assiste impuissante à la déchéance de ses parents, Gervaise et Coupeau.

Non, cette sacré vie-là ne pouvait pas continuer, elle ne voulait point y laisser sa peau. Son père, depuis longtemps, ne comptait plus ; quand un père se saoule comme le sien se saoulait, ce n'est pas un père, c'est une sale bête dont on **voudrait** être débarrassé. Et maintenant sa mère dégringolait à son tour dans son amitié. Elle buvait, elle aussi.

Émile Zola, *L'Assommoir*, 1877.

a. Surlignez le passage où l'imparfait est utilisé pour rapporter des paroles au style indirect libre.

b. Relevez deux verbes où l'imparfait a une valeur itérative. ....

c. Justifiez l'emploi de l'imparfait pour les deux verbes restants. ....

....

....

d. Analysez la forme verbale en gras (personne, temps, mode, voix, valeur) : ....

....

....

48 La concordance des temps

Retenir

1 Cas général

La concordance des temps consiste à accorder les temps en fonction de la chronologie des événements, qui peuvent être **simultanés, antérieurs** ou **postérieurs** au **temps de référence**. Ce temps peut être :

➜ **le présent (système de l'énonciation)**

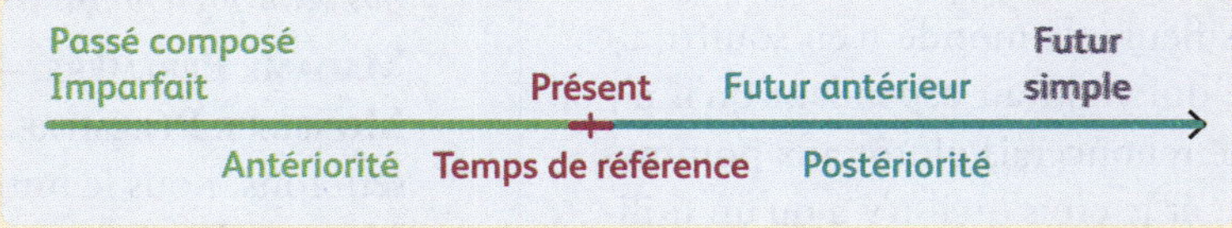

Ex. : Antoine **prépare** des rouleaux de printemps. Il les **servira** à ses parents pour le dîner. Auparavant, il **sera passé** chez la voisine pour la remercier, car c'est elle qui lui **a donné** la recette. Elle **était** heureuse de l'aider.

➜ **le passé (système du récit)**

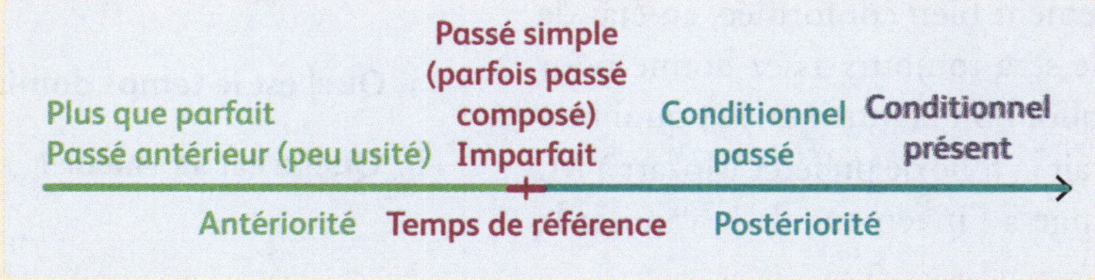

Ex. : Lorsqu'Alice **eut fini** son dessin, elle le **montra** à sa mère qui **préparait** le dîner. Sa mère la **félicita** et elles **attendirent** le père d'Alice pour manger : celui-ci **passerait** par la pâtisserie dès qu'il **serait sorti** du travail…

2 Cas des propositions subordonnées complétives

Rappel : une proposition subordonnée complétive dépend d'un verbe de **parole**, de **pensée**, de **volonté**, de **sentiment** et est toujours introduite par la conjonction de subordination *que*. On les trouve notamment dans le discours indirect.

➜ Lorsque la proposition principale est au futur, la **simultanéité** s'exprime **au présent** dans la proposition complétive. *Il annoncera qu'il ne **se présente** pas aux présidentielles.*

➜ Lorsque la proposition principale est au conditionnel, la **simultanéité** s'exprime **à l'imparfait** dans la proposition complétive. *Le lendemain, il annoncerait qu'il ne se **présentait** pas aux présidentielles.*

Le subjonctif dans les subordonnées complétives

Lorsque la principale a un verbe au…	La complétive exprimant la simultanéité ou la postériorité a un verbe au subjonctif :
Présent ou futur	**Présent :** *Je veux qu'il **vienne**. – Je voudrai qu'il **vienne**.*
Passé	**Présent** *(courant)* : *Leurs parents se réjouirent qu'ils **aient** le bac.* **Imparfait** *(soutenu)* : *Leurs parents se réjouirent qu'ils **eussent** le bac.*

Lorsque la principale a un verbe au…	La complétive exprimant l'antériorité a un verbe au subjonctif :
Passé simple	**Passé :** *Il permit qu'elle **aille** chez ses amis.*
Passé composé	**Passé** *(courant)* : *Elle n'a pas aimé qu'on lui **ait caché** cela.* **Plus-que-parfait** *(soutenu)* : *Elle n'a pas aimé qu'on lui **eût caché** cela.*

S'approprier

Identifier et analyser

1 Il faut qu'un honnête homme **ait tâté** de la cour : il découvre en y entrant comme un nouveau monde qui lui était inconnu […].

Jean de La Bruyère, *Les Caractères*, « De la cour », 1688.

a. À quel temps est le verbe en gras ?

……………………………………………………………

b. Par quel verbe est-il introduit ?

……………………………………………………………

……………………………………………………………

c. Quel verbe exprime l'antériorité, et par rapport à quel verbe ?

……………………………………………………………

……………………………………………………………

2 **Indiquez, par une barre rouge à quel moment le narrateur passe du système du présent à celui du passé.**

Moi d'abord la campagne, faut que je le dise tout de suite, j'ai jamais pu la sentir, je l'ai toujours trouvée triste [...]. Mais quand on y ajoute la guerre en plus, c'est à pas y tenir. Le vent s'était levé, brutal, de chaque côté des talus, les peupliers mêlaient leurs rafales de feuilles aux petits bruits secs qui venaient de là-bas sur nous.

Louis-Ferdinand Céline, *Voyage au bout de la nuit*, © Gallimard, 1932.

3 Aujourd'hui, ma vie prend fin. Demain, j'aurai quitté cette ville qui s'étend à mes pieds, où j'ai si longtemps vécu. Elle ne sera qu'un nom, trapu, bourgeois, bien français, un nom dans ma mémoire [...].

Jean-Paul Sartre, *La Nausée*, © Gallimard, 1938.

a. Quel système de temps est employé ?

....

b. En vous appuyant sur les temps, reconstituez la chronologie des faits/états.

....

....

....

4 Il se répétait que cet homme devait mourir. Bêtement : car il savait qu'il le tuerait. Pris ou non, exécuté ou non, peu importait. Rien n'existait que ce pied, que cet homme qu'il devait frapper sans qu'il se défendît, - car s'il se défendait, il appellerait.

André Malraux, *La Condition humaine*, © Gallimard, 1933.

a. Relevez deux verbes au conditionnel présent.

....

b. Lequel a une valeur temporelle (de postériorité) ? ....

5 **Montrez que les temps du discours direct renforcent l'aspect dramatique de la scène.**

« Mon cher enfant, bénis nos fétiches, adore-les toujours, car ils te feront vivre heureux ; tu as l'honneur d'être l'esclave de nos seigneurs les blancs, et tu fais par-là la fortune de ton père et de ta mère. » Hélas ! Je ne sais pas si j'ai fait leur fortune, mais ils n'ont pas fait la mienne.

Voltaire, *Candide ou l'optimisme*, 1759.

....

....

....

....

....

....

Manipuler

6 **Transposez au discours indirect en respectant la concordance des temps.**

a. **« Basile, tu es bien allé à Toulouse, cet été ? » lui demanda Béatrice.**

....

....

b. **Alors, elle hurla : « Quoi ! Ce n'est pas possible ! Tu as encore écopé d'un avertissement ! »**

....

....

7 **Conjuguez les verbes entre parenthèses en respectant la concordance des temps.**

Au bout d'un mois, la Barbe bleue **(dire)** .... à sa femme qu'il **(être obligé)** .... de faire un voyage en province [...] ; qu'il la priait de bien se divertir pendant son absence, qu'elle **(faire)** .... venir ses bonnes amies, qu'elle les **(mener)** .... à la campagne si elle **(vouloir)** ...., que partout elle **(faire)** .... bonne chère.

Charles Perrault, « La Barbe bleue », in ***Histoires ou contes du temps passé***, 1697.

10 Vers la question de langue

oral du BAC

Gargantua s'adresse à Pantagruel qu'il veut former.

J'entends et veux que tu apprennes les langues parfaitement [...]. Que tu formes ton style [...] ; qu'il n'y ait d'histoires que tu ne tiennes en mémoire présente, à quoi t'aidera la cosmographie[1] de ceux qui en ont écrit.

François Rabelais, *Pantagruel*, 1532.

1. Ensemble des connaissances répertoriées.

Montrez qu'il y a deux interprétations syntaxiques possibles de la deuxième phrase ; et justifiez-en les temps.

....

....

....

....

....

....

....

....

....

....

49 Les relations dans la phrase complexe

EXO Quiz

Retenir

→ Une **proposition** est un ensemble de mots organisé autour d'un verbe.
→ Une phrase **complexe** comprend **plusieurs propositions.** Pour écrire une phrase complexe, **trois constructions sont possibles.**

La juxtaposition	La coordination	La subordination
Un **signe de ponctuation** faible (virgule, point-virgule, deux points) sépare les propositions. Je revins trempée, il pleuvait des cordes.	Une **conjonction ou un adverbe de coordination** relie les propositions. Je revins trempée **car** il pleuvait des cordes.	**Une conjonction de subordination, un pronom relatif ou un mot interrogatif** introduit la proposition subordonnée et la relie à la principale. Je revins trempée **parce qu'il** pleuvait des cordes.

→ Dans une phrase complexe, les propositions (juxtaposées, coordonnées ou subordonnées) ont entre elles un **lien logique**.

Lien logique	Juxtaposition	Coordination	Subordination
• Temps	Deux-points	*Puis, alors, ensuite, enfin, et*	*Quand, lorsque, avant que (+ subjonctif), après que (+ indicatif), tandis que, au moment où…*
• Cause (raison d'un fait)	Deux-points	*Car, en effet, de fait, effectivement*	*Parce que, comme, puisque, étant donné que, du fait que, sous prétexte que, vu que…*
• Conséquence (résultat d'un fait)	Deux-points	*Donc, c'est pourquoi, par conséquent, en conséquence, aussi*	*De façon que, de sorte que, si bien que, au point que, si… que, tant…que, tellement que…*
• But (résultat attendu)	Deux-points		*Pour que, afin que, de manière que, de peur que…*
• Opposition	Deux-points	*Mais, or, cependant, néanmoins, pourtant, certes*	*Bien que, quoique, sans que, alors même que, quand bien même, même si, si ce n'est que…*
• Hypothèse	Deux-points		*Si, selon que, suivant que, à condition que, à moins que, pourvu que, au cas où…*

S'approprier

Identifier et analyser

1 Dans ces phrases tirées de *Tartuffe* de Molière, délimitez les propositions par des barres obliques. Précisez si elles sont juxtaposées, coordonnées ou subordonnées et surlignez ce qui vous a permis de répondre.

a. Je sortais et j'ai joie de vous voir de retour.

Lien : ....

b. Oui, je sors de chez vous fort mal édifiée :
Dans toutes mes leçons j'y suis contrariée,
On n'y respecte rien, chacun y parle haut,
Et c'est tout justement la cour du roi Pétaud.

Liens : ....

....

c. Oui, ma bile s'échauffe à toutes ces fadaises
Et tout résolument je veux que tu te taises.

Liens : ....

....

Manipuler

2 Transformez les phrases suivantes en deux propositions coordonnées ou en une proposition principale et une proposition subordonnée. Vous préciserez le lien logique que vous avez établi.

a. Je voudrais te donner un conseil ; tu sembles en avoir besoin.

Coordination : ....

....

Subordination : ....

....

Lien logique : ....

b. Il parle beaucoup ; il agit peu.

Coordination : ....

Subordination : ....

Lien logique : ....

c. Ce documentaire a reçu de très bonnes critiques ; de nombreux spectateurs l'ont regardé.

Coordination : ....

....

....

Subordination : ....

....

Lien logique : ....

Interpréter

3 *Emma Bovary assiste à un bal.*

[Cependant, un des valseurs, qu'on appelait familièrement vicomte, et dont le gilet très ouvert semblait moulé sur la poitrine, vint une seconde fois encore inviter Mme Bovary, l'assurant qu'il la guiderait et qu'elle s'en tirerait très bien. Ils commencèrent lentement, puis allèrent plus vite. Ils tournaient ; tout tournait autour d'eux, les lampes, les meubles, les lambris, et le parquet, comme un disque sur un pivot. En passant auprès des portes, la robe d'Emma, par le bas, s'ériflait[1] au pantalon ; leurs jambes entraient l'une dans l'autre ; il baissait ses regards vers elle, elle levait les siens vers lui ; une torpeur la prenait, elle s'arrêta.

Gustave Flaubert, ***Madame Bovary***, 1857.

1. Se frottait.

a. Dans la première phrase, soulignez les verbes conjugués, encadrez les mots de subordination et séparez les propositions par des barres obliques. Quel est le rythme de la phrase ?

....

b. Dans la phrase surlignée en vert, quel mot unit les deux propositions ? Quel lien logique introduit-il ?

....

....

c. De combien de propositions se compose la dernière phrase ? Par quels signes de ponctuation sont-elles reliées ? Quel rythme est ainsi créé ?

....

....

....

....

4 Lorsque tu dormiras, ma belle ténébreuse,
Au fond d'un monument construit en marbre noir,
Et lorsque tu n'auras pour alcôve et manoir
Qu'un caveau pluvieux et qu'une fosse creuse ;

Quand la pierre, opprimant ta poitrine peureuse
Et tes flancs qu'assouplit un charmant nonchaloir[1],
Empêchera ton cœur de battre et de vouloir,
Et tes pieds de courir leur course aventureuse,

Le tombeau, confident de mon rêve infini
(Car le tombeau toujours comprendra le poète),
Durant ces grandes nuits d'où le somme est banni,

Te dira : « Que vous sert, courtisane imparfaite,
De n'avoir pas connu ce que pleurent les morts ? »
– Et le ver rongera ta peau comme un remords.

Charles Baudelaire, ***Les Fleurs du mal***,
« Remords posthume », « Spleen et Idéal », 1857.

1. Laisser-aller.

a. Dans les deux quatrains, séparez d'une barre oblique les différentes propositions. Qu'ont-elles en commun ?

....

....

b. Qu'apporte la parenthèse (v. 10) ? Quel mot souligne le lien logique ?

....

....

....

c. Par quel type de proposition se termine le sonnet ? Quel effet est ainsi produit ?

....

....

....

5 Vers le Bac

En vous appuyant, entre autres, sur des observations syntaxiques, vous proposerez un commentaire du poème de Baudelaire (exercice 5) autour des axes suivants :

1. La déception amoureuse

2. Une méditation sur la mort et le temps qui passe

3. Une réflexion sur la poésie

6 Vers la question de langue oral du BAC

[L'aventure] est digne d'un héros : vous servirez l'amour et la vengeance ; ce sera une *rouerie*[1] de plus à mettre dans vos Mémoires, oui, dans vos Mémoires, car je veux qu'ils soient imprimés un jour, et je me charge de les écrire.

Choderlos de Laclos, ***Les Liaisons dangereuses***, lettre 2, de la marquise de Merteuil au vicomte de Valmont, 1782.

1. Ruse sans scrupule.

a. Soulignez les verbes conjugués dans cette phrase.

b. Surlignez les signes de ponctuation ou les conjonctions qui unissent ces propositions.

c. Dans quel état d'esprit se trouve la marquise de Merteuil pour écrire ainsi ?

....

....

....

EXO Quiz

50 Les propositions subordonnées relatives

Retenir

- Les propositions subordonnées relatives sont introduites par un **pronom relatif *(qui, que, qui, dont, où, lequel…)*.**
- Il existe deux catégories de propositions subordonnées relatives :
  – les relatives **adjectives** qui sont des expansions du groupe nominal ;
  – les relatives **substantives** qui jouent le rôle d'un groupe nominal.

1 Les subordonnées relatives adjectives

- Elles complètent un **nom**, un **groupe nominal** ou un **pronom**, appelé **antécédent.**
- L'ensemble de la proposition relative adjective est **complément de l'antécédent.**
  *Écoute le bruit du vent **qui souffle dans les arbres.***
  Complément de l'antécédent « vent »
- Dans la proposition subordonnée, le pronom relatif a la **fonction du mot qu'il remplace**. Il peut être :

Fonctions	Exemples
Sujet *qui*	Regarde les mouettes **qui** volent. ***Qui*** *= sujet de « volent »*
COD *que*	Tu n'écoutes pas la musique **que** j'aime. ***Que*** *= COD de « aime »*
COI *dont, duquel, auquel, lequel ;* après une préposition : *qui, quoi.*	Le roman **dont** tu parles a reçu un prix. Dont = COI de « parles »
Complément circonstanciel *où* après une préposition : *lequel, qui, quoi*	Nous irons au carrefour **vers lequel** tu te diriges. **Vers lequel** = CC de lieu de « te diriges »
Complément du nom *dont, duquel*	La montagne **dont** j'aperçois le sommet est enneigée. **Dont** = complément du nom « montagne »

2 Les subordonnées relatives substantives

- Le pronom relatif qui les introduit n'a **pas d'antécédent** et s'accompagne parfois du pronom démonstratif (*ce, celui, celle…*).
- La proposition relative a la **même fonction qu'un groupe nominal.**
  ***Qui m'aime** me suive.*
  Sujet de « suive »
  *J'approuve **ce que vous dites.***
  COD de « approuve »

S'approprier

Identifier et analyser

1 Dans les phrases suivantes, surlignez les pronoms relatifs et soulignez les propositions relatives.

a. Dis-moi l'auteur au programme que tu préfères.

b. Je regarde tous les soirs ce que la météo annonce.

c. Ce qui m'étonne, c'est son insouciance face aux difficultés.

d. Tu ne devineras jamais qui m'a appelé hier soir.

e. Je n'apprécie pas la façon dont il me parle.

f. Indiquez-moi la direction dans laquelle il faut aller.

2 Donnez la fonction des propositions relatives en gras.

a. Ceux qui sont d'accord lèvent la main.

PSR ……………………………………………

b. Julien aide sa sœur avec une patience **que j'admire.**

PSC ……………………………………………

c. Le sens **que vous donnez** à vos paroles n'est pas évident.

……………………………………………

d. Je veux savoir **ce que vous avez dit** à la réunion **à laquelle je n'ai pu assister.**

……………………………………………

……………………………………………

3 Dans le sous-bois sec et nu comme un parquet d'église, inondé de cette lumière blanche sans éclat mais qui aveuglait par sa pulvérulence[1], la marche du cheval faisait tourner lentement de longs rayons noirs. La route qui serpentait à coups de reins de plus en plus raides pour se hisser à travers de vieux rochers couverts de lichens blancs frappait parfois de la tête du côté du soleil. Alors, dans le ciel de craie s'ouvrait une sorte de gouffre d'une phosphorescence[2] inouïe d'où soufflait une haleine de four et de fièvre, visqueuse, dont on voyait trembler le gluant et le gras.

Jean Giono, *Le Hussard sur le toit*, © Gallimard, 1951.

1. Poudre. – **2.** Lumière.

a. **Soulignez les quatre propositions subordonnées relatives.**

b. **Encadrez les pronoms relatifs**

c. **Donnez leur fonction.**

Proposition 1 : ....

Proposition 2 : ....

Proposition 3 : ....

Proposition 4 : ....

Manipuler

4 **Complétez les phrases suivantes avec le pronom relatif qui convient.**

a. Je voudrais savoir ce .... a motivé votre décision et ce .... vous comptez faire maintenant.

b. L'intervention chirurgicale pour .... vous êtes hospitalisé commencera à 8 h demain matin.

c. Il aime les histoires .... le font rêver et .... la fin est surprenante.

d. Je ne connais aucun des romans .... vous faites allusion et sur .... je devrais présenter un exposé.

Interpréter

5 **Dorine.** – Daphné, notre voisine, et son petit époux,
Ne seraient-ils point ceux qui parlent mal de nous ?
Ceux de qui la conduite offre le plus à rire
Sont toujours sur autrui les premiers à médire :
Ils ne manquent jamais de saisir promptement
L'apparente lueur du moindre attachement,
D'en semer la nouvelle avec beaucoup de joie,
Et d'y donner le tour qu'ils veulent qu'on y croie ;
Des actions d'autrui, teintes de leurs couleurs,
Ils pensent dans le monde autoriser les leurs,
Et, sous le faux espoir de quelque ressemblance,
Aux intrigues[1] qu'ils ont donner de l'innocence,
Ou faire ailleurs tomber quelques traits partagés
De ce blâme public dont ils sont trop chargés.

Molière, ***Tartuffe***, Acte I, scène 1, 1669.

1. Aventures amoureuses.

a. **Surlignez les deux propositions subordonnées relatives dans les quatre premiers vers.**

b. **Sont-elles adjectives ou substantives ?**

....

c. **Donnez leur fonction.**

....

....

....

d. **Soulignez les propositions subordonnées relatives des vers 5 à la fin. Sont-elles adjectives ou substantives ?**

....

e. **Donnez leur fonction.**

....

....

....

6 Vers le Bac

Le bal commença et, comme elle dansait avec M. de Guise, il se fit un assez grand bruit vers la porte de la salle, comme de quelqu'un **qui entrait et à qui on faisait place**. Mme de Clèves acheva de danser et, pendant qu'elle cherchait des yeux quelqu'un **qu'elle avait dessein de prendre**, le roi lui cria de prendre **celui qui arrivait**. Elle se tourna et vit un homme **qu'elle crut d'abord ne pouvoir être que M. de Nemours, qui passait par-dessus quelques sièges pour arriver où l'on dansait.**

Madame de Lafayette, ***La Princesse de Clèves***, 1678.

Rédigez un court paragraphe de commentaire dans lequel vous montrerez que les différents antécédents des propositions relatives en gras créent un effet de suspense et retardent la révélation de l'identité de la personne qui arrive au bal.

7 Vers la question de langue

oral du BAC

Clotilde

L'anémone et l'ancolie[1]
Ont poussé dans le jardin
Où dort la mélancolie
Entre l'amour et le dédain
Il y vient aussi nos ombres
Que la nuit dissipera
Le soleil qui les rend sombres
Avec elles disparaîtra
Les déités des eaux vives
Laissent couler leurs cheveux
Passe il faut que tu poursuives
Cette belle ombre que tu veux

Guillaume Apollinaire, ***Alcools***, 1913.

1. Fleurs.

a. **Soulignez les propositions subordonnées relatives dans ce poème.**

b. **Quels sont les antécédents de ces relatives ?**

....

....

c. **Quelle remarque pouvez-vous faire ?**

....

....

....

....

....

51 Les propositions conjonctives circonstancielles

Retenir

Lien logique	Conjonction de subordination	Mode du verbe de la subordonnée
Temps	*Quand, lorsque, pendant que, comme, dès que, après que, tandis que, au moment où…*	Indicatif
	Avant que, jusqu'à ce que, en attendant que…	Subjonctif
Cause (raison d'un fait)	*Parce que, comme, puisque, étant donné que, du fait que, sous prétexte que, vu que, du moment que, …*	Indicatif
Conséquence (résultat d'un fait)	*De façon que, de sorte que, si bien que, au point que, si… que, tant…que, tellement que…*	Indicatif
	Assez… pour que, trop… pour que	Subjonctif
But (résultat attendu)	*Pour que, afin que, de manière que, de crainte que, de peur que…*	Subjonctif
Concession	*Bien que, quoique, sans que*	Subjonctif
	Alors même que, même si, si ce n'est que…	Indicatif
Hypothèse	*Si, même si, comme si, selon que, suivant que…*	Indicatif
	À condition que, à moins que, à supposer que, pourvu que, pour peu que, soit que… soit que…	Subjonctif
	Au cas où, dans la mesure où, quand bien même…	Conditionnel
Comparaison	*Comme, ainsi que, de même que…*	Indicatif

S'approprier

Identifier et analyser

1 Dans les phrases suivantes, soulignez les propositions conjonctives circonstancielles et précisez le lien logique.

a. Pour que ton oral se passe bien et que tu aies une bonne note, tu devras beaucoup travailler.

Lien logique : ……………………………

b. Il est arrivé à l'heure sans que je lui aie fait la moindre recommandation.

Lien logique : ……………………………

c. J'écrivais la conclusion au moment où la sonnerie a retenti.

Lien logique : ……………………………

d. Étant donné qu'il pleut à verse, nous nous réfugions en courant sous un porche.

Lien logique : ……………………………

e. Le facteur passe d'ordinaire vers 1 h, à moins qu'il ait beaucoup de courrier à distribuer.

Lien logique : ……………………………

f. Les enfants sont si impatients de voir le clown qu'ils regardent à peine les équilibristes.

Lien logique : ……………………………

g. Elle est partie comme elle était venue, sans bruit et sans rien dire.

Lien logique : ……………………………

2 Donnez la fonction des propositions subordonnées circonstancielles en vert dans le texte suivant.

Anne de Boulen ne jouit pas longtemps de sa grandeur ; car, lorsqu'elle la croyait plus assurée par la mort de Catherine d'Aragon, un jour qu'elle assistait avec toute la cour à des courses de bague que faisait le vicomte de Rochefort, son frère, le roi en fut frappé d'une telle jalousie, qu'il quitta brusquement le spectacle, s'en vint à Londres et laissa ordre d'arrêter la reine, le vicomte de Rochefort et plusieurs autres, qu'il croyait amants ou confidents de cette princesse. Quoique cette jalousie parût née dans ce moment, il y avait déjà quelque temps qu'elle lui avait été inspirée par la vicomtesse de Rochefort qui, ne pouvant souffrir la liaison étroite de son mari avec la reine, la fit regarder au roi comme une amitié criminelle, en sorte que ce prince qui, d'ailleurs, était amoureux de Jeanne Seymour, ne songea qu'à se défaire d'Anne de Boulen.

Madame de Lafayette, *La Princesse de Clèves*, 1678.

Lorsqu'elle la croyait… : temps……………………

Un jour qu'elle assistait… : temps……………………

Telle… qu'il quittait… : conséquence……………………

……………………………………………

Quoique cette jalousie parût… : concession……………………

……………………………………………

En sorte que ce prince... : ....but........Conséquence.....

....

3 Dans les textes suivants, surlignez les propositions conjonctives circonstancielles et indiquez leur fonction commune.

Extrait 1

Cette grande bataille, encore sans nom, dont j'écoutais les échos au pied d'un peuplier, et dont une horloge de village venait de sonner les funérailles inconnues, était la bataille de Waterloo ! Auditeur silencieux et solitaire du formidable arrêt des destinées, j'aurais été moins ému si je m'étais trouvé dans la mêlée, le péril, le feu, la cohue de la mort ne m'eussent pas laissé le temps de méditer. [...] Si Napoléon l'emportait, que devenait notre liberté ?

François-René de Chateaubriand, *Mémoires d'outre-tombe*, 1848.

Fonction : ..hypothèse..

Extrait 2

Zadig, en chemin, consolait son domestique, et l'exhortait à la patience ; mais, selon sa coutume, il faisait des réflexions sur la vie humaine. « Je vois, lui disait-il, que les malheurs de ma destinée se répandent sur la tienne. Tout m'a tourné jusqu'ici d'une façon bien étrange. J'ai été condamné à l'amende pour avoir vu passer une chienne ; j'ai pensé être empalé pour un griffon ; j'ai été envoyé au supplice parce que j'avais fait des vers à la louange du roi ; j'ai été sur le point d'être étranglé parce que la reine avait des rubans jaunes, et me voici esclave avec toi parce qu'un brutal a battu sa maîtresse. Allons, ne perdons point courage ; tout ceci finira peut-être ; il faut bien que les marchands arabes aient des esclaves ; et pourquoi ne le serais-je pas comme un autre, puisque je suis homme comme un autre ? [...] »

Voltaire, *Zadig*, 1747.

Fonction : ....cause..

Extrait 3

Les Représentants du Peuple Français, constitués en Assemblée Nationale, considérant que l'ignorance, l'oubli ou le mépris des droits de l'Homme sont les seules causes des malheurs publics et de la corruption des Gouvernements, ont résolu d'exposer, dans une Déclaration solennelle, les droits naturels, inaliénables et sacrés de l'Homme, afin que cette Déclaration, constamment présente à tous les Membres du corps social, leur rappelle sans cesse leurs droits et leurs devoirs ; afin que les actes du pouvoir législatif, et ceux du pouvoir exécutif, pouvant être à chaque instant comparés avec le but de toute institution politique, en soient plus respectés ; afin que les réclamations des citoyens, fondées désormais sur des principes simples et incontestables, tournent toujours au maintien de la Constitution et au bonheur de tous.

Déclaration des droits de l'homme et du citoyen de 1789.

Fonction : ....but..

Manipuler

4 Précisez le lien logique qui existe entre les deux propositions coordonnées et remplacez la seconde par une subordonnée conjonctive circonstancielle de même sens.

a. Tu dois réécrire la fin de ton introduction car tu n'annonces pas le plan de ta dissertation.

Lien logique : ....

....

....

b. Ton devoir est satisfaisant, mais la deuxième partie est un peu rapide.

Lien logique : ....

....

....

c. Tu n'appuies ton commentaire sur aucune citation, on a donc du mal à suivre ton raisonnement.

Lien logique : ....

....

....

5 Remplacez les groupes en gras par une proposition conjonctive circonstancielle.

a. Vous achèterez ce roman **à sa sortie**.

....

b. Cette débutante joue **à la façon des actrices du cinéma muet**, en exagérant les mimiques.

....

....

c. **Malgré ma fatigue**, j'ai pris le temps de relire attentivement mon commentaire.

....

....

d. L'équipe a perdu **par manque d'entraînement**.

....

e. Elle était surprise **au point de ne plus pouvoir articuler un mot**.

....

....

f. Je jouerai avec toi à ce jeu vidéo **à condition d'avoir terminé ma dissertation**.

....

....

6 Construisez une phrase complexe à partir des deux propositions indépendantes en transformant les propositions en gras en subordonnée circonstancielle.

a. **Mon frère n'a que cinq ans.** Il lit couramment.

....

b. **L'équipe de Noé délimitera le terrain.** L'équipe de Léa ira chercher les ballons.

....

....

c. J'ouvre la fenêtre. **L'air frais entre pendant la nuit.**

....

d. Nous ne pourrons pas skier le matin. **Les pistes ne seront ouvertes qu'à 13 h.**

....

....

7 Complétez chaque phrase avec la conjonction de subordination qui convient : *même si, avant que, comme, bien qu', de sorte qu', pour que, parce qu'.*

a. Je te conseille de prendre ton billet d'avion maintenant .... les tarifs augmentent.

b. Adrien n'arrive pas à se souvenir du titre du livre qu'il vient de lire, ... il l'ait beaucoup apprécié.

c. Le propriétaire nous donnera les clés de la location dès midi .... nous puissions nous installer dès notre arrivée.

d. Faites le schéma .... l'indique votre manuel.

e. La documentaliste a affiché le règlement du CDI .... aucun élève ne puisse dire qu'il n'était pas au courant !

f. Ce matin la température a chuté .... il a plu toute la nuit.

g. Continuez à travailler .... vous êtes parfois un peu découragés.

8 Même exercice dans le texte suivant : *si* (2 fois) *qu', puisque, parce que, si.*

Que de grandes choses il aurait réalisées, ... Flavie l'avait compris ! Le jour où elle se serait jetée à son cou, en lui disant : « Je t'aime ! » ce jour-là, il aurait trouvé un levier pour soulever le monde. Et sa dernière pensée était un grand dédain de la force, ... la force, qui devait tout lui donner, n'avait pu lui donner Flavie. Il leva son arme. [...] Nantas appuya le canon sur sa tempe.

Mais la porte s'était violemment ouverte, et Flavie entra. D'un geste, elle détourna le coup, la balle alla s'enfoncer dans le plafond. Tous deux se regardaient. Elle était .... essoufflée, ... étranglée, ... elle ne pouvait parler. Enfin, tutoyant Nantas pour la première fois, elle trouva le mot qu'il attendait, le seul mot qui pût le décider à vivre :

« Je t'aime ! cria-t-elle à son cou, sanglotante, arrachant cet aveu à son orgueil, à tout son être dompté, je t'aime .... tu es fort ! »

Émile Zola, ***Nantas*****, 1878.**

9 Conjuguez le verbe entre parenthèses au mode qui convient : indicatif, subjonctif ou conditionnel.

a. Le présentateur du JT a présenté des excuses après que la retransmission **(être interrompue)** ....

b. Je vous laisse mon numéro de téléphone au cas où vous **(changer)** .... d'avis.

c. Ce camarade est bien trop bavard pour que j'en **(faire)** .... mon confident.

d. J'ai peine à te croire, même si ce que tu me **(dire)** .... est vrai.

e. Mon père a fermé la porte de peur que le chaton ne **(partir)** .... sur le toit.

f. La situation est très différente du fait que tu **(venir)** .... à la réunion.

Interpréter

10 [...] Je portai à mes lèvres une cuillerée du thé où j'avais laissé s'amollir un morceau de madeleine. Mais à l'instant même où la gorgée mêlée des miettes du gâteau toucha mon palais, je tressaillis, attentif à ce qui se passait d'extraordinaire en moi. [...]

Ce goût c'était celui du petit morceau de madeleine que le dimanche matin à Combray (parce que ce jour-là je ne sortais pas avant l'heure de la messe), quand j'allais lui dire bonjour dans sa chambre, ma tante Léonie m'offrait après l'avoir trempé dans son infusion de thé ou de tilleul. La vue de la petite madeleine ne m'avait rien rappelé avant que je n'y eusse goûté ; peut-être parce que, en ayant souvent aperçu depuis, sans en manger, sur les tablettes des pâtissiers, leur image avait quitté ces jours de Combray pour se lier à d'autres plus récents ; peut-être parce que de ces souvenirs abandonnés si longtemps hors de la mémoire, rien ne survivait, tout s'était désagrégé ; que les formes – et celle aussi du petit coquillage de pâtisserie, si grassement sensuel, sous son plissage sévère et dévot – s'étaient abolies, ou, ensommeillées, avaient perdu la force d'expansion qui leur eût permis de rejoindre la conscience. [...]

Et dès que j'eus reconnu le goût du morceau de madeleine trempé dans le tilleul que me donnait ma tante (quoique je ne susse pas encore et dusse remettre à bien plus tard de découvrir pourquoi ce souvenir me rendait si heureux), aussitôt la vieille maison grise sur la rue, où était sa chambre, vint comme un décor de théâtre s'appliquer au petit pavillon, donnant sur le jardin, qu'on avait construit pour mes parents sur ses derrières [...]

Marcel Proust, ***À la Recherche du temps perdu, Du côté de chez Swann*****, 1913.**

a. Surlignez les propositions subordonnées conjonctives circonstancielles.

b. Quels sont les deux liens logiques qui apparaissent le plus souvent ? ....

c. Interprétez.

11 Si vous entrez dans les cuisines, où l'on voit réduit en art et en méthode le secret de flatter votre goût et de vous faire manger au-delà du nécessaire ; si vous examinez en détail tous les apprêts des viandes qui doivent composer le festin que l'on vous prépare ; si vous regardez par quelles mains elles passent, et toutes les formes différentes qu'elles prennent avant de devenir un mets exquis, et d'arriver à cette propreté et à cette élégance qui charment vos yeux, vous font hésiter sur le choix, et prendre le parti d'essayer de tout ; si vous voyez tout le repas ailleurs que sur la table bien servie, quelles saletés ! quel dégoût ! Si vous allez derrière un théâtre, et si vous nombrez les poids, les roues, les cordages, qui font les vols et les machines ; si vous considérez combien de gens entrent dans l'exécution de ces mouvements, quelle force de bras, et quelle extension de nerfs ils y emploient, vous direz : « Sont-ce là les principes et les ressorts de ce spectacle si beau, si naturel, qui paraît animé et agir de soi-même ? » Vous vous récrierez : « Quels efforts ! quelle violence ! »

Jean de La Bruyère, ***Les Caractères***, « Des biens de fortune », 1688.

a. Surlignez les propositions principales dans ce texte.

b. Quel est le lien logique de toutes les subordonnées conjonctives circonstancielles ?

c. Interprétez.

12 Quand une marchande de légumes le découvrit sous le grand chou blanc, elle poussa un tel cri de surprise que les voisines accoururent, émerveillées [...]. Une belle fille rousse, qui vendait des plantes officinales, l'avait appelé Marjolin, sans qu'on sût pourquoi.

Marjolin allait avoir quatre ans, lorsque la mère Chantemesse fit à son tour la trouvaille d'une petite fille, sur le trottoir de la rue Saint-Denis, au coin du marché.

Émile Zola, ***Le Ventre de Paris***, 1873.

a. Relevez les deux propositions subordonnées circonstancielles de temps et une proposition subordonnée circonstancielle de conséquence.

Temps :

Conséquence :

b. Quelle est la fonction de la proposition en vert ?

c. Quelle image est donnée des deux orphelins ?

13 Vers le Bac

À partir du texte de Marcel Proust, rédigez un paragraphe de commentaire où vous analyserez le mécanisme du souvenir tel qu'il est présenté par le narrateur : sensations, retour dans le passé.

14 Vers la question de langue

oral du BAC

Rousseau vient de raconter un épisode de sa jeunesse où il s'est fait punir pour une faute qu'il n'avait pas commise.

Ce premier sentiment de la violence et de l'injustice est resté si profondément gravé dans mon âme, que toutes les idées qui s'y rapportent me rendent ma première émotion, et ce sentiment, relatif à moi dans son origine, a pris une telle consistance en lui-même, et s'est tellement détaché de tout intérêt personnel, que mon cœur s'enflamme au spectacle ou au récit de toute action injuste.

Jean-Jacques Rousseau, ***Les Confessions***, Livre I, 1781-1788.

a. Surlignez les deux subordonnées conjonctives circonstancielles dans cette phrase.

b. Quel lien logique est établi ?

c. Quel rapport Rousseau établit-il entre l'injustice qu'il a subie dans sa jeunesse et le reste de sa vie ?

52 L'interrogation

EXO Quiz

Retenir

1 L'interrogation directe

➜ La question est posée dans une **proposition indépendante** qui se termine à l'écrit par un **point d'interrogation**, à l'oral par une **intonation** qui monte à la fin de la phrase. Elle est :

Totale	Partielle
Quand la réponse attendue est **oui/non**, ou **si** quand la question est négative. Viendra-t-il ? oui/non N'avez-vous pas entendu ? Si.	• Quand elle porte sur un élément de la phrase. • Elle commence par : – un **pronom interrogatif** : *qui, que, quoi, lequel* : Qui arrive ? – un **déterminant interrogatif** : Quel livre lis-tu ? – un **adverbe interrogatif** : *quand, où, pourquoi, comment* : Où vas-tu ?

➜ Selon le **niveau de langue** (soutenu, courant ou familier), l'interrogation directe se construit différemment.

Soutenu	Courant	Familier
Par **inversion du sujet** : – **simple** quand le sujet est un pronom personnel ou *ce* : Viendra-t-il ? Est-ce vrai ? – **complexe** avec pronom de reprise : Simon viendra-t-il à la réunion ?	En utilisant **est-ce que** en début de question pour une interrogation totale ou après le mot interrogatif pour une interrogation partielle. Est-ce que tu viendras ? Quand est-ce que tu viendras ?	Par la **seule intonation**. Tu viendras ?

2 L'interrogation indirecte

➜ La question est posée dans une phrase **déclarative** composée d'une proposition principale et d'une proposition **subordonnée interrogative indirecte**, le plus souvent **COD** du verbe de la principale.

Viendra-t-il ? — interrogation directe
Je me demande s'il viendra. — interrogation indirecte

Lorsque l'interrogation est totale…	Lorsque l'interrogation est partielle…
La proposition subordonnée commence par la **conjonction de subordination *si***. Je me demande **s**'il viendra. Réponse attendue : oui ou non.	La proposition subordonnée commence par les mêmes **mots interrogatifs** que dans une interrogation directe. Je ne sais pas **qui** arrive. Je ne sais pas **quel** livre tu lis. J'ignore **où** tu vas.

Attention ! Dans une interrogative indirecte :

➜ Pas de point d'interrogation en fin de phrase, ni d'inversion du sujet, ni d'emploi d'*est-ce que* ou *est-ce qui*.

** Je demande pourquoi es-tu en retard. – * Je demande pourquoi est-ce que tu es en retard.*
Phrases incorrectes.

3 Les valeurs de l'interrogation

L'interrogation peut :

➜ avoir la valeur d'un **ordre** atténué : *Pouriez-vous me donner l'heure ?*

➜ être une **question rhétorique** (qui n'attend pas de réponse) : *Ne penses-tu pas qu'il faudrait partir ?*

S'approprier

Identifier et analyser

1 Dites si l'interrogation est directe (D) ou indirecte (I), et si elle est partielle (P) ou totale (T).

a. Le dénouement d'une comédie est-il toujours heureux ? D ☑ I ☐ P ☐ T ☑

b. Je ne sais pas si je peux répondre à cette question. D ☐ I ☑ P ☐ T ☑

c. Je me demande quel jour auront lieu les oraux. D ☐ I ☑ P ☑ T ☐

d. Quel est le livre que vous emporteriez sur une île déserte ? D ☑ I ☐ P ☑ T ☐

e. J'ignore pourquoi Léa n'est pas venue. D ☐ I ☑ P ☑ T ☐

2 **Surlignez les interrogations dans ces extraits. Précisez le niveau de langue. Justifiez votre choix.**

Extrait 1

NARCISSE
Et prenez-vous, Seigneur, leurs caprices pour guides ?
Avez-vous prétendu qu'ils se tairont toujours ?
Est-ce à vous de prêter l'oreille à leurs discours ?
De vos propres désirs perdez-vous la mémoire ?

Jean Racine, *Britannicus*, IV, 4, 1669.

Niveau de langue : ……………………………………

……………………………………

Extrait 2

HARPAGON. – Ô ma chère cassette ! Elle n'est donc point sortie de ma maison ?
VALÈRE. - Non, Monsieur.
HARPAGON. - Hé, dis-moi donc un peu ; tu n'y as point touché ?
VALÈRE. – Moi, y toucher ? […]

Molière, *L'Avare*, V, 3, 1668.

Niveau de langue : ……………………………………

……………………………………

Manipuler

3 **Transformez ces interrogations directes dans un niveau de langue soutenu.**

a. Mon introduction annonce le plan du devoir ?
……………………………………

b. Est-ce que les paragraphes sont bien organisés ?
……………………………………

c. Quelle différence existe entre une autobiographie et une autofiction ? ……………………………………

……………………………………

4 **Ces interrogations indirectes sont incorrectes. Expliquez pourquoi et corrigez-les.**

a. Le professeur demande qui est-ce qui peut commenter le dénouement de la pièce. ……………………………………

……………………………………

b. Je me demande comment il faut interpréter le dénouement de la pièce ……………………………………

……………………………………

c. Nous allons voir quels types de comique pouvons-nous identifier dans cette scène. ……………………………………

……………………………………

Interpréter

5 Lettre à M. Félix Faure,
Président de la République
Monsieur le Président,
Me permettez-vous, dans ma gratitude pour le bienveillant accueil que vous m'avez fait un jour, d'avoir le souci de votre juste gloire et de vous dire que votre étoile, si heureuse jusqu'ici, est menacée de la plus honteuse, de la plus ineffaçable des taches ? […]
Et c'est à vous, monsieur le Président, que je la crierai, cette vérité, de toute la force de ma révolte d'honnête homme. Pour votre honneur, je suis convaincu que vous l'ignorez. Et à qui donc dénoncerai-je la tourbe malfaisante des vrais coupables, si ce n'est à vous, le premier magistrat du pays ?

Émile Zola, « J'accuse », article paru dans ***L'Aurore***, le 13 janvier 1898.

a. À qui s'adresse Zola ? Surlignez les questions et précisez si elles sont directes ou indirectes, totales ou partielles.

……………………………………

……………………………………

b. Le destinataire a-t-il le choix de la réponse ? Comment s'appelle ce type d'interrogation ?

……………………………………

……………………………………

6 **Vers la question de langue** — oral du BAC

OCTAVE. – […] Tu viens, Silvestre, d'apprendre au port, que mon père revient ?
SILVESTRE. – Oui.
OCTAVE. – Qu'il arrive ce matin même ?
SILVESTRE. – matin même.
OCTAVE. – Et qu'il revient dans la résolution de me marier ?
SILVESTRE. – Oui.
OCTAVE. – Avec une fille du seigneur Géronte ?
SILVESTRE. – Du seigneur Géronte.
OCTAVE. – Et que cette fille est mandée de Tarente ici pour cela ?
SILVESTRE. – Oui. […]

Molière, *Les Fourberies de Scapin*, I, 1, 1671.

a. Octave attend-il des informations nouvelles de Scapin ?

……………………………………

b. À quoi servent alors ces interrogations ? Aidez-vous de la place de cette scène dans la pièce.

……………………………………

……………………………………

EXO Quiz

53 L'expression de la négation

Retenir

➜ La négation permet d'inverser le sens d'un énoncé affirmatif.

1 La phrase de forme négative

Négation totale

Porte sur toute la phrase. Elle utilise :
- **des adverbes** : *ne… pas, ne… point, ne… aucunement, ne… nullement, ne* seul avec les verbes *pouvoir, savoir, oser*.
Je **n'**ai **pas/point/nullement/aucunement** besoin de te voir.
- **la conjonction de coordination** : *ni… ni*
Je ne veux **ni** te voir, **ni** te parler.

Négation partielle

Porte sur un seul élément de la phrase. Elle utilise :
- **des adverbes** : *ne… guère, ne… jamais, ne… plus* :
Il **ne** parle **guère**.
- **des pronoms** : *ne… personne, ne… rien* :
Il **ne** parle à **personne**.
- **le déterminant** : *aucun/nul… ne* :
Il **ne** parle à **aucun** voisin.

Négation restrictive

Exclut de la négation l'élément sur lequel elle porte et vise l'exception, le seul cas positif. Elle utilise : *ne… que* :
Il **ne** parle **qu'**à ses amis proches.

➜ Dans le niveau de langue **familier**, ***ne*** est souvent supprimé. *Je veux pas.*

2 La négation par le lexique

➜ Elle peut se faire par les moyens suivants :
- **l'antonymie** (mot de sens contraire et de même nature grammaticale) : *beau/laid – rapidement/lentement*
- **la dérivation lexicale** (ajout d'un préfixe de sens négatif : *in-, mal-, dé-…*) : *connu/inconnu – heureux/malheureux – voiler/dévoiler*
- **la préposition *sans* + GN ou infinitif** : *avec dessert/sans dessert*

S'approprier

Identifier et analyser

1 Surlignez les phrases ou les propositions de forme négative dans le texte.

M. Smith. – Un médecin consciencieux doit mourir avec le malade s'ils ne peuvent pas guérir ensemble. Le commandant d'un bateau périt avec le bateau, dans les vagues. Il ne lui survit pas.

Mme Smith. – On ne peut comparer un malade à un bateau.

M. Smith. – Pourquoi pas ? Le bateau a aussi ses maladies ; d'ailleurs ton docteur est aussi sain qu'un vaisseau ; voilà pourquoi encore il devait périr en même temps que le malade comme le docteur et son bateau.

Mme Smith. – Ah ! Je n'y avais pas pensé… C'est peut-être juste… et alors, quelle conclusion en tires-tu ?

M. Smith. – C'est que tous les docteurs ne sont que des charlatans. Et tous les malades aussi. Seule la marine est honnête en Angleterre.

Mme Smith. – Mais pas les marins.

M. Smith. – Naturellement.

Eugène Ionesco, *La Cantatrice chauve*, scène 1, © Gallimard, 1954.

2 Réécrivez les phrases en utilisant le contraire des mots en gras.

a. Son écriture est **lisible** et son propos **cohérent**.

....

b. Ton commentaire est **bien** construit, **avec** des exemples.

....

c. Cette **sortie** est **accessible** aux spectateurs.

....

d. Ta **présence** est toujours **bienvenue**.

....

3 Voici deux séries de phrases, les unes de forme affirmative, les autres de forme négative. Associez chaque phrase de la série 1 avec la phrase de la série 2 qui exprime le contraire.

Série 1

a. Ces lycéens achètent le matériel demandé.
b. Tous les lycéens achètent le matériel demandé.
c. Ces lycéens achètent tout, sauf le matériel demandé.
d. Ces lycéens achètent toujours le matériel demandé.

Série 2

1. Aucun lycéen n'achète le matériel demandé.
2. Ces lycéens n'achètent que le matériel demandé.
3. Ces lycéens n'achètent jamais le matériel demandé.
4. Ces lycéens n'achètent pas le matériel demandé.

....

Manipuler

4 Transformez ces phrases de forme négative en phrases de forme affirmative de même sens. Employez des préfixes à valeur négative.

a. Cet immeuble va être détruit : il n'est pas salubre.

....

b. Ce chien doit être tenu en laisse car il n'est pas bienveillant avec des inconnus.

....

....

c. Ce gâteau est beaucoup trop cuit : il ne peut être mangé.

....

d. Ce joueur a un rôle majeur dans l'équipe et il ne peut être remplacé.

....

....

5 Remplacez les pointillés par les adverbes de négation qui conviennent.

a. Je .... ai .... voulu regarder ce film. J'ai toujours eu trop peur.

b. Harpagon .... veut .... savoir : il .... se préoccupe .... de sa cassette.

c. Il y a un an je .... lisais .... des romans d'aventures. Maintenant, je .... aime .... ce genre de livre.

d. Charles Bovary .... a .... compris ce que sa femme ressentait. Il était trop différent d'elle.

e. J'ai essayé de rédiger l'introduction du commentaire. Je .... suis .... vraiment contente car ce .... est .... réussi.

Interpréter

6 **Créon.** – Et tu as osé passer outre à mon ordonnance[1] ?

Antigone. - Oui, car ce n'est pas Zeus qui l'a promulguée, et la Justice qui siège auprès des dieux de sous terre n'en a point tracé de telles parmi les hommes. Je ne croyais pas, certes, que tes édits eussent tant de pouvoir qu'ils permissent à un mortel de violer les lois divines : lois non écrites, celles-là, mais intangibles. Ce n'est pas d'aujourd'hui ni d'hier, c'est depuis l'origine qu'elles sont en vigueur, et personne ne les a vues naître. Leur désobéir, n'était-ce point, par un lâche respect pour l'autorité d'un homme, encourir la rigueur des dieux ? Je savais bien que je mourrais ; c'était inévitable – et même sans ton édit ! Si je péris avant le temps, je regarde la mort comme un bienfait. Quand on vit au milieu des maux, comment n'aurait-on pas avantage à mourir ? Non, le sort qui m'attend n'a rien qui me tourmente. Si j'avais dû laisser sans sépulture un corps que ma mère a mis au monde, je ne m'en serai jamais consolée ; maintenant, je ne me tourmente plus de rien. Si tu estimes que je me conduis comme une folle, peut-être n'as-tu rien à m'envier sur l'article de la folie !

Sophocle, ***Antigone***, © Garnier-Flammarion, trad. R. Pignarre, 1964.

1. Créon a promulgué une ordonnance pour interdire d'enterrer Polynice, frère d'Antigone.

a. Surlignez les adverbes et les conjonctions de coordination qui expriment une négation totale.

b. Soulignez les adverbes qui expriment une négation partielle.

c. Encadrez l'expression de la négation par le lexique.

d. Interprétez la fréquence des marques de négation.

....

....

....

7 Vers la question de langue — oral du BAC

Vous avez affaire au vide ayant des pattes. Ni coups d'ongle, ni coups de dents ; une scarification[1] indicible. Une morsure est redoutable ; moins qu'une succion. La griffe n'est rien près de la ventouse. La griffe, c'est la bête qui entre dans votre chair ; la ventouse, c'est vous-même qui entrez dans la bête. [...] La bête se superpose à vous par mille bouches infâmes ; l'hydre s'incorpore à l'homme ; l'homme s'amalgame[2] à l'hydre. Vous ne faites qu'un. Ce rêve est sur vous. Le tigre ne peut que vous dévorer ; le poulpe, horreur ! vous aspire. Il vous tire à lui et en lui, et, lié, englué, impuissant, vous vous sentez lentement vidé dans cet épouvantable sac, qui est un monstre.

Au-delà du terrible, être mangé vivant, il y a l'inexprimable, être bu vivant.

Victor Hugo, ***Les Travailleurs de la mer***, 1866.

1. Entaille. – 2. Se mélange.

a. Surlignez les différentes formes de l'expression de la négation et classez-les.

....

....

....

....

....

....

....

....

b. Quelle vision de la pieuvre la négation contribue-t-elle à donner ?

....

....

....

54 Le lexique

EXO Quiz

Retenir

1 L'histoire des mots

➔ L'**étymologie** est l'**étude de l'origine d'un mot**. La plupart des mots français viennent du **latin** ou du **grec**.
➔ Chaque **mot** a donc sa **propre histoire**. Il peut notamment être :

Un archaïsme	Un néologisme	Un emprunt
Mot sorti de l'usage courant. « Moult », qui signifie « beaucoup », n'est guère employé aujourd'hui.	Mot nouveau. « Ubérisation » est apparu dans le dictionnaire en 2017.	Mot emprunté à une langue étrangère. « judo » vient du japonais, « week-end » de l'anglais, « tsar » du russe.

2 La formation des mots

➔ Les mots **simples** sont formés du **seul radical** qui donne le sens : *table, soleil.*
➔ Les mots **complexes** sont formés :

Par dérivation	– avec un préfixe : *in-, re-… : **Re**lire* – avec un suffixe : *-al, -ier… : Nation**al*** – avec un préfixe et un suffixe : ***In**ternation**al***
Par composition	Avec deux mots : *Porte-clés, coffre-fort*
Par conversion	Par changement de nature grammaticale : *Bleu* → *le bleu* – *Antoine Parmentier* → *le hachis parmentier* Adjectif nom nom propre nom commun
Par troncation	Par effacement d'une partie du mot : *Métropolitain* → *métro* Le mot-valise est formé de deux mots tronqués : *Franglais*

3 Les relations entre les mots

Famille de mots	Mots ayant le **même radical** : ***Courage**, **courage**ux, en**courage**r*
Champ lexical	Mots qui se rapportent à un **même thème** : *Courage, danger, sang-froid, faire face…*
Synonymes, antonymes	Mots de **sens proches** (synonymes) ou de sens contraire (antonymes). *Courage = vaillance ; Courage ≠ lâcheté* Certains **synonymes** varient suivant les niveaux de langue : *Canasson* (familier) *Cheval* (courant) *Destrier* (soutenu)
Hypéronymes et hyponymes	Mots dont le sens inclut d'autres mots de sens plus précis (qu'on appelle hyponymes). *Meuble* → *Chaise, table, canapé, lit* Hypéronyme Hyponymes
Homonymes	Mots de sens différents qui se prononcent de la même façon : *compte, conte, comte.*
Polysémie	Fait qu'un mot ait plusieurs sens. Certains mots ont un sens propre et un sens figuré. *Souris : rongeur* ou *instrument pour un ordinateur.* *Un pâté de canard, un pâté de maisons*

S'approprier

Identifier et analyser

1 Retrouvez à quelles langues sont empruntés les mots suivants (2 mots par origine) : *incognito, hasard, rail, matamore, budget, opéra, algèbre, romance.*

Origine anglaise : ....

Origine arabe : ....

Origine espagnole : ....

Origine italienne : ....

2 Expliquez comment sont formés les mots en gras : dérivation, composition, conversion ou troncation.

a. Le père d'Eugénie Grandet est un véritable **harpagon**.

....

b. Balzac est un **romancier réaliste** du XIXe siècle. ....

c. Il a profité de la **morte-saison** pour lire un **roman-fleuve**.

....

d. C'est un vrai travail de **pro** ! ....

3 À partir de quels noms sont formés ces mots-valises ?

a. **Foultitude :** .... – b. **Docufiction :** .... – c. **Adulescent :** .... – d. **Bistronomie :** .... – e. **Bobo :** .... – f. **Courriel :** .... – g. **Brexit :** .... – h. **Benelux :** ....

4 Identifiez les deux champs lexicaux développés dans ce poème, en les surlignant de deux couleurs différentes.

L'enfant chantait ; la mère au lit, exténuée,
Agonisait, beau front dans l'ombre se penchant ;
La mort au-dessus d'elle errait dans la nuée ;
Et j'écoutais ce râle, et j'entendais ce chant.

L'enfant avait cinq ans, et près de la fenêtre
Ses rires et ses jeux faisaient un charmant bruit ;
Et la mère, à côté de ce pauvre doux être
Qui chantait tout le jour, toussait toute la nuit.

La mère alla dormir sous les dalles du cloître ;
Et le petit enfant se remit à chanter...
La douleur est un fruit ; Dieu ne le fait pas croître
Sur la branche trop faible encor pour le porter.

Victor Hugo, ***Les Contemplations***, « L'enfance », Livre premier, XXIII, 1856.

Champ lexical de .... / **Champ lexical de** ....

Manipuler

5 Voici des phrases extraites du *Bourgeois Gentilhomme* de Molière. Dans chaque phrase, surlignez un archaïsme et remplacez-le par un synonyme.

a. Oui, la récompense la plus agréable qu'on puisse recevoir des choses que l'on fait, c'est de les voir connues, de les voir caressées d'un applaudissement qui vous honore (I, 1)

....

b. Il faut qu'une personne comme vous, qui êtes magnifique et qui avez de l'inclination pour les belles choses, ait un concert de musique chez soi tous les mercredis ou tous les jeudis (II, 1) ....

c. Nenni, Monsieur, j'en serais bien fâchée. (III, 2) ....

6 Précisez si le mot en gras est employé au sens propre (P) ou figuré (F) puis faites une phrase où il sera employé dans son autre sens.

a. Le français est une **discipline** littéraire. P ☐ F ☐

....

b. Le **feu** s'est propagé à l'étage supérieur. P ☐ F ☐

....

c. Il a écrit sa copie d'une seule **traite**. P ☐ F ☐

....

d. Cet enfant m'a tiré la **langue** ! F ☐ F ☐

....

7 Récrivez ces phrases en remplaçant le verbe *faire* par un synonyme, de façon à enrichir le sens de la phrase.

a. J'ai fait une erreur. ....

b. J'ai fait une transition entre la 1re partie et la 2e.

....

c. J'ai fait un paragraphe trop long.

....

d. J'ai fait une liste des procédés d'écriture.

....

Interpréter

8 Don Rodrigue

Percé jusques au fond du cœur
D'une atteinte imprévue aussi bien que mortelle,
Misérable vengeur d'une juste querelle,
Et malheureux objet d'une injuste rigueur,
Je demeure immobile, et mon âme abattue
Cède au coup qui me tue.
Si près de voir mon feu récompensé,
Ô Dieu, l'étrange peine !
En cet affront mon père est l'offensé,
Et l'offenseur le père de Chimène !

Pierre Corneille, ***Le Cid***, I, 6, première stance, 1637.

a. **Surlignez les mots formés par dérivation : préfixe + radical. Sur quels préfixes sont-ils formés ? Interprétez.**

....

....

....

b. **Encadrez les deux mots de la même famille formés avec un suffixe. Que soulignent-ils ?**

....

....

9 Vers le Bac

Bon dieu de bon dieu que j'ai envie d'écrire
un petit poème
Tiens en voilà justement un qui passe
Petit petit petit
ens ici que je t'enfile
sur le fil du collier de mes autres poèmes
viens ici que je t'entube
dans le comprimé de mes œuvres complètes
viens ici que je t'enpapouète
: que je t'**enrime**
et que je t'**enrythme**
et que je t'**enlyre**
et que je t'**enpégase**
et que je t'**enverse**
: que je t'**enprose**

la vache
il a foutu le camp

Raymond Queneau, ***L'Instant fatal***, © Gallimard, 1948.

En quoi les néologismes en gras sont-ils un art poétique ? Pour répondre à cette question de commentaire, analysez la formation de ces mots.

....

....

....

Tuto BAC

55 Justifier le choix d'une œuvre à l'oral

Retenir

→ Le jour de l'oral, durant l'**entretien, vous avez le choix de l'œuvre** que vous présentez. Cette présentation doit être rapide : **2 à 3 minutes.** Mais il ne s'agit pas de résumer le livre. L'examinateur approfondira les raisons de votre choix : vous devez donc **bien préparer vos arguments.**

1. Les éléments à présenter

1. L'œuvre
- Son titre
- Son auteur/autrice
- La date de sa publication
- Son genre littéraire (et, si besoin, le mouvement dans lequel elle s'inscrit)

2. Son contexte
- historique et politique : l'époque de sa conception,
- biographique : les conditions de son écriture, en lien avec la vie de l'auteur,
- la réception par le public, sa critique

3. Ses enjeux
- Ses thèmes principaux
- Ses personnages principaux
- Son retentissement, son actualité dans notre société

4. Votre lecture
- Vos activités d'appropriation
- Vos personnages ou passages préférés et les raisons de votre choix
- Votre appréciation du style d'écriture de l'auteur

2. Faire preuve de conviction

- Pour être convaincant, **nuancez votre propos,** en utilisant des **modalisateurs** et des **verbes d'opinion.**
Verbes : Je pense / Je crois / Je trouve / J'imagine que…
Il me semble que…
Expressions : À mon avis… Selon moi…
J'ai le sentiment que… J'ai l'impression que…

- **Justifiez vos émotions** :
Les enjeux contemporains de l'œuvre, qui parle de…, m'intéressent car…
Il m'a semblé que tel personnage était attendrissant dans ses réactions, au moment où…
À l'inverse, tel personnage m'a semblé énervant au moment où…

S'approprier

Réaliser une fiche de synthèse pour présenter l'œuvre

1 **Choisissez une œuvre que vous avez lue cette année et réalisez sa « carte d'identité », sur le modèle du tableau suivant.**

Titre	…………
Auteur	…………
Date de publication	…………
Genre	…………
Mouvement littéraire	…………
Contexte historique et politique	…………
Contexte biographique	…………
Thèmes	…………
Personnages	…………
Enjeux	…………
Mes personnages préférés et les raisons de mon choix	…………
Mon avis sur l'œuvre	…………

Justifier son choix

2 **Donnez votre avis sur les éléments suivants en utilisant au moins deux adjectifs qualificatifs.**

a. l'histoire racontée :

....

b. les thématiques abordées :

....

c. les personnages principaux :

....

d. le vocabulaire :

....

3 **Rédigez des phrases, à l'aide de connecteurs logiques pour donner votre avis sur les éléments suivants.**

a. Enjeu de l'œuvre :

....

....

....

....

....

....

....

....

b. Originalité de l'œuvre :

....

....

4 **Expliquez pourquoi une œuvre vous a marqué(e) en employant un verbe d'opinion.**

....

....

....

....

....

5 **Expliquez pourquoi l'œuvre de votre choix est toujours d'actualité. Vous emploierez des expressions pour nuancer votre propos.**

....

....

....

....

6 **Pour une œuvre de votre choix, expliquez en quoi votre écrit d'appropriation était pertinent, ou vous a marqué(e).**

....

....

....

....

7 a. **Choisissez un recueil de poèmes, puis une poésie dans celui-ci.**

b. **Complétez les éléments suivants.**

Titre du recueil	....
Nom du poète	....
Poème retenu	....
Émotions, sentiments et réactions en 1re lecture	....
… avec du recul, après étude :	....
Quelques vers qui me parlent :	....
Pourquoi ces vers ?	....

S'entraîner à deux

8 **Avec un camarade, faites une simulation de l'épreuve, et avec bienveillance, notez à tour de rôle votre performance, sur les points suivants.**

a. **Sur le fond**

- Présentation générale complète
- Informations sur le contexte d'écriture pertinentes
- Identification des enjeux de l'œuvre
- Justification du choix de l'œuvre, expression d'un point de vue personnel

b. **Sur la forme**

- Présentation de l'œuvre clairement structurée
- Aisance à l'oral, clarté et fluidité du discours
- Maîtrise de la langue
- Niveau de langue courant, voire soutenu
- Respect du temps imparti

Tuto BAC

56 Répondre aux questions de l'examinateur

Retenir

→ L'entretien est **un échange de 7 à 8 minutes** sur l'œuvre que vous venez de présenter (→ fiche 55, p. 114). C'est votre opinion personnelle qui importe. N'ayez donc pas peur de donner votre avis de lecteur.

1 Ce qu'on attend de vous

Vous devez :

Avoir une approche personnelle de l'œuvre	Mobiliser vos connaissances et votre culture générale	Prendre position
• Citez : – votre ou vos **personnages** préférés et justifiez en indiquant pourquoi ils vous ont touché. – un **passage** qui vous a marqué ou, dans un recueil, une nouvelle ou un poème. Vous devez pouvoir le réciter par cœur. • Exprimez les **émotions** et **réactions** qu'a suscitées votre lecture de l'œuvre. • Mettez en avant votre **implication** dans vos écrits d'appropriation.	• Faites le **lien** avec au moins une **autre œuvre littéraire** du programme, du même genre ou du même mouvement littéraire. • Si le cas s'y prête, comparez-la avec une œuvre, littéraire ou artistique, issue de votre **culture personnelle**, ou avec un **fait d'actualité**. • Mettez en avant votre **expérience de lecteur** : par exemple, pour une pièce de théâtre, donnez votre avis sur une captation ou mise en scène que vous auriez étudiée en classe ou vue hors cadre scolaire.	• **Employez** la 1re personne du singulier « je ». • Préparez vos arguments solides, fondés sur votre appréciation de l'intrigue, du style. • Nuancez votre propos, avec des concessives notamment (***même si, bien que, mais…***).

2 Conseils

→ Repérez vos « tics » de langage (*« du coup », « de base »*…) et remplacez-les par des connecteurs plus appropriés (*« par conséquent »*…)

→ Entraînez-vous à employer le plus régulièrement possible les **connecteurs logiques** dès que vous prenez la parole en classe, afin que vos réponses soient bien structurées.

→ Assimilez un maximum d'éléments de **langage** (des formules pour introduire un exemple, une explication, un argument…) pour qu'ils vous viennent naturellement le jour J.

→ N'hésitez pas à **reformuler la question** pour en valider votre compréhension et vous donner le temps de réfléchir.

S'approprier

Anticiper les questions de l'examinateur

1 Imaginez deux ou trois questions qu'on pourrait vous poser sur l'œuvre de votre choix.

Votre œuvre :

a. son auteur, le contexte général

....

b. sa réception

....

c. les enjeux de l'intrigue, de l'œuvre en général

....

……………………………………………………

……………………………………………………

……………………………………………………

……………………………………………………

d. **ses liens avec d'autres oeuvres**

……………………………………………………

……………………………………………………

……………………………………………………

……………………………………………………

……………………………………………………

……………………………………………………

……………………………………………………

……………………………………………………

……………………………………………………

……………………………………………………

e. **votre appréhension personnelle de l'oeuvre**

……………………………………………………

……………………………………………………

……………………………………………………

……………………………………………………

……………………………………………………

……………………………………………………

……………………………………………………

……………………………………………………

2 **Pour deux lectures de votre choix, faites le lien (titre, date et auteur) avec une oeuvre du corpus, une œuvre artistique (arts plastiques, architecture, cinéma, photographie), un fait ou une thématique d'actualité et justifiez.**

Lecture présentée	En lien avec…		Justification
……………, de ……………	Dans le corpus	……………, de ……………	……………
	Dans l'art	……………, de ……………	……………
	Dans l'actualité	……………	……………
……………, de ……………	Dans le corpus	……………, de ……………	……………
	Dans l'art	……………, de …………… …………… ……………	……………
	Dans l'actualité	…………… ……………	……………

S'entraîner

3 **À partir des débuts de réponse suivants, proposez trois manières de reformuler la question suivante : « Pourquoi, selon vous, votre professeur a-t-il jugé pertinent de vous faire lire cette œuvre ? »**

– Si je comprends bien ce que vous me demandez, ……………………………………………………

– Vous me demandez donc quels ……………………………………………………

– Si je saisis bien votre question, vous attendez que ……………………………………………………

4 **Les réponses ci-dessous comportent des maladresses ou des erreurs. Surlignez-les et expliquez-les.**

a. J'ai choisi de présenter Des Souris et des hommes, de John Steinbeck, parce que c'était l'œuvre la plus courte qui nous était proposée. Par contre, j'ai trouvé très choquant que Lenny se fasse abattre comme un chien à la fin du livre.

……………………………………………………

……………………………………………………

b. J'ai choisi de présenter Chien Blanc, de Romain Gary, car j'ai trouvé original que l'auteur traite la question du racisme à travers un chien dressé pour attaquer les Noirs qu'il tente de faire « redresser » par un Noir. D'ailleurs, c'était marrant qu'à la fin, le chien se mette du coup à n'attaquer que les Blancs ! En plus, c'est autobiographique. J'avoue, par contre, je n'ai pas trop compris les réunions politiques avec sa femme et tout ; je me suis perdu dans les noms des groupes et les discussions étaient trop longues et trop compliquées.

……………………………………………………

c. J'ai choisi de présenter La Répudiation, de Rachid Boudjedra, parce que j'ai été contente qu'il y ait un auteur maghrébin dans les propositions – c'est rare, alors que ça donne un autre point de vue sur les choses. D'autant plus que je suis musulmane et qu'il fait état d'un véritable problème de l'Islam : la question de son interprétation et de son intégration dans une société mondialisée et surtout occidentalisée.

……………………………………………………

……………………………………………………

Tuto BAC

57 Exploiter son brouillon

Retenir

Pour que votre brouillon soit efficace, il doit être clair et aéré. Pour cela :
➜ Utilisez uniquement le **recto** de la feuille.
➜ **Numérotez** chaque feuille en haut à droite pour vous y retrouver au moment de passer à la rédaction au propre.
➜ Laissez des **marges suffisantes** pour réécrire, ajouter des éléments.
➜ Utilisez des **surligneurs** de couleurs différentes pour relever des éléments sur les textes.

Les étapes du brouillon

Feuille 1	Feuille 2	Feuilles 3 à 5	Feuille 6
• **Notez** « en vrac » les **idées** et les **exemples** qui vous viennent à la lecture du sujet **(dissertation, essai)**. ou du texte **(commentaire, lecture linéaire)**. • Pour la **contraction** : notez les éléments correspondant aux étapes 1 et 4 du travail préparatoire (➜ fiche 41, p. 84).	• **Organisez** vos idées en **grandes parties et sous-parties (dissertation, commentaire, essai)**, ou en **mouvements (contraction, lecture linéaire)**. • Indiquez la légende de vos surlignages en couleur.	• **Indiquez votre plan détaillé :** Parties → sous-parties → arguments ou procédés analysés + exemples et citations, renvois aux lignes éventuellement. • **Une feuille = une partie** (au propre, vous devrez sauter une ou deux lignes).	• **Rédigez entièrement l'introduction et la conclusion.** Cela vous permettra de les relire et, éventuellement, de les corriger avant la rédaction au propre.

S'approprier

Travailler la feuille 1

1 Notez les idées qui vous viennent à la lecture des sujets de dissertation suivants.

Sujet 1

En quoi peut-on dire qu'Antoine est le personnage vivant la « crise personnelle » la plus marquée dans la pièce de J.-L. Lagarce, *Juste la fin du monde* ?

....

Sujet 2

Peut-on affirmer à propos de Julien Sorel, dans le roman de Stendhal, *Le Rouge et le Noir*, qu'il est un héros ?

....

Sujet 3

En quoi les *Essais* de Montaigne, en particulier les chapitres « Des coches » et « Des Cannibales », vous paraissent-ils illustrer la pensée de l'humanisme ?

....

2 Notez vos arguments pour chacun des sujets d'essai suivants.

Sujet 1

Pensez-vous que les voyages touristiques nous permettent de mieux comprendre les cultures différentes de la nôtre ?

Arguments pour : ....

Arguments contre : ....

Sujet 2

En quoi l'exercice d'une pensée critique et tolérante telle que prônée par Voltaire au XVIIIe siècle vous paraît-elle toujours essentielle aujourd'hui ?

Argument 1 : ....

....

....

....

Argument 2 : ....

....

....

....

Travailler la feuille 2

3 Organisez les idées suivantes de manière à proposer un plan détaillé sur le poème de Baudelaire, « Hymne à la beauté ».

Une beauté paradoxale – La beauté liée à la mort – L'ambiguïté de la beauté – Une beauté satanique – Les louanges du poète – Une beauté mystérieuse – La fascination du poète pour la Beauté – La beauté, une femme sensuelle – Une beauté fatale.

I. ....

a. ....

b. ....

II. ....

a. ....

b. ....

III. ....

a. ....

b. ....

Travailler les feuilles 3 à 5

4 Trouvez des arguments et des exemples pour étayer le plan suivant portant sur le sujet d'essai 2, exercice 2.

I. C'est essentiel pour mieux connaître les autres cultures et coutumes

a. ....

....

....

b. ....

....

II. C'est essentiel pour que cesse la montée des tensions entre les cultures

a. ....

....

....

b. ....

....

....

....

Travailler la feuille 6

5 Voici un début d'introduction détaillée.

Goethe affirme dans ses Entretiens avec Eckerman que « si, nous autres modernes, nous voulons apprendre à bien diriger nos efforts pour réussir au théâtre, Molière est l'homme auquel nous devons "nous adresser". Et le romantique Allemand de citer une scène du Malade imaginaire comme « symbole d'une connaissance parfaite des planches ». Il est indéniable que Molière a laissé une trace durable dans l'histoire du théâtre, en particulier en faisant accéder la comédie à un rang noble et en inventant le genre flamboyant de la comédie-ballet. Le critique de théâtre Alfred Simon ne dit pas autre chose lorsqu'il assure que « Le Maladie imaginaire n'est après tout qu'une comédie ballet en trois actes. [...] [Mais] la dernière pièce est la première à atteindre la grande comédie au cœur de la farce et, plus rare encore, la farce au cœur de la grande comédie. » (Molière, une vie, 1987). Après une condamnation étonnante en apparence de la comédie-ballet dans ce que la comédie-ballet a de plus classique, le critique explique pourtant que cette dernière pièce de Molière est l'une des plus abouties ; en effet, cette pièce est celle qui lie le mieux la farce au sérieux. Ainsi, nous pourrons nous demander en quoi les grandes comédies, et en particulier la comédie-ballet Le Malade imaginaire, permettent-elles de faire rire de sujets graves ? Nous verrons tout d'abord que ce genre a une fonction politique, avant de nous pencher sur l'enjeu comique et divertissant du genre. Enfin, nous analyserons la portée plus morale des comédies, et en particulier du Malade imaginaire.

a. Corrigez les répétitions lorsqu'il y en a.

b. Corrigez les erreurs orthographiques.

c. Soulignez les titres des œuvres.

58 Ponctuer ses écrits

Retenir

→ La ponctuation permet de structurer vos idées, à l'écrit.
→ Elle se charge également de certaines valeurs expressives.

1 En fin de phrase

Point (.)	Marque la fin d'une phrase déclarative, parfois injonctive.
Point d'exclamation (!)	En fin de phrase exclamative directe ou de phrase injonctive : signale une émotion forte ou un ordre, une défense.
Point d'interrogation (?)	En fin de phrase interrogative directe : signale une question.
Points de suspension (…)	Génère un effet d'attente, du suspense. Signale une énumération, mais aussi un sous-entendu.
Deux-points (:)	En fin de phrase qui annonce un dialogue, ils sont alors suivis de guillemets.

2 À l'intérieur d'une phrase

Virgule (,)	• Sépare les éléments d'une énumération. • Met un complément circonstanciel en apposition.
Point-virgule (;)	Sépare des groupes longs (groupes nominaux, propositions…).
Point d'exclamation (!)	Après une interjection
Deux-points (:)	• Introduisent une énumération • Entre deux propositions, créent un lien logique de cause, de conséquence, d'opposition ou de concession.
Guillemets (« … »)	• En début et fin de paroles rapportées au discours direct, séparent le discours du récit. • En début et en fin de citation, permettent d'attribuer des paroles à son auteur. • Avant et après un mot ou une expression, remettent en question le sens, soit en suggérant qu'on veut dire l'inverse (antiphrase, ironie), soit qu'on emploie le mot ou l'expression approximativement.
Tiret (–)	Indique qu'on change de locuteur dans un dialogue.
Parenthèses (…)	Apportent une précision, une explication non essentielle.

S'approprier

Analyser l'emploi de la ponctuation

1 *La narratrice est femme de chambre, dans une propriété dont le propriétaire a pour habitude de séduire les domestiques.*

Pauvre Monsieur !... Je crois que j'ai été trop raide, l'autre jour, avec lui dans le jardin… Peut-être ai-je dépassé la mesure ?... Il s'imagine, tant il est godiche, qu'il m'a offensé gravement et que je suis une imprenable vertu… Ah ! ses regards humiliés, implorants, et qui ne cessent de me demander pardon !... […]
Une fois, en m'abordant avec une expression étrange, avec quelque chose d'égaré dans les yeux, il m'a dit :
– Célestine… vous… vous… cirez… très bien… mes chaussures… très… très… bien… Jamais… elles n'ont été… cirées… comme ça… mes chaussures… […] Puis il a sifflé son chien… et il est parti…

Octave Mirbeau, *Journal d'une femme de chambre*, 1900.

a. **Quel signe de ponctuation domine dans ce passage ?** ……………………………………

b. **Ce signe a-t-il la même signification sous la plume de la narratrice que dans la bouche de son maître ? Justifiez.**

……………………………………
……………………………………
……………………………………
……………………………………
……………………………………
……………………………………
……………………………………

c. **Que traduisent les points d'exclamation ?** ……………………………………
……………………………………

2 Un coup de baguette [du poète] fait revivre le lieu commun. Il arrive que le même phénomène se produise pour un objet, un animal. L'espace d'un éclaire, nous « voyons » un chien, un fiacre, une maison, « pour la première fois ».

Jean Cocteau, *Le Rappel à l'ordre*, © Gallimard, 1926.

À quoi servent les guillemets ? ....

....

....

3 là où l'arc-en-ciel de ma parole est chargé d'unir
demain à l'espoir et l'infant à la reine
d'avoir injurié mes maîtres mordu les soldats du sultan
[…]
je regarde
La fumée se précipite en cheval sauvage sur le devant
de la scène ourle un instant la lave de sa fragile
queue de paon puis se déchirant la chemise
s'ouvre d'un coup la poitrine et je la regarde en
îles britanniques en ilots en rochers déchiquetés
se fondre peu à peu dans la mer lucide de l'air
où baignent prophétiques
ma gueule
ma révolte
mon nom

Aimé Césaire, ***Les Armes miraculeuses***, « Prophétie »,
© Gallimard, 1946.

a. Cet extrait de poème ne comporte pas de ponctuation : proposez-en une adaptée. N'oubliez pas les majuscules !

b. Quel est l'intérêt de reconstituer la ponctuation ?

....

....

....

c. Pourquoi le poète a-t-il choisi de ne pas en mettre ? ....

....

....

....

Bien ponctuer des écrits

4 Barbe-Bleue est une histoire qui donne corps à deux sentiments qui ne sont pas nécessairement étrangers l'un à l'autre et qui sont certainement familiers à l'enfant l'amour jaloux, d'abord, qui fait que l'on est prêt à détruire ceux qu'on aime, pour ne pas les voir devenir infidèles, tant on désire les garder éternellement et, ensuite, les sentiments sexuels, qui peuvent être terriblement tentants fascinants et également très dangereux.

Bruno Bettelheim, ***Psychanalyse des contes de fées***, © Pocket, 1976.

a. Complétez le texte par la ponctuation appropriée. Justifiez en remplissant le tableau suivant.

Signe de ponctuation	Fonction
....	....
....	....
....	....

b. Quelle est la fonction des autres virgules du passage ?

....

....

....

....

5 S'interroger sur le sens les moyens la portée de son geste tel est le premier acte de l'autobiographe souvent le texte commence non point par l'acte de naissance de l'auteur je suis né le… mais par une sorte d'acte de naissance du discours le pacte autobiographique
En cela l'autobiographie n'invente pas : les mémoires commencent rituellement par un pacte de ce genre exposé d'intention circonstances où l'on écrit réfutation d'objections ou de critiques Mais le rite de présentation a une fonction beaucoup plus importante pour l'autobiographe puisque la vérité qu'il entreprend de dévoiler lui est personnelle qu'elle est lui Écrire un pacte autobiographique quel qu'en soit le contenu c'est d'abord poser sa voix choisir le ton le registre dans lequel on va parler définir son lecteur les relations qu'on entend avoir avec lui c'est comme la clef les dièses ou les bémols en tête de la portée tout le reste du discours en dépend

Philippe Lejeune, ***Le Pacte autobiographique***, © Le Seuil, 1975.

a. Complétez le texte par la ponctuation qui convient.

b. Par quel connecteur logique pourrait-on remplacer les deux-points surlignés ? ....

6 Complétez cette introduction de dissertation, rédigée par un élève, par la ponctuation appropriée.

Qu'est-ce que l'art et *a fortiori* l'art poétique Voici une question qui a taraudé et taraude encore nombre de poètes et théoriciens de la littérature Comme tant d'autres donc Baudelaire s'est essayé à définir l'art dans son essai *Le Peintre de la vie moderne* (1885) La modernité c'est le transitoire le fugitif le contingent la moitié de l'art dont l'autre moitié est l'éternel et l'immuable Il y a eu une modernité pour chaque peintre ancien L'art serait donc au carrefour de l'ancien et du moderne au croisement du mouvement et de l'immobilisme Mais cette définition ici appliquée à la peinture est-elle valable pour la poésie Pour répondre à cette problématique nous nous attacherons tout d'abord à montrer comment l'histoire du genre poétique s'est écrite chaque fois en réaction à des formes bien installées Puis nous étudierons combien cet apparent immobilisme peut encore être mis en mouvement grâce au lecteur Enfin nous verrons comment la combinaison de ces deux composantes contradictoires de l'art à travers le temps est l'expression du génie

59 Éviter les répétitions

Retenir

Sauf effet stylistique, les répétitions ne font généralement pas bon effet dans un devoir. Pour les éviter, utilisez l'un des moyens suivants.

1 Les reprises nominales

Le synonyme	L'hyperonyme (ou terme générique)	L'hyponyme	La périphrase
• Ce mot de sens proche est de même nature, de même niveau de langue que le mot référent. L'auteur → **l'écrivain.**	• Mot dont le sens englobe un ensemble plus large que le mot référent. Le dramaturge → **L'auteur**	• Mot dont le sens est plus précis que le mot référent. L'auteur → **le poète**	• Groupe de mots qui désigne le mot référent. Victor Hugo → **l'auteur des *Misérables***

2 Les reprises pronominales

Une reprise pronominale reprend un nom ou un groupe de mots déjà cité dans le texte.

J'ai commencé ma vie comme je **la** finirai sans doute : au milieu des livres. (J.-P. Sartre)

Pronoms personnels + *-même*	Les pronoms démonstratifs + *-ci* et *-là*	Les pronoms adverbiaux *y* et *en*
-même(s) redouble certains pronoms (*lui, elle, soi, eux, elles*) et produit un effet d'insistance. Antigone dit elle-**même** à Créon qu'elle veut mourir.	Dans les pronoms démonstratifs composés (*celle-ci, celui-là*..), *-ci* désigne le GN le plus proche dans ce qui précède, *-là*, le plus éloigné. L'animalisation du personnage est rendue par une **métaphore** et une **périphrase**. Par **celle-ci**, l'auteur insiste sur le caractère dominant du personnage ; par **celle-là**, il souligne sa brutalité.	• *Y* reprend généralement des compléments qu'on introduirait généralement par la préposition *à*, *dans* ou *sur*. L'intérieur de la maison était sombre. On **y** distinguait à peine le mobilier. • ***En*** reprend généralement des compléments qu'on introduirait généralement par la préposition *de*. Le train était bondé de voyageurs. Arrivé en gare, il **en** sortait des centaines.

Conseil : si vous employez des pronoms relatifs, qui donnent plus de corps et de complexité à votre phrase, veillez à ce que la syntaxe reste correcte.

2 L'emploi des déterminants

Les déterminants démonstratifs ou possessifs permettent également de rendre votre texte plus fluide.

Cette strophe pour remplacer *la deuxième strophe* (dont on vient de parler).

Son œuvre pour remplacer *l'œuvre de Lamartine.*

S'approprier

Identifier le référent

1 Pour chaque reprise en gras, précisez le mot référent.

a. Dans ce recueil, combien de poèmes avez-vous étudiés ? Nous **en** avons étudié trois, mais nous devions tous **les** lire avec attention pour comprendre la structure du recueil.

– **En** : .... – **Les** : ....

b. Ces antithèses génèrent un effet de confusion chez le lecteur : **elles nous y** amènent par leur abondance dans cette strophe.

– **Elles** : .... – **Nous** : ....

– **Y** : ....

c. Quand Charles apprend que sa femme le trompe, Charles blêmit, mais ne sait pas vraiment comment réagir face à **Emma**, **ce qui** illustre une fois de plus **sa** passivité.

Emma : ....

Ce qui : ....

....

Sa : ....

d. Si on observe de plus près la composition de l'extrait, on remarque qu'**il** s'articule autour d'un seul mot, **celui-là** même qui donne son titre à l'ouvrage.

– **Il** : .... – **Celui-là** : ....

e. J'ai beaucoup apprécié deux poèmes : « Zone » d'Apollinaire et « Ma Bohème » de Rimbaud. **Celui-ci** m'a plu pour sa fraicheur, son humour ; **celui-là** pour son caractère moderne.

Celui-ci : ....

Celui-là : ....

Distinguer les procédés de reprise

2 Pour chaque reprise soulignée, identifiez le procédé employé, puis surlignez le référent.

a. Cet extrait est tiré des *Châtiments* de Victor Hugo, <u>un recueil romantique engagé.</u>

....

b. Au vers 4, Baudelaire utilise une métaphore. <u>Cette figure de style</u> illustre le caractère éphémère de l'amour.

....

c. C'est en recourant aux figures de répétition, et notamment à <u>l'accumulation</u>, que le narrateur illustre la magnificence du banquet.

....

d. L'anaphore fait appel à la sensibilité du lecteur. En effet, <u>la répétition de « il y a » au début de chaque vers du premier quatrain</u> imprime un rythme dramatique à **la strophe**.

....

e. Ce texte est la retranscription d'une des huit oraisons funèbres d'André Malraux. Dans <u>cet extrait</u>, il rend hommage au courage de Jean Moulin.

....

3 Expliquez l'intérêt de chaque reprise en gras. Expliquez la particularité de la reprise en orange.

a. Herman Hesse a écrit de nombreux romans à caractère philosophique. **L'auteur de *Siddharta*** interroge ainsi le lecteur du *Loup des Steppes* sur son mode de vie et sa conception des relations humaines.

....

b. Cet extrait de *La Comédie humaine* illustre à merveille l'enjeu de **ce vaste tableau des mœurs du XIXe siècle**.

....

c. Zola a accumulé une documentation impressionnante sur « Le Bon Marché » et « La Samaritaine ». C'est que **ce bourreau de travail** cherchait à peindre avec minutie les coulisses des grands magasins.

....

....

d. Victor Hugo se veut le chef de file du romantisme. Ainsi **le dramaturge** triomphe-t-il finalement par la bataille d'*Hernani*, qui lui permet un pied de nez artistique à tous les partisans du classicisme.

....

....

e. La composition de l'œuvre est atypique. Composée de cinq tableaux, **la pièce** joue sur une prolepse pour susciter la curiosité des spectateurs. Quand la scène initiale est enfin atteinte après un long retour en arrière, alors seulement **le public** prend conscience des enjeux du **drame** qui se joue devant lui.

....

....

....

Manipuler les procédés de reprises

4 Utilisez convenablement *celui-ci, celui-là, ceux-là, celle-ci* ou *celle-là* en vous appuyant sur le sens des phrases.

a. En ce sens, l'Académie a eu tort de condamner *Le Cid* de Corneille, mais on peut comprendre que .... ait tenté de faire rentrer .... dans le rang.

b. Voltaire fut très apprécié de Frédéric II de Prusse. .... invita même .... à le conseiller à sa cour.

c. Nous avons étudié deux pièces de Racine : *Phèdre* et *Britannicus*. Dans ...., le dramaturge décrit la naissance d'un monstre, Néron ; dans ...., il met en scène le destin tragique d'une reine grecque, jouet des dieux.

d. Beaucoup de lecteurs n'ont pas compris l'importance du Nouveau Roman dans la seconde moitié du XXe siècle. La critique, elle, n'a pas adopté la même méfiance que .... et a su accueillir .... comme il se devait.

5 Transformez ces phrases à l'aide de pronoms personnels pour éviter les répétitions.

a. Gervaise a épousé Lantier, mais Lantier passe tout son temps libre à l'Assommoir à boire de l'absinthe. Par ailleurs, Lantier finit par emmener Gervaise à l'Assommoir et incite Gervaise à consommer aussi de l'absinthe.

....

....

....

b. Quand les yeux d'Aurélien rencontrent les yeux de Bérénice, Aurélien tombe éperdument amoureux de Bérénice.

....

....

6 Transformez ces phrases à l'aide de pronoms relatifs pour éviter les répétitions.

a. Lamartine a écrit « Le Lac » ; « Le Lac » est considéré comme un chef d'œuvre de la poésie romantique.

....

....

b. L'Académie a prétendu que le personnage de Chimène ne répondait pas aux exigences de la règle de bienséance ; Corneille a démenti que le personnage de Chimène ne répondît pas aux exigences de la règle de bienséance.

....

....

....

c. J'ai assisté à une représentation de *Lucrèce Borgia* ; dans cette représentation, Lucrèce était interprétée par un homme et Gennaro par une femme.

....

....

....

60 Utiliser le mot juste

Retenir

→ Pour **commenter un texte, développer une idée** ou **défendre un point de vue** de manière convaincante, vous devez :

1 Employer un vocabulaire précis

Pour **qualifier la tonalité** d'un passage, reportez-vous à la fiche 30, p. 62.

Pour **caractériser un texte, son genre,** reportez-vous aux fiches :
- 1 à 5, p. 4 à 13,
- 7 à 11, p. 16 à 25,
- 13 à 16, p. 28 à 35,
- 18 à 22, p. 38 à 47.

Pour **identifier les procédés d'écriture,** reportez-vous aux fiches 24 à 29, p. 50 à 61.

2 Utiliser un langage adapté

→ Vous pouvez employer les expressions suivantes lorsque vous voulez :

Définir le texte

Être écrit par…/en…, publié/édité/sorti en, prendre place, se situer, constituer, être constitué/composé de, mettre en œuvre, se caractériser par, traiter de, envisager…

Qualifier le style de l'auteur

Impersonnel, sarcastique, familier…

Décrire la démarche de l'auteur

Décrire, dépeindre, représenter, esquisser, figurer ; raconter, retracer, ménager une pause/un effet ; argumenter, démontrer, défendre, dénoncer, recourir à, employer, procéder par/en, adopter un procédé…

Introduire une citation

- **Adverbes :** Ainsi, par exemple, comme, en effet, notamment, à travers…
- **Phrases :** On peut le voir/constater à/dans/par… ; Tel est le cas dans… ; Ceci est notable/ évident par/à travers/dans…

Décrire l'effet produit sur le lecteur

- **Adjectifs ou compléments du nom :**
  – ***atmosphère*** légère, bucolique, romantique, oppressante, angoissante… ;
  – ***effet*** d'attente/de surprise/de confusion ; saisissant, inattendu, contradictoire…
- **Verbes exprimant l'intensité :** souligner, accentuer, mettre en évidence/valeur…
- **Verbes établissant un lien entre la forme et le fond :** évoquer, dénoter, refléter, marquer…

Souligner sa propre démarche

Observer, constater, étudier, remarquer ; montrer que, s'interroger sur, aborder, appréhender, se concentrer sur ; analyser, commenter, interpréter…

Structurer son discours

– (Tout) d'abord/ensuite/enfin…
– En premier/second/troisième lieu…
– Dans un premier/second/troisième temps…
– Premièrement/deuxièmement…
– D'une part…/d'autre part…,
– En ce qui concerne, au niveau de, quant à, du point de vue de, en raison de, en conséquence…

S'approprier

Décrire la démarche ou le style de l'auteur

1 J'écris comme je parle, sans procédé, je vous prie de le croire. Je me donne du mal pour **rendre** le « parlé » en « écrit », parce que le papier retient mal la parole, mais c'est tout. Point de tic ! Point de genre en cela ! De la condensation c'est tout. Je trouve quant à moi en ceci le seul mode d'expression possible pour l'émotion. Je ne veux pas **narrer**, je veux faire RESSENTIR. Il est impossible de le faire avec le langage académique, usuel – le beau style. C'est **l'instrument** des rapports, de la discussion, de la lettre à la cousine, mais c'est toujours de la grimace et du figé. Je ne peux pas lire un roman en langage classique. […] Leur langue est *impossible, elle est morte,* aussi illisible (en ce sens émotif) que le latin. Pourquoi je fais tant d'emprunts à la langue, au « jargon », à la syntaxe argotique, pourquoi je la forme moi-même si tel est mon besoin de l'instant ? *Parce que vous l'avez dit : elle meurt* vite cette langue.

Louis-Ferdinand Céline, lettre à André Rousseau, in ***Le Figaro***, © Le Figaro, 1936.

a. Que décrit Céline dans cet extrait ? ....

....

b. Donnez au moins un synonyme pour chaque mot en gras :

– rendre : ....

– narrer : ....

– l'instrument : ....

c. Surlignez les adjectifs qui qualifient le « beau style ».

d. En vous appuyant sur la description qu'en fait Céline, qualifiez son style par au moins trois adjectifs :

……………………………………………………………………

2 a. Classez les verbes suivants selon qu'ils expriment la critique ou la défense d'un point de vue, d'une situation : *affirmer, justifier, approuver, réprouver, prôner, s'indigner de, défendre, faire l'éloge de, déplorer, regretter, célébrer, dénoncer, condamner, blâmer, désapprouver, vanter, faire valoir, porter aux nues, louer.*

Défendre	……………………………………………
	……………………………………………
	……………………………………………
Critiquer	……………………………………………
	……………………………………………

b. Quels genres littéraires peuvent vous conduire à employer ces verbes en commentaire ?

……………………………………………………………………

3 Pour chaque adjectif décrivant un style d'écriture, proposez au moins deux synonymes.

– Impersonnel : ……………………………………………

– Incisif : ……………………………………………

– Familier : ……………………………………………

– Orné : ……………………………………………

Introduire une idée ou une citation

4 Complétez les phrases suivantes par un équivalent plus précis du verbe « montrer ».

a. Cette anaphore ……………… la nostalgie du poète.

b. Cette métaphore ……………… l'asservissement des Haïtiens par les colons européens.

c. Cette gradation ……………… la colère du narrateur.

d. Cette répétition ……………… l'importance de la liberté pour Dom Juan.

5 Transformez les phrases suivantes de façon à éviter la locution « il y a ».

a. Dans cet extrait, il y a beaucoup de mots du champ lexical du combat.

……………………………………………………………………

……………………………………………………………………

b. Dans la réplique d'Orgon, il y a de nombreuses figures d'insistance.

……………………………………………………………………

……………………………………………………………………

c. Dans ce discours, il y a quatre grandes parties.

……………………………………………………………………

d. Dans ce texte, il y a un niveau de langue familier.

……………………………………………………………………

……………………………………………………………………

6 Peut-être ne serait-il pas inutile de définir ces mots interprétés de façons si diverses : le réalisme ou le naturalisme. Selon les uns et, il faut bien l'avouer, selon l'opinion la plus accréditée, le réalisme consisterait à choisir les sujets les plus abjects et les plus triviaux, les descriptions les plus repoussantes et les plus lascives, ce serait, en un mot, les pustules de la société. Après avoir débarrassé les plus horribles plaies du cérat et de la charpie[1] qui les couvrent, le naturalisme n'aurait qu'un but, en faire sonder au public l'épouvantable profondeur.

Joris-Karl Huysmans, *Zola et L'Assommoir*, *L'Artiste*, 1877.

1. Remèdes autrefois appliqués sur la peau.

a. De quoi traite ce texte ? ……………………………………………

……………………………………………………………………

b. Par quels procédés Huysmans indique-t-il qu'il n'expose pas ici son point de vue ? ……………………………………………

……………………………………………………………………

c. Surlignez les adjectifs qui qualifient le réalisme.

d. Relevez un synonyme de « montrer » dans le texte :

……………………………………………………………………

7 Proposez trois manières différentes d'introduire la citation suivante de Paul Éluard : « La Terre est bleue comme une orange ».

a. ……………………………………………………………

……………………………………………………………………

b. ……………………………………………………………

……………………………………………………………………

c. ……………………………………………………………

……………………………………………………………………

Structurer son propos

8 Rédigez l'annonce du plan pour l'excipit de *Paul et Virginie* de Bernardin de Saint-Pierre, en vous appuyant sur les axes suivants. N'oubliez pas d'utiliser des éléments de langage variés et des connecteurs logiques.

Plan

I. Une scène pathétique et tragique

II. Paul et Virginie : des modèles héroïques

III. La tempête : reflet d'un amour romantique impossible

……………………………………………………………………

……………………………………………………………………

……………………………………………………………………

……………………………………………………………………

……………………………………………………………………

61 Corriger ses erreurs d'orthographe

Retenir

Quand vous relisez votre copie, vous devez être attentif à un certain nombre d'erreurs possibles.

1 Les accords du participe passé

Employé comme adjectif	Avec l'auxiliaire être	Avec l'auxiliaire avoir
• Avec le nom auquel il se rapporte. Des films **vus** et **revus**	• Accord avec le sujet. Cette série télévisée a été **appréciée**. • Pour les verbes **pronominaux** : – accord avec le sujet pour les verbes toujours pronominaux. Ils se sont **enfuis**. – accord avec le pronom réfléchi s'il est COD. Ils se sont **préparés**. – Ils se sont **préparé** un repas.	• Accord avec le **COD** s'il est **placé avant** le verbe. Les films **que** j'ai **vus** m'ont plu. – Je **les** ai **aimés**. • Pas d'accord avec **en**. Des films j'**en** ai **vu** beaucoup. • Pas d'accord pour le participe passé du verbe **faire suivi d'un infinitif**. Nous les avons **fait** enregistrer.

→ Pour l'accord du verbe avec son sujet et l'accord dans le GN (➜ fiche 46, p. 94).

2 Les terminaisons verbales

Terminaisons	Pour vous aider	Exemples
-é* ou *-er* ou *-ez* ou *ais/ait/aient	Remplacez par un verbe du 3ᵉ groupe, *faire* par exemple.	*Il a **préparé** un exposé.* → *Il a **fait** un exposé* → participe passé *Il va **préparer** un exposé.* → *Il va **faire** un exposé.* → infinitif ***Préparez** un exposé.* → ***Faites** un exposé.* → -ez *Il **préparait** un exposé.* → *Il **faisait** un exposé.* → imparfait
À la fin d'un participe passé *-i* ou *-is* ou *-it*	Mettez le participe passé au féminin pour trouver la lettre finale.	***Fini*** → *finie* → *-i* ***Pris*** → *prise* → *-is* ***Prescrit*** → *prescrite* → *-it*

3 Certains homophones

Homophones	Natures grammaticales	Pour vous aider
Ce	• Déterminant démonstratif • Pronom démonstratif	• Remplacer par *le*. • Remplacer par *cela*.
Se	Pronom réfléchi	Toujours suivi d'un verbe ; remplacer par *me* ou *te*.
Ces	Déterminant démonstratif	Remplacer au singulier par *ce*, *cet* ou *cette*.
Ses	Déterminant possessif	Remplacer au singulier par *son* ou *sa*.
C'est	Pronom démonstratif + *être*	Remplacer par *cela est*.
S'est	Pronom réfléchi + *être*	Suivi d'un participe passé ; remplacer au pluriel par *se sont*.
L'a	Pronom personnel + *avoir*	Remplacer par *je l'avais*
La	• Article défini • Pronom personnel	Remplacer par *les*.
Est	Verbe *être*	Remplacer par *était*.
Et	Conjonction de coordination	Remplacer par *et puis*.
Ai	Verbe *avoir* (1ʳᵉ pers. présent de l'indicatif)	Remplacer par *avais*.
Aie, ait, aient	Verbe *avoir* au présent du subjonctif	Remplacer par *nous ayons*.
Leur	• Déterminant possessif • Pronom personnel	Remplacer par *son* ou *sa*. Remplacer au singulier par *lui*.
Leurs	Déterminant possessif	Remplacer par *ses*.

S'approprier

Savoir accorder le participe passé

1 Dans sa dissertation sur le théâtre, un élève cite des extraits du *Mariage de Figaro* de Beaumarchais, mais il a commis des erreurs sur les accords des participes passés. Surlignez-les et corrigez-les.

a. « SUZANNE. - Jeune personne adroite, spirituelle et ....
rieuse, mais non de cette gaieté presque effronté ....
de nos soubrettes corruptrices ; son joli caractère ....
est dessiné dans la préface, et c'est là que l'actrice ....
qui n'a point vue Mlle Contat doit l'étudier pour le ....
bien rendre. » ....

b. « Suzanne. - Ah ! madame, quand je suis rentré du cabinet, si vous aviez vue votre visage ! il s'est terni tout à coup ; mais ce n'a été qu'un nuage ; et par degrés vous êtes devenues rouge, rouge, rouge ! [...]
La Comtesse. - Tout cela m'a remué au point... que je ne pouvais rassembler deux idées. »

2 Barrez la forme qui ne convient pas.

a. Les escrimeurs se sont salué/salués et se sont serré/serrés la main.
b. Anna a rédigé/rédigée sa dissertation en quatre heures, elle l'a relu/relue elle-même, puis elle l'a fait/ faite relire à sa sœur.
c. Des encouragements, elle en a reçu/reçus, mais elle a quand même échoué/échouée.

Savoir accorder les terminaisons verbales

3 Voici l'introduction d'un commentaire sur « L'Albatros » de Baudelaire, rédigée par un élève. À vous de surligner puis de corriger les cinq erreurs commises sur les terminaisons verbales.

Le poème « L'Albatros » est extrais de « Spleen et Idéal », la deuxième partie du recueil de Baudelaire, *Les Fleurs du Mal*. Ce poème lui a été inspirer lors d'un voyage sur un navire qui devait mené le poète jusqu'aux Indes, mais qui finalement s'est achever à l'île Maurice. Baudelaire a prit l'image suggestive de l'albatros pour dépeindre sa propre condition dans une société qui l'ignore complètement.

4 Complétez les formes verbales par *-é(e)* ou *-er*.

Ma mère attendait à la barrière de sortie, sa jaquette de tailleur enfil....... par-dessus sa blouse blanche et un foulard sur ses cheveux qu'elle ne teint plus depuis mon mariage. L'enfant, muet de fatigue et perdu, au bout de ce voyage interminable, s'est laiss...... embrass....... et entraîn....... par la main. La chaleur était légèrement tomb......... [...] Mon père nous attendait dans la cuisine. Il ne m'a pas paru vieilli. Ma mère m'a fait remarqu...... qu'il était all..... chez le coiffeur pour faire honneur à son petit garçon.

Annie Ernaux, *La Place*, © Gallimard, 1983.

5 Complétez les formes verbales par *-i(e)(s)* ou *-is* ou *-it*

Don Juan était tellement ému par la beauté de doña Teresa, que, sans faire attention, il suiv...... don Garcia jusqu'à la porte de l'église, et v....... les deux nobles demoiselles monter dans leur carrosse. Lorsqu'elles furent part........ , don Garcia, enfonçant son chapeau de travers sur sa tête, s'écria gaiement :

« [...] Aujourd'hui je lui ai rem...... un billet qu'elle a pr....... fort bien.
– Un billet ? Mais je ne vous ai pas vu écrire !
– J'en ai de tout écrit sur moi, et, pourvu qu'on n'y mette pas de noms, ils peuvent servir pour toutes. »

Prosper Mérimée, *Les Âmes du purgatoire*, 1834.

Savoir accorder les homophones

6 Voici l'introduction d'un commentaire du début de *Germinal*, rédigée par un élève. À vous de surligner puis de corriger les huit erreurs commises sur des homophones.

En 1885, Zola fait paraître Germinal, qui ce passe dans les mines du Nord de la France. Se titre, le romancier ne la pas choisi au hasard, car il rappelle le mois de mars du calendrier révolutionnaire, mois où la nature ce renouvelle, à l'image de ses mineurs qui vont se lever pour se révolter. L'auteur des Rougon-Macquart décrit avec précision leur conditions de vie. S'est dans un milieu hostile qu'on plonge au début du roman : l'homme marche dans le froid et la nuit, est aperçoit les feux rougeoyants d'une fosse.

7 Remplacez les pointillés par la forme qui convient : *ce, se, ces, ses, c'est, s'est*.

a. Il .... trouve que .... colis contient .... qui est nécessaire pour continuer notre travail.

b. Il .... montré très surpris en ouvrant .... cadeaux de Noël.

c. Regarde .... immeubles tout neufs, ... un grand changement pour le quartier.

d. Les anciens élèves .... retrouvent tous les ans, ... que je comprends très bien.

e. .... bien malgré lui qu'il .... mis à .... devoirs.

8 Barrez la forme qui ne convient pas.

a. Je leur/leurs ai pourtant dit de prendre leur/leurs manteaux. – b. Cette réaction, il l'a/la déjà eue à l'a/la fin des vacances. – c. Cette consigne, l'enfant l'a/la-t-il comprise ? Il faut l'a/la lui répéter. – d. Les élèves de 2nde C ont parlé avec leur/leurs professeurs et leur/leurs ont demandé s'ils pouvaient organiser une sortie au théâtre.

9 Remplacez les pointillés par la forme qui convient : *est, es, et, ai, aie, aies, ait, aient*.

a. Il est déjà six heures. Je doute qu'il .... le temps de finir ses devoirs .... d'aller au cinéma. – b. J'.......... à peine dit un mot .... tu es déjà fâchée. – c. Pourvu que j'.......... de la chance .... que tout se passe bien. – d. Il faut que les footballeurs .... fini leur entraînement pour que le journaliste .... l'occasion de leur parler.

62 Réviser ses textes

Retenir

1 Connaître ses séquences

Vous devez connaître :

Parcours associé

Pour chaque texte étudié en classe, l'intitulé du **parcours** qui lui est **associé** et les **problématiques rattachées.**

Problématique de la séquence

La **problématique spécifique** de chaque **séquence** imaginée par votre professeur et figurant sur le descriptif.
Vous devez pouvoir y répondre.

Objets d'étude

Les notions spécifiques à chacun des **objets d'étude** (le roman et le récit, le théâtre, la poésie, la littérature d'idées) (➜ Mots clés, fiches 66 à 69, p. 136-143).

2 Connaître ses textes

Vous devez :

Établir des fiches

Chaque fiche doit contenir :
a. nom de l'auteur, titre de l'œuvre de laquelle il est extrait, date de publication ;
b. titre de l'extrait étudié (le vôtre ou celui donné par votre professeur) ;
c. mouvements qui composent le texte (donnez un titre à chacun d'eux) ;
d. projet de lecture rattaché à ce texte.

Lire

Vous devez vous être entraîné(e) durant l'année à **lire tous vos textes plusieurs fois,** pour ne pas donner le sentiment de les découvrir le jour de l'épreuve (➜ fiche 23, p. 90).
Par ailleurs, les relire régulièrement vous permettra de mieux les connaître, donc **de mieux les analyser.**

Se souvenir des mouvements du texte

Pour chaque texte, **mémorisez les différents mouvements** qui le composent et qui vous permettront d'organiser votre analyse le jour de l'oral.

3 Préparer ses introductions par cœur

Vous devez :

Connaître les auteurs

Apprenez par cœur quelques éléments de biographie et de bibliographie essentiels sur chaque auteur étudié.

Savoir situer chaque texte

- dans son époque : les mouvements littéraires auxquels l'auteur a appartenu (siècle, principes du mouvement) ;
- dans son œuvre : pour les textes complémentaires, vous devez savoir s'il s'agit d'un incipit ou d'un excipit, d'une scène d'exposition ou de dénouement, ou de tout autre passage marquant de l'œuvre.

Connaître le projet de lecture

Si vous en avez choisi un pour mener votre analyse du texte, apprenez-le par cœur pour le formuler en fin d'introduction.

S'approprier

Connaître les parcours associés

1 a. Rattachez chacune des œuvres suivantes au parcours qui lui est associé, selon les œuvres que vous avez étudiées en classe.

b. Pour chaque objet d'étude, choisissez un parcours et imaginez une problématique qui permette de s'interroger sur les enjeux de ce parcours.

Le roman et le récit

Œuvres : 1. Marguerite Yourcenar, *Mémoires d'Hadrien*

2. Jules Verne, *Voyage au centre de la Terre*

3. Stendhal, *Le Rouge et Noir*

4. Madame de Lafayette, *La Princesse de Clèves*

5. Nathalie Sarraute, *Enfance.*

Parcours : a. Individu, morale et société – **b.** Récit et connaissance de soi – **c.** Le personnage de roman, esthétiques et valeurs – **d.** Science et fiction – **e.** Soi-même comme un autre.

....

Problématique possible : ....

....

....

Théâtre

Œuvres : 1. Molière, *Le Malade imaginaire*

2. Marivaux, *Les Fausses confidences*

3. Jean-Luc Lagarce, *Juste la fin du monde*

4. Marivaux, *L'Île des esclaves.*

Parcours : a. Théâtre et stratagème – **b.** Maîtres et valets – **c.** Crise personnelle, crise familiale – **d.** Spectacle et comédie.

....

Problématique possible : ....

....

....

Poésie

Œuvres : 1. Charles Baudelaire, *Les Fleurs du Mal*

2. Victor Hugo, *Les Contemplations*, livres I à IV

3. Guillaume Apollinaire, *Alcools*.

Parcours : a. Modernité poétique ? – **b.** Les mémoires d'une âme – **c.** Alchimie poétique : la boue et l'or.

....

Problématique possible : ....

....

....

Littérature d'idées

Œuvres : 1. Voltaire, *L'Ingénu*

2. Montaigne, *Essais*, « Des Cannibales », I, 31 ; « Des Coches », III, 6

3. Montesquieu, *Lettres persanes*

4. Jean de La Fontaine, *Fables* (livres VII à XI).

Parcours : a. Imagination et pensée au XVIIe siècle – **b.** Notre monde vient d'en trouver un autre – **c.** Le regard éloigné – **d.** Voltaire, esprit des Lumières.

....

Problématique possible : ....

....

Connaître les problématiques de séquences

2 Au cours de l'année, notez les problématiques de chaque séquence faite en classe, et formulez à l'oral une réponse à cette problématique.

Le roman et le récit : ....

Le théâtre : ....

La poésie : ....

La littérature d'idées : ....

Faire des fiches de révisions pour chaque texte

3 Choisissez un texte parmi ceux étudiés dans l'objet d'étude « La littérature d'idées » et complétez ce modèle de fiche.

Nom, œuvre, date de publication : ....

....

Titre de l'extrait : ....

Mouvements : ....

....

....

Projet de lecture : ....

Apprendre ses introductions par cœur

4 a. Rédigez une introduction complète pour l'un des textes étudiés dans l'objet d'étude « Le théâtre ».

b. Lisez votre introduction à voix haute pour vérifier qu'elle ne dépasse pas une minute.

c. Apprenez cette introduction par cœur.

d. Procédez de la même manière pour chaque introduction des textes que vous aurez à présenter à l'oral ; rédigez-les sur des fiches bristol que vous rangerez dans votre classeur de révisions.

....

....

....

....

....

....

....

....

....

....

....

....

....

....

....

....

....

....

....

....

....

....

Vérifier ses connaissances

5 En binôme, posez-vous des questions sur les textes préparés pour l'oral. Vous serez alternativement l'élève et l'examinateur. Relevez les hésitations ou les éléments qui manquent de clarté dans la présentation de votre camarade. Aidez-vous des fiches 43, 44 et 63.

a. Demandez à votre camarade, pour chaque objet d'étude, quel est le titre du parcours associé.

b. Interrogez-vous sur la formulation de la problématique choisie par votre professeur pour chaque séquence, et répondez-y.

c. Sélectionnez un texte et demandez à votre camarade de réciter son introduction, en incluant les mouvements du passage et le projet de lecture si vous les avez travaillés en classe.

d. Procédez ensuite à la lecture à voix haute du texte face à votre camarade.

63 Prendre la parole en public

Retenir

1 Travailler la voix

➜ Veillez aux **marqueurs de la voix** :
– l'**articulation**,
– le **volume** : ni trop fort, ni trop faible ;
– le **rythme** : ni trop lent, ni trop rapide ;
– la **ligne mélodique** : posez votre voix, évitez les voix stridentes ou au contraire trop graves ;
– la **portée** : adressez-vous à l'ensemble de l'auditoire, du premier au dernier rang ;
– le **souffle** : maîtrisez votre respiration pour bien placer votre souffle.

2 Travailler sa posture

➜ **Debout (exposé, discours, « Grand oral »)**
Adoptez une **position du corps** stable :
– bien ancré(e) au sol, les pieds à plat écartés de la largeur des hanches ;
– tenez-vous droit(e), sans monter les épaules ;
– maintenez le contact visuel avec le public ou votre interlocuteur, soyez souriant(e) ;
– Utilisez vos mains pour soutenir votre discours (ne les mettez pas dans les poches, ne croisez pas les bras).
➜ **Assis (oral du bac, débat) :** même conseils que ci-dessus mais posez vos bras sur la table, ne les laissez pas croisés sur vos genoux.

3 Et aussi...

➜ **Présentez-vous soigné(e) face à l'examinateur** : vêtements adaptés, cheveux propres...
➜ **Adaptez votre langage à la personne à laquelle vous vous adressez** : utilisez un langage courant, sans expressions familières (*« de base », « ouais », « heu », etc.*).

S'approprier

Travailler sa voix : articulation, volume et rythme

1 Lisez en boucle les phrases proposées ci-dessous, en suivant les consignes :

a. Détachez chaque syllabe de manière très marquée, en ouvrant et étirant vos lèvres au maximum.

b. Adoptez un débit normal, puis très lent, puis rapide.

c. Adoptez un volume normal, puis de plus en plus fort (*crescendo*), avant d'aller vers le murmure (*decrescendo*).

1. Le chat sauvage se sauve, le chasseur chauve le chasse.
2. Je suis un juge juste, je n'ai juste jamais jugé !
3. Mardi matin, ma mère mange malicieusement mes myrtilles mûres, mes meilleures mandarines, même mes mignonnes madeleines moelleuses.

Travailler sa voix : portée et ligne mélodique

2 Lisez le texte suivant en posant votre voix et en vous faisant entendre de toute la classe. Faites de courtes pauses après les virgules, et prenez le souffle suffisant pour l'énumération finale.

Le 14 juillet, tout est prêt pour la fête, quelque chose d'immense, avec le roi Louis XVI en chapeau à plumes, avec Lafayette sur un cheval blanc, avec quatre cent mille fédérés venus de toute la France. La géographie est tuée. Plus de montagnes, plus de fleuves, plus d'obstacles entre les hommes. On porte des toasts à la majesté du peuple, à la liberté universelle, aux mânes[1] de ceux qui ont péri dans les cachots de la Bastille, aux écrivains intrépides qui ont préparé la destruction du despotisme des rois, à Voltaire, à d'Alembert, à Diderot, à Guillaume Tell qui a affranchi son pays, à la nouvelle Confédération des États-Unis d'Amérique, à la liberté infinie de la presse.

Régine Detambel, ***Le Chaste Monde***, © Actes Sud, 2015.

1. Esprits des morts.

3 Apprenez à parler plus fort et de manière plus claire en racontant un événement réel ou inventé.

a. Rédigez en quelques lignes l'événement que vous voulez raconter (rencontre inattendue, dispute avec un ami...).

b. Si l'espace le permet, allongez-vous par terre et racontez cet événement comme si votre interlocuteur se trouvait dans la pièce au-dessus du plafond. Sinon, asseyez-vous le dos bien droit, fermez les yeux et racontez votre événement à une personne qui se trouverait dans la pièce de l'étage inférieur.

Adapter le registre de langue à son interlocuteur

4 Reformulez l'anecdote suivante, rédigée dans un registre familier, en utilisant un registre courant, puis soutenu.

Après le dej' j'ai pioncé trop longtemps, ça m'a carrément fait du bien mais du coup je suis à la bourre au bahut. C'est pour ça que je suis venue en caisse avec mon daron.

Registre courant : ....

....

....

....

....

Registre soutenu : ....

....

....

....

....

....

Poser sa voix

5 Lisez les extraits suivants.

a. Marquez les pauses à l'aide de barres : une barre pour les pauses légères, deux barres pour les pauses plus longues.

b. Soulignez les termes sur lesquels vous souhaitez insister, par la voix et par le geste.

c. Entraînez-vous à lire ces passages debout, à voix haute, en étant attentif à votre posture et à votre voix.

d. Si vous le pouvez, filmez-vous pour corriger et améliorer votre voix ou votre posture.

Texte 1

Offrir à tous les individus de l'espèce humaine les moyens de pourvoir à leurs besoins, d'assurer leur bien-être, de connaître et d'exercer leurs droits, d'entendre et de remplir leurs devoirs ; assurer à chacun d'eux la facilité de perfectionner son industrie, de se rendre capable des fonctions sociales auxquelles il a droit d'être appelé, de développer toute l'étendue des talents qu'il a reçus de la nature, et par là, établir entre les citoyens une égalité de fait, et rendre réelle l'égalité politique reconnue par la loi. Tel doit être le premier but d'une instruction nationale ; et, sous ce point de vue, elle est pour la puissance publique un devoir de justice.

Condorcet, *L'organisation générale de l'instruction publique*, discours à l'Assemblée nationale, 20 et 21 avril 1792.

Texte 2

Nous n'avons pas élevé la voix en vain ; la question sociale se traite désormais sous son double aspect ; les femmes deviennent quelque chose dans un pays où les hommes étaient tout. Déjà, voici les ouvrières appelées à se faire représenter par des délégués auprès de la commission du Luxembourg, c'est un pas de fait en avant, les autres pas se feront successivement. Dans cet acte accompli pour la France, dans Paris, il y a la consécration d'un fait qui relève la dignité de l'homme aux yeux du monde, parce que l'homme a relevé la dignité de la femme ! Merci, messieurs, continuez, et par votre justice envers toutes, vous aurez bien mérité de Dieu !

Eugénie Niboyet, « Candidature de George Sand », *La Voix des femmes*, 5 avril 1848.

6 Lisez les extraits suivants.

a. Déterminez la tonalité et le registre du passage.

b. Marquez les pauses à l'aide de barres parallèles : une barre pour les pauses légères, deux barres pour les pauses plus longues.

c. Entraînez-vous à lire ces passages assis, à voix haute, en étant attentif à votre posture et à votre voix.

d. Allez écouter les chroniqueurs à l'origine de ces textes, et commentez leur posture et leur voix.

e. Apprenez-en un et récitez-le à la classe.

Extrait 1

– Nicole, on me dit que vous êtes lourde… – Oui mais c'est la faute à mon cœur, / qui est lourd comme mon humour. Car malgré mon contrat de clown, l'actualité de la semaine m'a évidemment tiré plus de pleurs que de rires. Alors vous me direz : Nicole, de quoi avez-vous pleurs ? Qu'est-ce qui alourdit vos yeux et votre cœur ? Et ben, évidemment, je vais pas y aller par quatre chemins, parce que je n'ai que deux jambes, mais comme beaucoup j'ai été très touchée par la mort aussi triste que violente de cet enseignant Samuel Paty.

Nicole Ferroni, chronique du 21 octobre sur France Inter.
https://www.franceinter.fr/emissions/le-billet-de-nicole-ferroni/le-billet-de-nicole-ferroni-21-octobre-2020

Tonalité ....

....

....

Registre ....

Commentaire : ....

....

....

....

....

....

Extrait 2

On se réveille dans des états très différents le matin. Après il va falloir lutter contre ça, il y a des matins où on se lève et où tout vous semble hostile. La fraternité ou l'indifférence. Les bruits et le silence, les autres ou leur absence. Les gens qui passent qui ont l'air d'ennemis probables. Le mur qui nous renvoie à notre enfermement.

Édouard Baer, chronique du 25 janvier 2018 dans l'émission « Plus près de toi », Radio Nova.
https://youtu.be/dsECtBWRcC0

Tonalité : ....

Registre : ....

Commentaire : ....

....

....

64 Travailler sa mémoire

Retenir

Le processus de mémorisation dépend de 5 facteurs :

- L'**intérêt** pour l'information à retenir (comprendre pourquoi un point de grammaire est intéressant aide à le retenir…).
- La **motivation** (avoir une bonne note…).
- Le **projet de mémorisation** (savoir dans quelles conditions l'information devra être restituée).
- Le niveau de **difficulté**.
- L'**état physique et émotionnel** (on mémorise mal lorsqu'on est fatigué, stressé, ou déconcentré par les écrans…).

Mémoire à court terme

- Liée à notre **concentration**, la **mémoire à court terme** (ou « mémoire de travail ») est notre capacité à retenir, **pour une durée limitée**, des informations captées sur le moment.
- Ces informations retenues sont **vite remplacées** par de nouvelles.
- Il faut donc les faire passer dans la mémoire à long terme pour les retenir, au moins jusqu'aux évaluations !

Mémoire à long terme

- L'une des mémoires **à long terme** (la « mémoire du souvenir »), permet de restituer des connaissances, d'autant plus vite qu'elles auront été mémorisées en sollicitant nos cinq sens et nos émotions.
- Pour stocker une information dans cette mémoire, il faut donc la mémoriser **plusieurs fois**, à intervalles précis (voir la courbe de l'oubli, exercice 1), **selon différentes techniques visuelles, auditives, corporelles…** (comme le **palais de la mémoire**, qui consiste à mémoriser des informations en les intégrant à un parcours donné où chaque information est associée à un lieu).

S'approprier

Analyser la courbe de l'oubli

1 Observez le schéma suivant, appelé « courbe de l'oubli ».

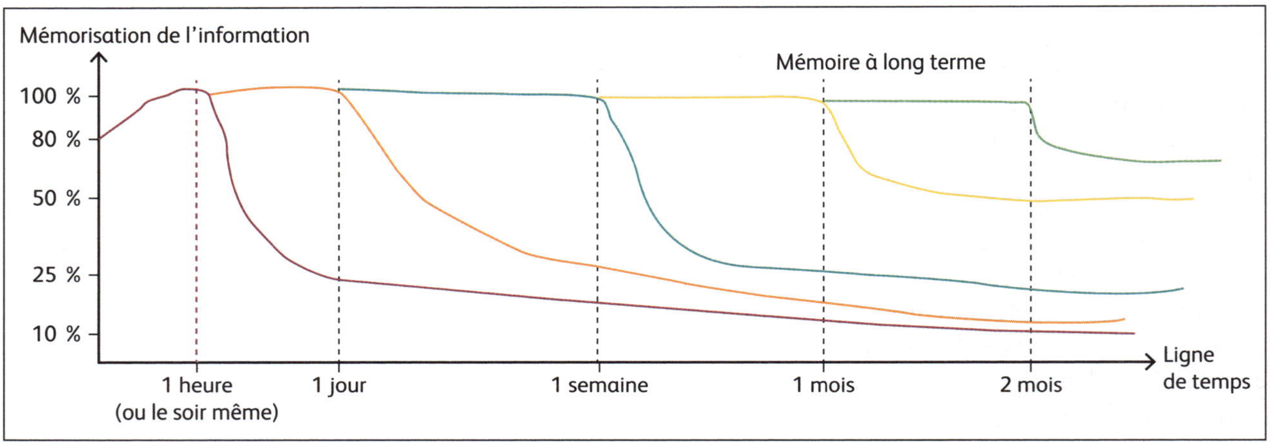

a. Analysez ce schéma : combien de lectures de vos cours et/ou mémorisations de vos fiches vous permettront de retenir des informations en vue d'une évaluation ayant lieu une semaine après les cours ?

....

....

....

b. À partir de combien de réactivations de la mémorisation et au bout de combien de temps une information est-elle retenue dans la mémoire à long terme ?

....

....

....

....

....

....

....

....

c. Selon ce schéma, si vous avez cours de français un lundi 9 novembre, quand devez-vous réviser ce cours en vue de l'évaluation du lundi 23 novembre ? Et quand réactiver ces connaissances pour vous en souvenir pour le bac au mois de juin ?

....

....

....

....

....

....

....

d. **Si on se contente d'écouter le cours et de ne pas réactiver les informations reçues le jour-même (en relisant ses cours le soir, par exemple), le cerveau ne retient qu'environ 25 % des connaissances, et perd les 75 % dès le lendemain : vrai ou faux ?**

....

Dessiner l'information pour mieux la mémoriser

2 Voici une liste de dix notions littéraires (cinq périodes et cinq genres qui leur sont rattachés).

Le Moyen Âge et les romans de chevalerie – L'humanisme et les essais de Montaigne – Le classicisme et la comédie de Molière – Les Lumières et le conte philosophique de Voltaire – Le naturalisme de Zola.

a. **Lisez-les à voix haute, une fois, puis récitez-les en fermant les yeux. Combien de notions avez-vous retenues ? Étaient-elles dans l'ordre de la liste ?**

....

b. **Relisez-les en faisant des allers-retours entre la liste et votre mémoire (fermez les yeux pour vérifier que les notions sont retenues, puis revenez à la liste, autant de fois que nécessaire). Combien de notions avez-vous retenues ? Étaient-elles dans l'ordre de la liste ?**

....

c. **À présent, dessinez ces notions sur une feuille blanche, prise en format paysage (le cerveau *voit* en mode cinématographique, on l'aide donc en lui mettant l'information au bon format). Prenez le temps de choisir des dessins qui vous paraissent cohérents par rapport à la notion, peu importe si vous les dessinez mal. Vous pouvez ajouter des mots ou des chiffres. Observez votre feuille, puis fermez les yeux et récitez les notions.**

a. **Combien de notions avez-vous retenues ?**

....

b. **Étaient-elles dans l'ordre de la liste ?**

....

c. **Comment avez-vous évoqué dans votre tête cette liste dessinée (en parlant des dessins, en les voyant dessinés dans votre tête, en vous voyant les dessiner… ?)**

....

....

....

....

....

....

....

....

....

....

....

....

....

....

....

....

....

....

....

....

d. **Essayez de réactiver cette liste de dix notions le lendemain de cet exercice, sans la regarder de nouveau (ni votre feuille de dessin). Selon quelles modalités (la liste, ou les dessins) l'information revient-elle à vous plus facilement ?**

....

Retenir grâce au « palais de la mémoire »

3 Voici une liste de dix éléments sans rapport les uns avec les autres.

Un BigMac avec des frites sauce mayonnaise – Un dictionnaire des mots rares et précieux – Un maillot de foot Neymar Jr numéroté 10 – Un chat noir nommé Sacha qui s'échappe – Un vélo vert avec un guidon rouillé – Une leçon sur l'économie de la Chine – Un portrait de Dora Maar peint par Picasso – Deux pots de Nutella – Un billet aller-retour Marseille-Bastia en bateau, première classe – Le roman de Zola *L'Assommoir* ouvert à la page 113.

a. **Visualisez et notez dix emplacements dans votre chambre (la porte, le bureau, etc.) en suivant un parcours logique.**

b. **Associez à chaque élément, dans l'ordre de votre déplacement dans la chambre, un élément de la liste (dans l'ordre de la liste bien sûr, et dans sa totalité !).**

c. **Imaginez ensuite chacun de ces éléments à la place que vous lui avez associée. Attention, il ne s'agit pas de répéter l'élément en boucle, mais de l'imaginer avec le maximum de vos sens (toucher, odorat, ouïe, vue, goût). Vous pouvez aussi imaginer un mot écrit (le plus important dans l'élément à retenir), ou vous raconter une histoire pour passer d'un élément à l'autre. Prenez le temps de faire des associations personnelles entre l'objet et l'élément.**

d. **Récitez la liste des dix éléments. Combien d'éléments avez-vous retenus dans l'ordre ? Lesquels ont été les plus faciles à mémoriser ? Pour quelles raisons ? Lesquels ont été les plus faciles à restituer ? Pour quelles raisons ?**

....

....

....

....

....

....

....

....

....

....

65 S'approprier des techniques visuelles de mémorisation

Tuto BAC

Retenir

→ Les outils de mémorisation visuels vous permettent de retenir plus rapidement et pour plus longtemps les notions à apprendre.

→ Transformer vos cours en fiches « visuelles » vous oblige en effet à être **attentif** à l'information que vous devez retenir et à bien la **comprendre** pour être capable de **faire des liens**. Par ailleurs, comme vous établirez vous-même vos liens, votre fiche sera d'autant plus facile à **mémoriser**.

Les différents types de fiches

Les techniques visuelles les plus efficaces pour réviser sont :

Les cartes mentales

- Elles permettent de **visualiser** en un coup d'œil les éléments essentiels d'une notion et les liens qu'ils entretiennent entre eux.
- Elles ont l'avantage d'être visuellement conformes à l'architecture rayonnante des réseaux de neurones de votre cerveau.

Le *sketchnoting*

- C'est le processus créatif et graphique par lequel un individu **enregistre ses pensées à l'aide d'illustrations, de symboles, de structures et de textes.**
- Il vous oblige à beaucoup **transformer l'information**, donc à vous l'approprier davantage.

Les *flash cards*

- Sur une fiche bristol, notez :
– une notion sur le recto,
– et les connaissances liées à cette notion sur le verso.
- Le but des flash cards est de **réactiver** facilement et régulièrement le **lien entre deux informations :**
- Elles sont particulièrement ludiques, surtout si l'on révise à plusieurs.

S'approprier

Créer une carte mentale

1 Sur le modèle ci-dessous, réalisez une carte mentale autour du roman lu en œuvre intégrale pour l'oral du bac. Vous mettrez le titre du roman et son auteur au centre et commencerez par la branche en haut à droite (on lit une carte mentale dans le sens des aiguilles d'une montre). Développez au moins quatre branches (par ex. : personnages, thèmes, etc.).

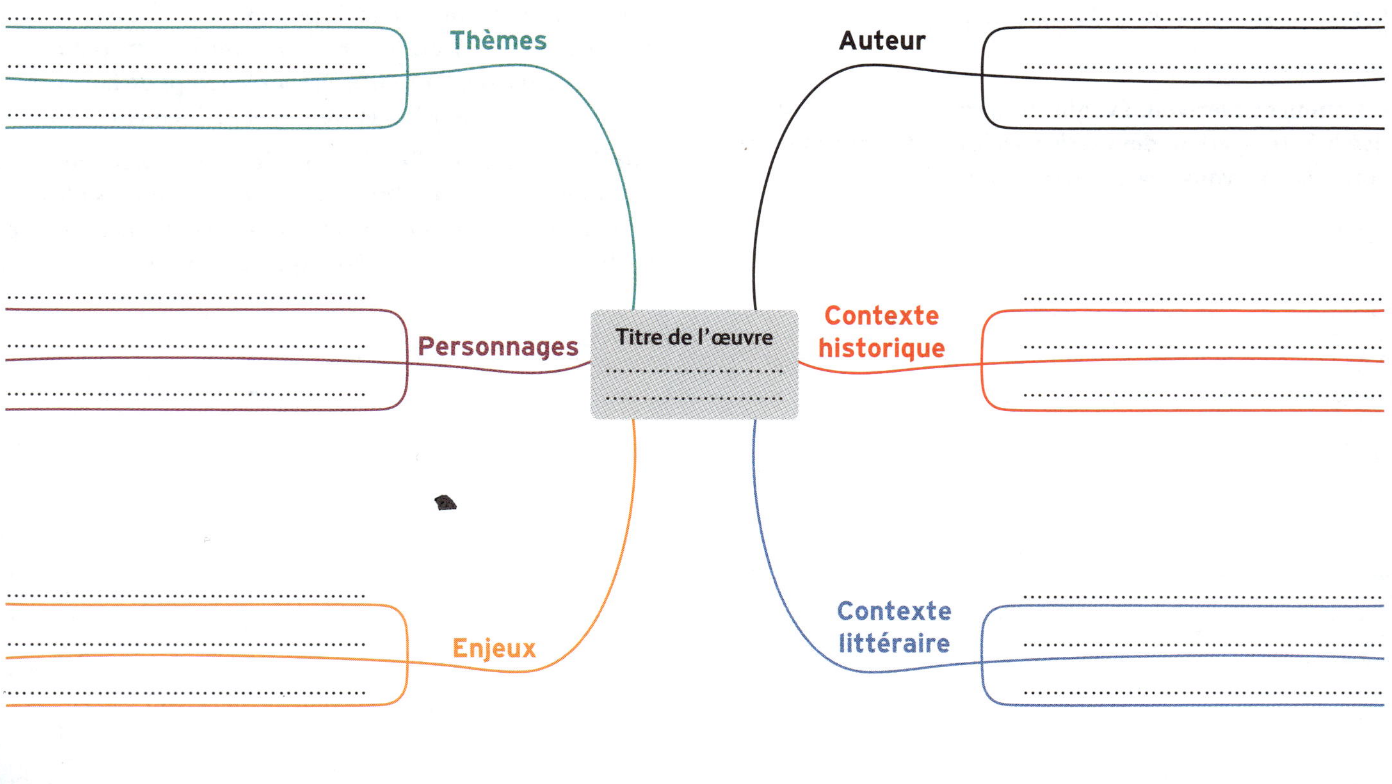

2 **Créez une carte mentale autour du genre poétique du XIXᵉ siècle à nos jours.**

Mettez autant de branches que nécessaire, et rajoutez quand vous le pouvez des icônes visuelles.

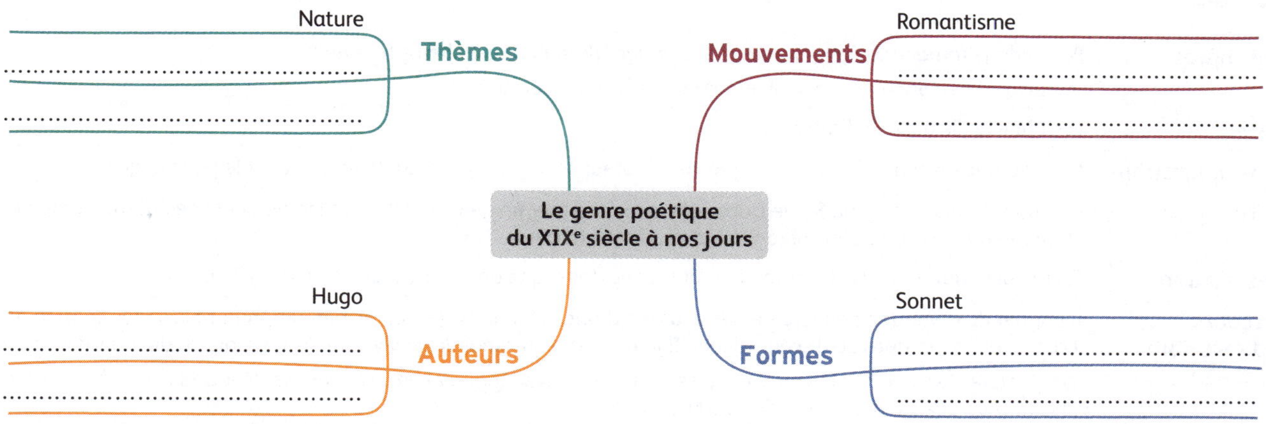

Créer une fiche en sketchnote

3 **Sur le modèle de la fiche ci-dessous, créez une page de *sketchnote* sur l'humanisme ou le romantisme. Vous pourrez trouver de nombreux exemples de motifs à utiliser en tapant « modèles sketchnote » dans une barre de recherche Internet.**

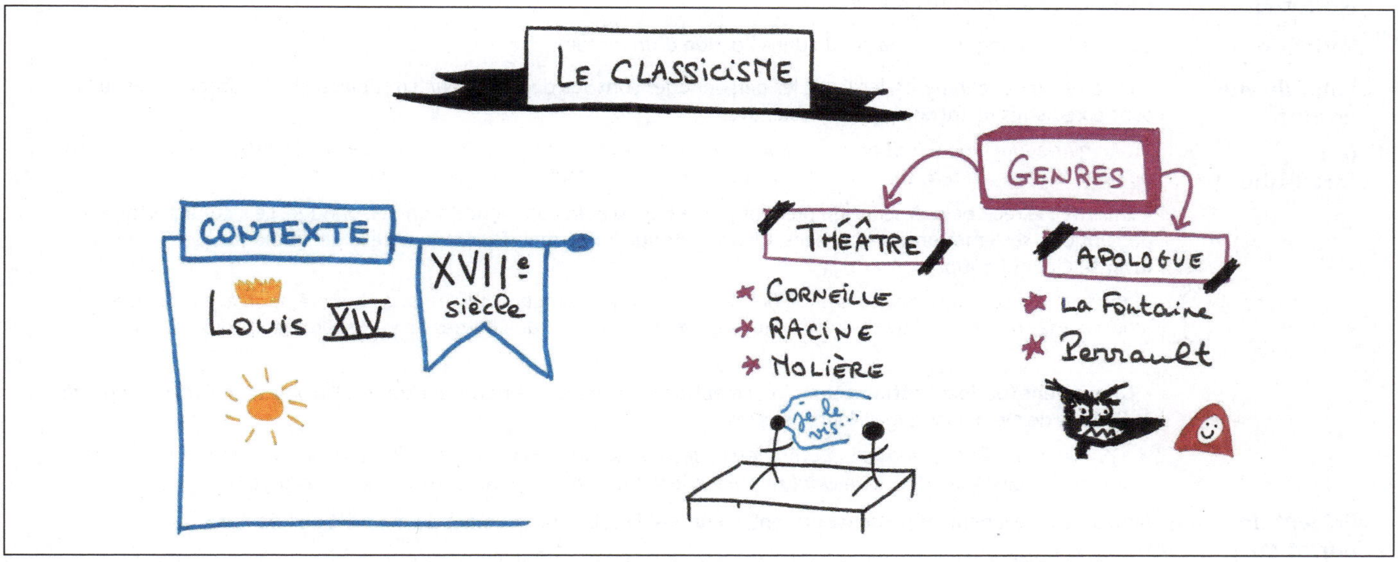

Réviser avec les flashcards

4 **a.** **Sur le modèle de la carte ci-dessous, créez une série de *flashcards* autour des notions liées à la littérature d'idées. Vous écrirez une notion au recto, et au verso les connaissances à mémoriser sur cette notion.**

b. **Une fois vos cartes créées, interrogez-vous à plusieurs.**

Recto	Verso
Autobiographie	• Roman • Auteur = personnage • Pacte de confiance • 1er : Rousseau

66 Les mots-clés du roman

Retenir

Anti-héros	Personnage romanesque en rupture avec l'image triomphante du héros traditionnel. Meursault, personnage principal du roman de Camus, *L'Étranger*.
Auteur	Personne réelle qui écrit l'histoire.
Autobiographie	Récit qu'une personne fait de sa propre vie. L'auteur est donc également le narrateur et le personnage.
Autofiction	Mot inventé par le critique Serge Dubrovsky pour désigner un genre combinant les éléments de l'autobiographie et du roman, une sorte d'autobiographie déguisée en roman.
Description	Texte qui nomme, précise les caractères et les qualités d'une personne, d'un objet, d'un lieu.
Discours indirect libre	Il permet de rapporter indirectement les paroles d'une personne dans un récit en supprimant la subordination mais il conserve les marques du discours direct. Il joint au discours indirect la vivacité de la parole du discours direct. *Quels étaient son nom, sa demeure, sa vie, son passé ? Il souhaitait connaître les meubles de sa chambre, toutes les robes qu'elle avait portées.* (Flaubert)
Ellipse temporelle	Passage sous silence d'éléments narratifs.
Explicit	Dernières lignes d'un roman.
Incipit	Début d'un roman. Il peut : – commencer directement au sein d'une histoire (*in medias res* ou dynamique), – mettre en place les éléments du décor (statique), – retarder l'action par une approche indirecte de l'histoire (suspensif).
Narrateur	Personnage qui raconte l'histoire.
Péripétie	Événement, changement inattendu dans l'action d'un roman.
Point de vue narratif (ou focalisation)	• **Externe :** les événements, les lieux, les personnages sont vus de l'extérieur. La subjectivité est absente. Les faits sont enregistrés de façon neutre et objective. *Et la lourde machine se mit en route. Elle descendit la rue Grand-Pont, traversa la place des Arts, le quai Napoléon, le pont Neuf et s'arrêta court devant la statue de Pierre Corneille.* (Flaubert)
	• **Interne :** le récit et la description passent par le regard et la conscience d'un personnage. Le lecteur partage ses perceptions, ses émotions, ses pensées. Ce point de vue lui permet de comprendre le personnage « de l'intérieur » et favorise l'identification. *Fabrice s'aperçut que de cette grande hauteur, son regard plongeait sur les jardins et même su la cour intérieure du château de son père. Il l'avait oublié. L'idée de ce père arrivant aux bornes de la vie changeait tous ses sentiments.* (Stendhal)
	• **Omniscient (ou focalisation zéro) :** la perception est illimitée. Le narrateur sait tout, il voit tout, il révèle le passé et l'avenir de ses personnages, leurs pensées. *Ce prince était galant, bien fait et amoureux ; quoique sa passion pour Diane de Poitiers, duchesse de Valentinois, eût commencé il y avait plus de vingt ans, elle n'en était pas moins violente.* (Mme de La Fayette)
Présent de narration	Il raconte un événement passé au présent, comme s'il était contemporain du moment de l'écriture. *Napoléon attendait à la Malmaison l'instant de son départ de France. Je* ***retourne*** *à lui.* (Chateaubriand)
Roman épistolaire	Récit imaginaire dans lequel des lettres sont les véhicules de la narration et assurent une progression dramatique. *Les Lettres persanes*, de Montesquieu, 1721
Temps	• **de l'histoire :** époque à laquelle se déroule l'action
	• **de la narration :** temps verbal utilisé pour raconter les événements
	• **de l'écriture :** moment où l'auteur rédige l'histoire.

S'approprier

1 Qui suis-je ? Retrouvez les auteurs et autrices des œuvres suivantes.

1. *Les Lettres persanes* de ....
2. *Madame Bovary* de ....
3. *Les Confessions* de ....
4. *Sido* de ....
5. *Germinal* d' ....
6. *La Promesse de l'aube* de ....
7. *La Princesse de Clèves* de ....
8. *Gargantua* de ....
9. *La Comédie humaine* d' ....
10. *Les Caractères* de ....
11. *L'Étranger* d' ....

2 Citez une œuvre romanesque écrite par chacun des auteurs suivants.

1. Chrétien de Troyes : ....

2. Rabelais : ....

3. Madeleine de Scudéry : ....

4. Stendhal : ....

5. Marcel Proust : ....

6. Louis-Ferdinand Céline : ....

7. Marguerite Yourcenar : ....

8. Simone de Beauvoir : ....

9. Marguerite Duras : ....

10. Nathalie Sarraute : ....

3 Incipit (I) ou explicit (E) ? Cochez la bonne réponse.

1. Longtemps je me suis couché de bonne heure. I ❒ E ❒

M. Proust, *Du côté de chez Swann*.

2. La première fois qu'Aurélien vit Bérénice, il la trouva franchement laide. I ❒ E ❒

L. Aragon, *Aurélien*.

3. Mme de Rênal fut fidèle à sa promesse. Elle ne chercha en aucune manière à attenter à sa vie ; mais, trois jours après Julien, elle mourut en embrassant ses enfants. I ❒ E ❒

Stendhal, *Le Rouge et le Noir*.

4. Il lança sur cette ruche bourdonnante un regard qui semblait par avance en pomper le miel, et dit ces mots grandioses :
– À nous deux maintenant ! Et pour premier acte du défi qu'il portait à la Société, Rastignac alla dîner chez madame de Nucingen. I ❒ E ❒

H. de Balzac, *Le Père Goriot*.

5. Comment s'étaient-ils rencontrés ? Par hasard, comme tout le monde. I ❒ E ❒

D. Diderot, *Jacques le fataliste*.

6. Il ne lâchait pas Denise, il la serrait éperdument sur sa poitrine, en lui disant qu'elle pouvait partir maintenant, qu'elle passerait un mois à Valognes, ce qui fermerait la bouche du monde, et qu'il irait ensuite l'y chercher lui-même, pour l'en ramener à son bras, toute-puissante. I ❒ E ❒

É. Zola, *Au Bonheur des dames*.

4 Pour chacun des extraits suivants, dites s'il s'agit d'un point de vue externe, interne ou omniscient.

Extrait 1

Vers la fin du mois d'octobre dernier, un jeune homme entra dans le Palais-Royal au moment où les maisons de jeu s'ouvraient, conformément à la loi qui protège une passion essentiellement imposable.

Honoré de Balzac, *La Peau de chagrin*, 1831.

Point de vue : ....

Extrait 2

Emma Bovary, au couvent, emprunte des romans à l'une des soeurs chargées de son éducation.

Avec Walter Scott, plus tard, elle s'éprit de choses historiques, rêva bahuts, salle des gardes et ménestrels. Elle aurait voulu vivre dans quelque vieux manoir, comme ces châtelaines au long corsage, qui, sous le trêfle des ogives, passaient leurs jours, le coude sur la pierre et le menton dans la main, à regarder venir du fond de la campagne un cavalier à plume blanche qui galope sur un cheval noir. Elle eut dans ce temps-là le culte de Marie Stuart, et des vénérations enthousiastes à l'endroit des femmes illustres ou infortunées.

Gustave Flaubert, *Madame Bovary*, 1857.

Point de vue : ....

Extrait 3

Chactas confie à René sa réaction après la mort tragique de sa bien-aimée, Atala, qui s'est suicidée.

Je n'entreprendrai point, ô René, de te peindre aujourd'hui le désespoir qui saisit mon âme, lorsque Atala eut rendu le dernier soupir. Il faudrait avoir plus de chaleur qu'il ne m'en reste ; il faudrait que mes yeux fermés se pussent rouvrir au soleil, pour lui demander compte des pleurs qu'ils versèrent à sa lumière.

François-René de Chateaubriand, *René*, 1802.

Point de vue : ....

5 *Valmont raconte à la marquise de Merteuil comment il a trouvé le moyen de se faire bien voir de la présidente de Tourvel, se sachant observé par l'un de ses domestiques.*

Cependant j'arrive au village ; je vois de la rumeur ; je m'avance : j'interroge ; on me raconte le fait. Je fais venir le Collecteur ; et, cédant à ma généreuse compassion, je paie noblement cinquante-six livres, pour lesquels on réduisait cinq personnes à la paille et au désespoir. Après cette action si simple, vous n'imaginez pas quel chœur de bénédictions retentit autour de moi de la part des assistants ! [...] J'examinais ce spectacle ! lorsqu'un autre paysan, plus jeune, conduisant par la main une femme et deux enfants, et s'avançant vers moi à pas précipités, leur dit : « Tombons tous aux pieds de cette image de Dieu ». [...] Tout calculé, je me félicite de mon invention.

Choderlos de Laclos, *Les Liaisons dangereuses*, lettre XXI, 1782.

Rédigez des phrases avec des mots du tableau page ci-contre pour qualifier ce texte et son personnage.

....

....

....

....

....

....

....

67 Les mots-clés du théâtre

Retenir

→ Le mot « théâtre » est polysémique : il désigne à la fois un **genre littéraire** très codifié, **l'art dramatique**, indissociable de la représentation, et enfin **le lieu de la représentation.**

1 Le texte

Acte	Division de l'œuvre. Autrefois, sa durée correspondait au temps qu'il fallait aux chandelles pour se consumer.
Aparté	Réplique qu'un personnage adresse à lui-même, à un autre personnage ou au public et ce, à l'insu des autres protagonistes.
Catharsis	Effet de purification des passions exercée sur les spectateurs d'une tragédie.
Coup de théâtre	Retournement de situation.
Dénouement	Résolution du problème majeur de la pièce.
Didascalies	Indications scéniques.
Exposition	Scène (ou acte) initial(e) expliquant la crise en cours, présentant les personnages et le cadre de l'intrigue.
Monologue	Réplique d'un personnage seul en scène.
Nœud	Moment délicat de l'intrigue où tous les problèmes se conjuguent.
Quiproquo	Malentendu entre les personnages, qui produit souvent un effet comique.
Réplique	Prise de parole d'un personnage.
Stichomythie	Passage où les personnages se répondent par des répliques très courtes.
Tirade	Longue réplique d'un personnage.

2 La représentation

Comédien	Personne qui interprète d'un rôle.
Dramaturge	Auteur de pièces de théâtre.
Metteur en scène	Personne qui dirige le jeu des interprètes en fonction de sa propre lecture de la pièce.
Quatrième mur	Séparation imaginaire entre la scène et la salle ; il peut être brisé.

3 Le lieu

Avant-scène	Espace de la scène toujours à découvert quand le rideau est fermé.
Côté cour	Quand on regarde la scène depuis la salle, côté droite de la scène.
Côté jardin	Quand on regarde la scène depuis la salle, côté gauche de la scène.
Plateau	Espace de jeu des comédiens.
Salle	Espace réservé aux spectateurs, de l'autre côté de la rampe ou du « 4e mur ».
Scène	Dans un acte, passage délimité par l'entrée et/ou la sortie d'un personnage.

S'approprier

1 Complétez ce schéma, représentant une salle de théâtre contemporaine vue du dessus.

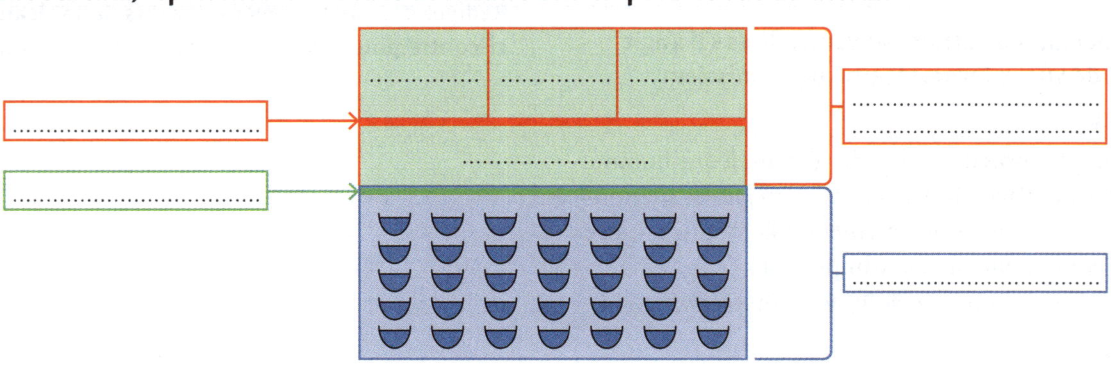

2 Trouvez les mots correspondants aux définitions suivantes.

1. Division d'un acte : ....

2. Dans une tragédie, purification des passions exercée sur les spectateurs : ....

3. Début d'une pièce de théâtre : ....

4. Quand on est dans le public, côté gauche de la scène : ....

5. Malentendu entre les personnages : ....

6. Longue réplique : ....

7. Séries de courtes répliques, vers à vers : ....

8. Acteur de théâtre : ....

9. Dans un texte de théâtre, indication de jeu donnés par l'auteur ou le metteur en scène : ....

10. Molière l'était, tout comme Aristophane ou Victor Hugo : ....

11. Prise de parole d'un personnage qui s'adresse à lui-même ou au public sans que les autres ne s'en rendent compte : ....

3 En puisant dans votre culture personnelle, donnez le nom des auteurs des pièces suivantes.

1. *L'Illusion comique*, de ....

2. *Dom Juan*, de ....

3. *Bérénice*, de ....

4. *Le Jeu de l'amour et du hasard*, de ....

5. *Le Barbier de Séville*, de ....

6. *Hernani*, de ....

7. *On ne badine pas avec l'amour*, d'..........

8. *Ubu roi*, d'..........

9. *La guerre de Troie n'aura pas lieu*, de ....

10. *La Leçon*, d'..........

11. *Fin de partie*, de ....

12. *Roberto Zucco*, de ....

4 En puisant dans votre culture personnelle, replacez le nom des personnages suivants aux endroits qui conviennent : *Dom Juan, Médée, Figaro, Ruy Blas, Hilda.*

1. Personnage de Molière, incarnation du séducteur absolu : ....

2. J'ai tué mes enfants pour me venger de l'infidélité de leur père : ....

3. Pour Hugo, je suis un « ver de terre amoureux d'une étoile » : ....

4. Amoureux de Suzanne, j'ai la plus longue tirade du théâtre français : ....

5. Domestique de Mme Lemarchand, dans une pièce de M. NDiaye : ....

5 Lisez cet extrait de *La Cantatrice chauve*, de Ionesco, et répondez aux questions.

Mary. – Mme et M. Martin, vos invités, sont à la porte. Ils m'attendaient. Ils n'osaient pas entrer tout seuls. Ils devaient dîner avec vous, ce soir.

Mme Smith. – Ah oui. Nous les attendions. Et on avait faim. Comme on ne les voyait plus venir, on allait manger sans eux. On n'a rien mangé, de toute la journée. Vous n'auriez pas dû vous absenter !

Mary. – C'est vous qui m'avez donné la permission.

M. Smith. – On ne l'a pas fait exprès !

Mary, *éclate de rire. Puis, elle pleure. Elle sourit.* – Je me suis acheté un pot de chambre.

Mme Smith. – Ma chère Mary, veuillez ouvrir la porte et faites entrer M. et Mme Martin, s'il vous plaît. Nous allons vite nous habiller.

Mme et M. Smith sortent à droite. Mary ouvre la porte à gauche par laquelle entrent M. et Mme Martin.

Scène III

Mary, les Époux Martin

Mary. – Pourquoi êtes-vous venus si tard ! Vous n'êtes pas polis. Il faut venir à l'heure. Compris ? Asseyez-vous quand même là, et attendez, maintenant.

Elle sort.

Scène IV

Les mêmes, moins Mary

Mme et M. Martin s'assoient l'un en face de l'autre, sans se parler. Ils se sourient, avec timidité.

M. Martin *(le dialogue qui suit doit être dit d'une voix traînante, monotone, un peu chantante, nullement nuancée).* – Mes excuses. Madame, mais il me semble, si je ne me trompe, que je vous ai déjà rencontrée quelque part.

Eugène Ionesco, *La Cantatrice Chauve*,

a. Surlignez toutes les didascalies. À quoi les avez-vous reconnues ?

....

b. Quelle didascalie est un peu différente des autres ? En quoi ?

....

....

....

....

c. Justifiez les changements de scène.

....

....

....

....

68 Les mots-clés de la poésie

Retenir

1 Les mouvements poétiques

Parnasse	Groupe de poètes qui recherchent la perfection formelle et le culte de « l'art pour l'art ». Ils créent en 1866 la revue *Le Parnasse contemporain*. Auteurs : **Gautier, Leconte de Lisle, Heredia**
Romantisme	Mouvement littéraire et artistique qui se manifeste en France entre 1820 et 1850. Il se caractérise par la volonté de retrouver la liberté dans l'art, d'exprimer une sensibilité maladive, ébranlée par la Restauration. Les œuvres romantiques se veulent engagées dans l'actualité et les luttes sociales de leur temps. Auteurs : **Chateaubriand** (préromantique), **Hugo, Lamartine, Musset**
Surréalisme	Mouvement littéraire et artistique né en 1924 dont le but est de libérer la poésie de ses entraves traditionnelles, elle donne place aux forces de l'inconscient et à l'écriture automatique pour exprimer la spontanéité. Auteurs : **Breton, Éluard**
Symbolisme	Mouvement artistique et littéraire fondé sur la transposition de la réalité en symboles. Son esthétique se fonde sur l'art de la suggestion, de la transfiguration. Mystique, élitiste, elle soutient que l'univers n'est que l'apparence d'un autre monde idéal. Auteurs : **Baudelaire, Mallarmé, Verlaine, Rimbaud**

2 Les formes poétiques

Sonnet	Poème de quatorze vers, formé de deux tercets et de deux quatrains. D'origine italienne (Pétrarque), le dernier vers, très travaillé s'appelle la chute, ou la pointe. Baudelaire, *Les Fleurs du Mal*, « Recueillement », 1861
Calligramme	Poème dont la mise en page forme un dessin.
Élégie	Poème lyrique dans lequel le poète exprime sa plainte mélancolique.
Poème en prose	Poème qui ne répond à aucune structure ni disposition traditionnelle poétique (vers, rime, strophe…), mais utilise des images (métaphores, comparaisons…), des effets sonores et des associations inhabituels (oxymore…). Rimbaud, *Illuminations*, « Aube »
Vers libres	Vers de longueurs variées (hétérométriques), qui se caractérisent par leur musicalité, leur recherche de variété et de sonorité. Les vers libres ne riment qu'exceptionnellement. Robert Desnos, *Corps et Biens*, « À la mystérieuse », « Les Espaces du sommeil »,

3 Les procédés poétiques

Allitération	Répétition d'un même son consonnantique. Quoi donc se sent ?/ L'avoine siffle./ Un buisson gifle/ L'œil au passant. (Verlaine, « Charleroi »)
Assonance	Retour d'un même son vocalique. « Les sanglots longs/ Des violons/ De l'automne » (Verlaine, « Chanson d'automne »)
Césure	Coupe métrique au milieu de l'alexandrin.
Contre-rejet	Élément bref qu'il faut aller chercher au vers précédent (contre-rejet externe) ou dans l'hémistiche précédent (interne) « La nuit était lugubre ; on entendait **des coups** De fusil dans la rue où l'on en tuait d'autres » (Hugo)
Diérèse	Fait de prononcer en deux syllabes deux voyelles qui se suivent : *Li-on*
Enjambement	Le rejet se prolonge jusqu'à la césure suivante « Mon amour est comme un fiévreux **que seul apaise** **Le poison qui nourrit son mal** et dont il meurt » (Apollinaire)
Hémistiche	Moitié d'un vers, marqué par une césure.
Mètre	Longueur d'un vers. Cette mesure compte le nombre de syllabes sonores d'un vers. 12 syllabes : alexandrin, 10 syllabes : décasyllabe, 8 syllabes : octosyllabe…
Rejet	Élément bref en fin du vers, et qui déborde : – sur le vers suivant (rejet externe) : « Il est pris. – Oh ! quel nom sur ses lèvres muettes **Tressaille** ? Quel regret implacable le mord ? » (Rimbaud, rejet externe) – en fin d'hémistiche sur l'hémistiche suivant (rejet interne) : « La mort qui vient la mort **qui va** la mort vécue » (Eluard, rejet interne)
Synérèse	Fait de prononcer en une seule syllabe deux voyelles qui se suivent.

S'approprier

1 Citez les auteurs et autrices des recueils ou poèmes suivants.

1. « Le Lac », d'..........
2. « La Mort du Loup », d'..........
3. *Poèmes saturniens* de ....
4. *Les Fleurs du Mal*, de ....
5. *Les Chants de Maldoror*, de ....
6. *Les Cahiers de Douai*, d'..........
7. « Le Pont Mirabeau », de ....
8. *L'Amour la poésie* » de ....
9. *L'Instant fatal*, de ....
10. *Cavernes et soleils*, d'..........
11. *Éthiopiques*, de ....
12. *Les Planches courbes*, d'..........

2 Réattribuez à chaque vers le poète qui l'a écrit : Éluard (deux fois) – Hugo – Lamartine –Baudelaire – Ponge –Apollinaire – Rimbaud.

1. « La terre est bleue comme une orange » : ....
2. « Là, tout n'est qu'ordre et beauté,/Luxe, calme et volupté. » : ....
3. « Ô temps ! suspends ton vol, et vous, heures propices ! Suspendez votre cours » : ....
4. « J'ai embrassé l'aube d'été. » : ....
5. « Adieu Adieu / Soleil cou coupé » : ....
6. « L'huître, de la grosseur d'un galet moyen, est d'une apparence plus rugueuse, d'une couleur moins unie, brillamment blanchâtre. » : ....
7. « Tu te lèves l'eau se déplie/Tu te couches l'eau s'épanouit » : ....
8. Elle avait pris ce pli dans son âge enfantin/De venir dans ma chambre un peu chaque matin : ....

3 Dites lequel de ces deux extraits est en vers libre et lequel est un poème en prose. Justifiez votre réponse.

Extrait 1

À mi-chemin de la cage au cachot la langue française a cageot, simple caissette à claire-voie vouée au transport de ces fruits qui de la moindre suffocation font à coup sûr une maladie.

Agencé de façon qu'au terme de son usage il puisse être brisé sans effort, il ne sert pas deux fois. Ainsi dure-t-il moins encore que les denrées fondantes ou nuageuses qu'il enferme.

À tous les coins de rue qui aboutissent aux halles, il luit alors de l'éclat sans vanité du bois blanc. Tout neuf encore, et légèrement ahuri d'être dans une pose maladroite à la voirie jeté sans retour, cet objet est en somme des plus sympathiques, – sur le sort duquel il convient toutefois de ne s'appesantir longuement.

Francis Ponge, *Le Parti pris des choses*, « Le cageot », © Gallimard, 1942.

Poème en..........

....

....

Extrait 2

Il l'emparouille et l'endosque contre terre ;
Il le rague et le roupète jusqu'à son drâle ;
Il le pratèle et le libucque et lui barufle les ouillais ;
Il le tocarde et le marmine,
Le manage rape à ri et rape à ra.
Enfin il l'écorcobalisse.
L'autre hésite, s'espudrine, se défaisse, se torse
et se ruine.
C'en sera bientôt fini de lui ;
Il se reprise et s'emmargine… mais en vain.
Le cerceau tombe qui a tant roulé.
Abrah ! Abrah ! Abrah !
Le pied a failli !
Le bras a cassé !
Le sang a coulé ! […]

Henri Michaux, *Qui je fus*, « Le grand combat », © Gallimard, 1927.

Poème en..........

....

....

4 Surlignez les assonances et soulignez les allitérations. Quel est l'effet produit ?

C'est l'essaim des djinns[1] qui passe,
Et tourbillonne en sifflant !
Les ifs[2], que leur vol fracasse,
Craquent comme un pin brûlant.
Leur troupeau lourd et rapide,
Volant dans l'espace vide,
Semble un nuage livide[3]
Qui porte un éclair au flanc. […]

Victor Hugo, *Les Orientales*, « Les Djinns », 1829.

1. Créatures surnaturelles et invisibles. **2.** Arbres de la famille des conifères. – **3.** Très pâle. – **4.** Vent froid du nord.

....

....

....

....

....

69 Les mots-clés de la littérature d'idées

Retenir

1 Lexique de l'argumentation

Argumentation directe	L'auteur expose ses idées en son nom, sans passer par des personnages de fiction.
Argumentation indirecte	L'auteur expose ses idées à travers la fiction.
Thème	Sujet du texte argumentatif. Il pose un problème à débattre.
Thèse	Opinion que l'auteur tient pour vraie et qu'il défend dans une argumentation.
Argument	Preuve avancée pour démontrer la validité d'une thèse.
Exemple	Illustration des arguments.
Convaincre	Défendre son point de vue par un discours fondé sur la raison et des arguments logiques.
Persuader	Défendre son point de vue par un discours fondé sur l'émotion et les sentiments de l'interlocuteur.
Délibérer	Peser le pour et le contre pour résoudre une question complexe.

2 Les tonalités de l'argumentation

Satirique	Attaque et ridiculise l'adversaire en utilisant un ton moqueur souvent virulent.
Ironique	Consiste à dire le contraire de ce que l'on pense pour mieux ridiculiser une personne ou une situation.
Polémique	Provoque l'adversaire par une prise de position agressive visant à susciter le débat.
Épidictique	Fait l'éloge ou le blâme de quelqu'un.
Didactique	Vise à instruire le lecteur, à transmettre un savoir ; tonalité propre à l'enseignement pédagogique.

3 Les genres de l'argumentation

Essai	Œuvre argumentative en prose de forme variée. Il peut notamment mêler raisonnement général et récit d'expérience personnelle.
Traité	Genre proche de l'essai, dans lequel l'auteur tend à effacer sa subjectivité et prétend à l'exhaustivité sur un thème choisi.
Apologue	Court récit (conte, fable, parabole…) qui vise à plaire tout en instruisant le lecteur.
Fable	Court récit en vers ou en prose qui met souvent en scène des animaux humanisés et se termine par une morale, énonçant la leçon que le lecteur doit retenir.
Conte philosophique	Texte en prose qui décrit les aventures souvent peu vraisemblables de personnages. Il a une portée satirique et vise à faire réfléchir le lecteur. Il se déroule aussi, parfois, dans des lieux réalistes, à l'inverse du conte merveilleux.
Lettre ouverte	Lettre adressée à un destinataire réel ou fictif, dans laquelle l'auteur défend publiquement son opinion.
Portrait	Genre qui se développe dans le salon des Précieuses au XVIIe siècle et présente des portraits types (ou *caractères*) des contemporains de l'auteur, dans un but descriptif ou épidictique.
Maxime	Phrase généralement courte énonçant une vérité morale, une règle d'action ou de conduite.
Dialogue	Le dialogue philosophique expose des idées dans une visée argumentative, par le biais d'une conversation.

S'approprier

Identifier les étapes d'une argumentation

1 PRESSE (*Droit polit.*). On demande si la liberté de la presse est avantageuse ou préjudiciable à un État. La réponse n'est pas difficile. Il est de la plus grande importance de conserver cet usage dans tous les États fondés sur la liberté : je dis plus, les inconvénients de cette liberté sont si peu considérables vis-à-vis de ses avantages, que ce devrait être le droit commun de l'univers, et qu'il est à propos de l'autoriser dans tous les gouvernements.

Nous ne devons point appréhender de[1] la liberté de la presse, […]. Un homme dans son cabinet lit un livre ou une satire tout seul et très froidement. Il n'est pas à craindre qu'il contracte les passions et l'enthousiasme d'autrui, ni qu'il soit entraîné hors de lui par la véhémence d'une déclamation.

Jaucourt, article « Presse », *L'Encyclopédie*, 1751.

1. Craindre.

À qui correspondent les éléments surlignés :

– en violet : ....

– en vert : ....

– en orange : ....

– en gris : ....

– en jaune : ....

Repérer le registre argumentatif

2 Donnez le registre de chacun des extraits suivants.

Extrait 1

Cette princesse, née sur le trône, avait l'esprit et le cœur plus haut que sa naissance. Les malheurs de sa maison n'ont pu l'accabler dans sa première jeunesse, et dès lors on voyait en elle une grandeur qui ne devait rien à la fortune. [...] don précieux, inestimable présent, si seulement la possession en avait été plus durable !

J.-B. Bossuet, ***Oraison funèbre d'Henriette-Anne d'Angleterre***, 1649.

Registre : ....

Extrait 2

Plusieurs des personnages que [l'auteur] met en scène ont de si mauvaises mœurs, qu'il est impossible de supposer qu'ils aient vécu dans notre siècle ; dans ce siècle de philosophie, où les lumières, répandues de toutes parts, ont rendu, comme chacun sait, tous les hommes si honnêtes et toutes les femmes si modestes et si réservées.

C. de Laclos, ***Les Liaisons dangereuses***, « Préface », 1782.

Registre : ....

Extrait 3

Quelle chose par là nous peut être enseignée ?
J'en vois deux, dont l'une est qu'entre nos ennemis
Les plus à craindre sont souvent les plus petits ;
L'autre, qu'aux grands périls tel a pu se soustraire,
Qui périt pour la moindre affaire.

J. de La Fontaine, ***Fables***, « Le Lion et le moucheron », II, 9, 1668.

Registre : ....

Extrait 4

Seigneur, je ne saurais regarder d'un bon œil
Ces vieux singes de cour, qui ne savent rien faire,
Sinon en leur marcher les princes contrefaire,
Et se vêtir, comme eux, d'un pompeux appareil.

J. Du Bellay, ***Les Regrets***, sonnet CL, 1558.

Registre : ....

Extrait 5

Que faut-il donc penser de cette éducation barbare, qui charge un enfant de chaînes de toute espèce, pour lui préparer au loin je ne sais quel prétendu bonheur dont il est à croire qu'il ne jouira jamais ?

J.-J. Rousseau, ***Émile ou de l'éducation***, 1762.

Registre : ....

3 Attribuez à chaque extrait l'auteur et l'œuvre correspondants, et dites à quel genre de l'argumentation il appartient.

Auteurs et œuvres : Montaigne, *Essais* - Diderot, *Entretien d'un philosophe avec la maréchale de* *** – La Bruyère, *Les Caractères* - Voltaire, *Micromégas* – La Rochefoucauld, *Maximes*.

Genres : essai –maxime – conte philosophique – dialogue philosophique – portrait.

Extrait 1

C'est ici un livre de bonne foi, lecteur. [...] Je veux qu'on m'y voie en ma façon simple, naturelle et ordinaire, sans contention ni artifice : car c'est moi que je peins.

Auteur et œuvre : ....

Genre : ....

Extrait 2

Dans une de ces planètes qui tournent autour de l'étoile nommée Sirius, il y avait un jeune homme de beaucoup d'esprit, que j'ai eu l'honneur de connaître dans le dernier voyage qu'il fit sur notre petite fourmilière.

Auteur et œuvre : ....

Genre : ....

Extrait 3

La Maréchale. – Quel motif peut avoir un incrédule d'être bon, s'il n'est pas fou ? Je voudrais bien le savoir.
Crudéli. - Et je vais vous le dire.
La Maréchale. - Vous m'obligerez.
Crudéli. - Ne pensez-vous pas qu'on peut être si heureusement né, qu'on trouve un grand plaisir à faire le bien ?

Auteur et œuvre : ....
....

Genre : ....

Extrait 4

Celse est d'un rang médiocre, mais des grands le souffrent ; il n'est pas savant, il a relation avec des savants ; il a peu de mérite, mais il connaît des gens qui en ont beaucoup ; il n'est pas habile, mais il a une langue qui peut servir de truchement et des pieds qui peuvent le porter d'un lieu à un autre.

Auteur et œuvre : ....

Genre : ....

Extrait 5

La passion fait souvent un fou du plus habile homme, et rend souvent les plus sots habiles.

Auteur et œuvre : ....

Genre : ....

Crédits photographiques

Couverture :
De haut en bas et de gauche à droite :
1. *Crispin et Valère (Feuilie et Monvel)*, détail, © Collection Dagli Orti/Bibliothèque des Arts Décoratifs Paris/Gianni Dagli Orti/Aurimages. – **2.** Rick Beerhost, *La Lectrice distraite*, (détail) Studio Beerhorst LLC – **3.** Michel Bouquet dans *Le Malade imaginaire* de Molière, mise en scène Georges Werler au théâtre de la Porte Saint-Martin, septembre 2008, ©Pascal Victor/ArtComPress via Leemage. – **4.** Robert Delaunay (1885-1941), *La Tour Eiffel*, détail, huile sur toile, 1928, Berlin, SMB, Nationalgalerie, © akg-images – **5.** Auguste de Chatillon (1813-1881), *Léopoldine au Livre d'heures*, détail, huile sur toile, 1835, Paris, Maison de Victor Hugo, © Paris Musées / Maisons de Victor Hugo Paris-Guernesey. – **6.** Daniel Garber (1880-1958), *La Fenêtre aux orchidées*, détail, huile sur toile, 1918, © Active-Art.– **7.** Raymond Savignac (1907-2002), affiche pour l'exposition *Voltaire* à la Bibliothèque nationale, 1979, musée de la Publicité, Paris, BIS/Ph. © Musée de la Publicité, Archives Larbor © ADAGP, Paris, 2021. – **8.** *Zadig et Astarté*, gravure, BNF, Paris, © BNF.

Plat II - Frise
De haut en bas et de gauche à droite
Les Ambassadeurs, 1533, Hans Holbein le Jeune, peinture à l'huile sur toile, BIS/Ph.© Archives Nathan ; La fontaine de Trevi, SHUTTERSTOCK/© Nicolas Forenza ; Vue du Château de Versailles, École française du XVIIe s., peinture à l'huile, BIS/Ph.Hubert Josse © Archives Larbor ; *Portrait d'homme*, 1766-1770, Jean Honoré Fragonard, peinture à l'huile, BIS/© Archives Larbor ; Pierre de Ronsard (1524-1585), BIS/Ph.Studio J.J. Morlan © Archives Larbor ; Jean de La Fontaine (1621-1695), BIS/ Ph.J. Arland © Archives Larbor ; Joachim du Bellay (1522-1560), BIS/ Ph.Coll. Archives Larbor ; Pierre Corneille (1606-1684), BIS/ Ph.H. Josse © Archives Larbor ; Molière (1622-1673), BIS/ Ph.H. Josse © Archives Larbor ; Marivaux (1688- 1763), BIS/ Ph.H. Josse © Archives Larbor ; Racine (1600-1650), BIS/ Ph.Canonge © Archives larbor ; Beaumarchais (1732-1799), BIS/Ph.Guiley-Lagache © Archives Larbor ; Montaigne (1600-1699), BIS/ Ph.© Archives Nathan ; Diderot (1713-1784), BIS/ Ph.H. Josse © Archives Larbor ; La Bruyère (1645-1696), BIS/ Ph.Hubert Josse © Archives Larbor ; Voltaire tenant un exemplaire de *La Henriade*, BIS/Ph.© Archives Nathan ; Olympe de Gouges, BIS/Ph. Hubert Josse, © Archives Bordas ; Rabelais (1494-1553), BIS/Ph. H. Josse © Archives Larbor ; Mme de La Fayette (1634-1693), BIS/Ph.Coll. Archives Larbor ; Montesquieu (1689-1755), BIS/Ph.H. Josse © Archives Larbor.

Plat III - Frise
De haut en bas et de gauche à droite
Le Voyageur au-dessus de la mer de nuages, 1818, Caspar-David Friedrich, peinture à l'huile, BIS/Ph.Ralph Kleinhempel © Archives Larbor ; *Les Foins*, 1877, Jules Bastien-Lepage, peinture à l'huile, BIS/© Archives Larbor ; *Composition N°IV, avec rouge, bleu et jaune*, 1929, Piet Mondrian, Huile sur toile, BIS/ Ph.© Stedelijk Museum, Amsterdam - Archives Larbor ; *N°6, Violet, Greenand Red*, 1951, Mark Rothko, peinture à l'huile, BIS/Ph.L. Joubert © Archives Larbor © Kate Rothko Prizel and Christopher Rothko – Adagp, Paris 2020 ; Apollinaire, BIS/Ph.Coll. Archives Nathan ; Césaire, © Sophie Bassouls/ Leemage ; Baudelaire, BIS/ Ph.Coll. Archives Nathan ; Rimbaud, BIS/Ph. © Etienne Carjat - Archives larbor ; Breton, Roger-Viollet/Ph.Liphitzky ; Musset, BIS/Ph.Hubert Josse © Archives Larbor ; Rostand, BIS/ Ph.Fermina - Coll. Archives Larbor ; Ionesco, BIS/ Ph.Jeanbor © Archives Larbor ; Pommerat, ADOC-PHOTOS/© Fred Kihn ; Hugo, BIS/Ph.Nadar © Centre des monuments nationaux, Paris ; Zola, BIS/Ph.Coll. Archives Larbor ; Sartre, PHOTO12.COM/Ullstein Bild ; Camus, ROGER-VIOLLET/© Ullstein Bild ; Balzac, BIS/Ph. Jeanbor Archives Larbor ; Stendhal, BIS/Ph.H. Josse © Archives Larbor ; Proust, BIS/Ph.Luc Joubert © Archives Larbor ; Maupassant, BIS/Ph.Coll. Archives Larbor ; Colette, BIS/Estate Gisèle Freund/Coll. Archives Bordas ; Yourcenar, Leemage/© Marcello Mencarini ; Duras, © Rue des Archives/AGIP ; NDiaye, ROGER-VIOLLET/© Jean-Pierre Couderc.

Intérieur
Page 116 : © tynyuk / Adobe Stock
Page 126, de *haut en bas et de gauche à droite* : © Yolya Ilyasova / Adobe Stock ; © LIGHTFIELD STUDIOS / Adobe Stock ; © Marek Uliasz / Adobe Stock ; © Sefa / Adobe Stock ; ©rasstock / Adobe Stock.

Conception graphique : Clémentine Largant
Mise en page : STDI
Infographie : Renaud Scapin
Couverture : Clara Dupré
Iconographie : Gaëlle Mary
Fabrication : Kévin Magar
Édition : Valérie Antoni, assistée de Maëva Drianne

N° de projet : 10277040 - Dépôt légal : avril 2021
Achevé d'imprimer, en août 2021, en France, par Clerc à Saint-Amand-Montrond